KB211966

복음의 빛,
한국을 살리다

복음의 빛,
한국을 살리다

지 은 이 | 강덕영
펴 낸 이 | 김원중

기　　　획 | 허석기
디 자 인 | 옥미향
제　　　작 | 박준열
관　　　리 | 허선욱, 정혜진
마 케 팅 | 박혜경

초 판 인 쇄 | 2023년 04월 21일
초 판 발 행 | 2023년 04월 28일

출 판 등 록 | 제313-2007-000172(2007.08.29)

펴 낸 곳 | 도서출판 상상나무
　　　　　 상상바이오(주)
주　　　소 | 경기도 고양시 덕양구 고양대로 1393 상상빌딩 7층
전　　　화 | (031) 973-5191
팩　　　스 | (031) 973-5020
홈 페 이 지 | http://smbooks.com
E - m a i l | ssyc973@hanmail.net

ISBN 979-11-86172-78-0(03230)

값 20,000원

* 잘못된 책은 바꾸어 드립니다.
* 본 도서의 무단 복제 및 전재를 법으로 금합니다.

복음의 빛,
한국을 살리다

강덕영 | 편저

대한민국을 복음으로 변화시킨 47인의 근대 기독교인 이야기
가난과 억압의 땅을 복음의 옥토로 개간한
기독교 신앙의 선각자들

The light of
Gospel saves Korea

상상나무

"그러므로 너희는 가서 모든 민족을 제자로 삼아 아버지와 아들과
성령의 이름으로 세례를 베풀고"(마태복음 28:19)

한국 기독교 역사 속에서 하나님의 명령에 따라
복음 전파의 귀한 사명을 완수해 온 수많은 믿음의 일꾼들,
또 이들을 후원하고 도운 분들,
아울러 지금 이 시간에도 전국 곳곳에서
주님의 지상명령을 수행 중인 전도자들에게 이 책을 바칩니다.

복음이 빚어낸 삶의 기적들

3년 전인 2020년 10월, 저는 이번 책 '복음의 빛, 한국을 살리다'의 전 편 격인 '여명의 빛, 조선을 깨우다'를 편저해 출간했습니다.

첫 책 머릿글에서도 언급했지만 오늘의 발전된 대한민국은 선교사들의 헌신과 순교의 피, 복음의 열정 위에 세워진 것이라 저는 믿고 있습니다.

140년 전, 오직 복음을 전파하겠다는 사명감과 성령으로 무장된 수많은 엘리트 청년들이 선교사라는 이름을 걸고 이 가난한 나라, 조선을 찾아왔습니다. 당시 조선은 풍토병이 만연하고 여성인권이 무시되고, 양반과 노비의 신분제도가 존재하던 무지(無知)의 나라였습니다.

더구나 나라가 힘이 없어 호시탐탐 한반도 침략을 노리는 주변 열강들에 의해 신음해야 하는, 풍전등화의 처지였습니다. 그런데 쇄국정책까지 쓰고 있으니 어디를 둘러보아도 희망이 보이지 않았습니다.

그런데 바로 이 때 조선을 찾아온 선교사들은 그 어떤 조건이나 상황도 따지지 않았습니다. 마치 흰 도화지에 각각의 색을 입혀 멋진 그림을 그려내듯 조선 땅을 전혀 새롭게 바꾸어 놓았습니다.

의료와 교육, 문화와 예술, 정치와 제도까지 거의 모든 분야를 바꾼 파란눈의 선교사들은 많은 도움을 주면서도 한 가지 사실을 분명하게 인식하고 있었습니다.

그것은 장차 이 나라를 이끌어 나갈 사람들은 잠시 사역하다 돌아갈 자신들이 아니고 결국 우리 한국인 스스로여야 한다는 것이었습니다. 그래서 그들은 똑똑하고 장래성이 밝아 보이는 소년, 소녀와 청년들을 교육시키고 신앙을 덧입혀 한국이 발전할 수 있도록 그 기초를 차분하게 닦기 시작했습니다.

선교사들에 의해 복음을 받아들이고 신앙인이 된 지식인도 많지만 이들 중 상당수는 당시 천대받던 하층민이었습니다. 신분고하를 따지지 않았습니다. 남녀를 구별하지 않았습니다. 또 이들 중 여러명이 선교사의 도움을 받아 미국으로 유학을 떠날 수 있었고 학비와 생활비까지 제공받아 공부한 후 한국으로 돌아와 한국 근대화의 선두주자가 되었습니다.

이번에 편저한 '복음의 빛, 한국을 살리다'는 제목 그대로, 선교사를 통해 복음을 받아들인 초기의 한국 기독교인들 중 각 분야에서 활동한 47인의 신앙과 삶을 조명해 본 것입니다. 아마 학창시절 교과서나 일반 도서와 언론 매체 등을 통해 익히 들어온 분들이 대부분입니다. 반면 생소한 분들도 일부 있을 것입니다.

이 책에 소개된 분들의 공통분모는 조선 말기와 일제강점기에 태어나 어려운 환경을 딛고 자수성가하거나 학문에 출중해 지도자로서의 자질을 갖추고 있었다는 점입니다. 그리고 이들에게 '복음의 씨앗'이 심기워져 싹을 피움으로 각 자의 삶은 놀랍고도 크게 변화됩니다.

그리스도가 가르치는 사랑은 나보다 남을, 가족보다 이웃을, 내가 사는 곳보다 나라 전체를 생각하게 합니다. 나의 안위 보다는 모두를 생각하는 경천애인(敬天愛人)이 삶의 기준이 됩니다. 내가 손해보고 희생되더라도 진정한 의(義)가 실현되길 염원합니다.

그랬기에 이들은 조국 독립을 위해, 복음전파를 위해, 한국을 살리기 위해 온 몸을 던졌습니다. 죽음도 불사하며 자신을 헌신한 이들의 희생적인 삶은 참으로 귀하고 존경스럽습니다. 이 책은 바로 이 분들의 이야기입니다.

그래서 수많은 풍토병 환자를 살려낸 '의료'를 시작으로 많은 인재를 키워낸 '교육'과, 나라를 찾기 위한 '독립운동', '문화예술'과 '복음전파', '정치'와 '경제' '사회공헌'까지 8개 분야 47인의 기독교인을 추려서 소개했습니다.

마음 같아서는 큰 족적을 남긴 초기 기독교인을 모두 소개하고 싶었지만 책 부피에 한계가 있어 제한을 해야 했습니다. 인물 선정도 주관적으로 한 것이고 내용도 기존 자료들에 근거한 것이라 부족한 부분이 참 많을 것입니다. 이런 부분들은 추후 여러분들의 고견도 듣고 지도를 받아 2판을 찍게 되면 반영하겠습니다.

저는 이 두 번째 책을 정리하면서 '기독교 신앙'이 우리의 삶에서 얼마나 소중하고 귀한 진리이자 가치인지를 새삼 확인했습니다. 이 신앙이야말로 우리의 인생을 바르게 살도록 인도하는 나침반이기 때문입니다.

그리고 이 귀한 47인의 족적을 되짚으며 나 역시 부족하지만 기독교인으로써 하나님 앞에 부끄러움 없는, 하나님이 기뻐하시는 삶을 살아가야 한다는 다짐을 하게 되었습니다.

이 책이 나오기까지 수고한 손길들이 많습니다. 자료 조사에 도움을 준 유나이티드문화재단 김무정 이사를 비롯해 디자인과 인쇄를 맡아 정성스레 책을 만들어준 출판사 관계자들께 감사를 전합니다. 아울러 추천사를 보내주신 존경하는 김장환 목사님, 감경철 회장님, 오덕교 박사님, 김인철 총장님, 안준배 박사님, 이종전 원장님, 인요한 박사님께도 깊은 감사를 드립니다.

이 책에 등장하는 초기 신앙 선각자들의 역동적인 삶이 오늘을 사는 모든 이들에게 신앙점검과 도전의 계기가 되었으면 합니다. 그래서 인생의 진정한 가치를 발견하는데 이 책이 미력한 도움이 된다면 편저자로써 큰 보람을 느낄 것입니다. 감사합니다.

2023년 4월 부활절, 히스토리캠퍼스에서 편저자 **강덕영**

추천사

복음의 능력과 크리스천의 영향력을 증명한 저서

●김장환 목사(극동방송 이사장)

유나이티드 문화재단 강덕영 이사장님께서 이번에 '복음의 빛, 한국을 살리다'라는 책을 편저해 출간하시게 된 것을 진심으로 축하드립니다. 강 이사장님은 오랜 기간 극동방송의 아침 칼럼을 통해 청취자들로부터 많은 사랑을 받고 계시고, 우리나라의 기독교 역사에도 조예가 매우 깊으십니다.

이 책에서는 조선 말기와 일제강점기에 복음을 접한 뒤 독립운동과 교육, 의료 등 8개 분야에서 헌신한 47인의 신앙과 삶을 깊이 있게 조명하고 있습니다. 특히 개개인의 신앙과 삶을 소개할 뿐만 아니라 당시의 사료적 가치가 높은, 역사적 사진들이 함께 게재되어 흥미와 감동을 더해 주고 있습니다.

이 책은 조선을 침탈하려는 열강들과 일제의 압박을 받았던 당시, 숱한 위기와 절망 속에서 복음의 능력과 크리스천의 영향력이 어떠했는지 자세하게 알 수 있도록 밀도있게 소개했다는 점에서 발간에 큰 의미가 있다고 생각합니다. 아울러 기독교인이라면 꼭 읽고 신앙의 도전을 받아야 할 책이라고 생각합니다. 기독교가 빛과 소금의 역할을 잃어가고 있는 이 때, 이 책이 무엇보다 기독교인들에게 새로운 도전과 힘을 줄 것이라 확신하며 추천합니다.

기독 신앙인들에게 자부심과 도전을 주는 책

●감경철 장로(CTS기독교TV 회장)

할렐루야! 문화로 세상을 밝고 아름답게 만들어가는 유나이티드문화재단 강덕영 이사장님께서 금번 '복음의 빛, 한국을 살리다'란 저서를 출간하심을 축하드립니다. 이번에 출간된 책은 조선말과 일제 강점기를 지나며, 복음을 받고 신앙인이 되어 세상을 밝힌 하나님의 사람들을 재조명한 것으로, 한국 근현대사에 있어서 큰 사명을 감당한 분들의 업적을 기록한 매우 뜻깊고 역사적인 책이라 생각합니다.

역사는 '한 사람'에게 주목합니다. '한 사람'으로 인해 죄가 세상에 들어왔고, 또 '한 사람'의 순종함으로 인해 모든 사람이 구원받은 것처럼(롬 5:19), 시대마다 하나님께서는 '한 사람'을 세우고, 그를 통해 역사하심을 믿습니다.

이번 '복음의 빛, 한국을 살리다' 출판을 통해, 바로 우리 근현대사에서 정치와 경제, 교육 등 다양한 영역별로 하나님께서 들어 쓰신 '한 사람'의 역사가 바로 정립되어, 다음세대에 큰 영향을 주리라 믿습니다. 한국교회와 다음세대를 위해 뜻깊은 작업을 하신 유나이티드문화재단 강덕영 이사장님께 축하와 존경의 마음을 전합니다.

세상의 역경을 헤쳐나갈 지혜를 배운다

●오덕교 박사(전 합동신학대학원대학교 및 몽골 울란바타르大 총장)

저자인 강덕영 장로는 맨손으로 세계 40여 개 나라에 약을 수출하는 다국적 제약 회사인 한국유나이티드제약을 세운 사업가요, 기독교의 밝은 문화를 세상 속에 확산하기 위하여 유나이티드문화재단을 설립한 신앙적 실천가이다.

그는 유나이티드 필하모닉 오케스트라를 운영하고 유나이티드 갤러리를 통해 기독교 미술 운동을 하는 이 시대의 문화인이며, 기독교 신앙의 정체성 회복과 한 국 기독교의 바른 역사관 정립을 위해 기독교문화의 복합 공간인 히스토리캠퍼스 (He'sStory Campus)에 성경박물관과 선교역사박물관 등을 세워 한국 교회를 섬기는 신앙인이다.

또 『종교인과 신앙인』 등 다수의 저서를 통해 한국교회에 영향을 끼치는 저술가 인데 이 책은 저자의 명작인 『여명의 빛, 조선을 깨우다』 후편으로 140여년 전 이 땅에 온 선교사들이 뿌린 씨들이 이룩한 열매에 대하여 설명하고 있다. 저자는 이 책을 통해 선교사들의 헌신과 순교, 그리고 복음에 대한 열정이 근대 한국의 의료 와 교육, 문화와 예술, 경제와 사회, 그리고 독립과 정치에 미친 영향을 47인의 신 앙과 삶을 통해 논증하고 있다.

이들 대부분이 천민 출신이었지만, 그들은 외국 선교사들을 통하여 복음을 받아 들이고 기독교 정신으로 양육 받아 조국의 독립과 근대화를 위하여 헌신하여 오늘 의 대한민국을 이루어냈다. 이 책을 읽는 동안 독자는 자신의 신앙을 점검하게 될 것이고, 한 걸음 더 나아가, 역경 가운데도 포기하지 않고 믿음으로 전진하였던 선 각자들의 굽힘 없는 신앙과 용기, 그리고 역경을 헤쳐나갈 지혜를 배울 수 있을 것 이다.

초기 기독교인들의 역동적 삶을 기록한
감동적인 신앙서

●김인철 교수(전 한국외국어대학교 총장)

　유나이티드문화재단 강덕영 이사장님을 기독교 신앙인으로서, 모범적인 기업인으로 존경해 왔습니다. 이번에 근현대 한국을 변화시키는데 주도적인 역할을 한 기독교인들의 헌신과 업적을 담은 저서 출간을 먼저 축하드립니다.

　영국의 정치학자 에드워드 카는 "역사는 과거와 현재의 끊임없는 대화"라고 했습니다. 역사는 이미 지나버린, 현재와 동떨어진 것이 아니라 현재에도 끊임없이 영향을 미치고 있다는 것입니다. 그런 점에서 우리는 과거에서 교훈을 찾고 반성하며 새로운 다짐과 가능성을 발견해야 합니다.

　이번에 집필하신 '복음의 빛, 한국을 살리다'는 조선 말기와 일제강점기에 복음을 받아들인 귀한 인물들이 한국에 어떻게 기여하고 헌신, 봉사했는지를 수록함으로써 깊은 감동을 주고 있습니다.

　그는 믿음으로 굴지의 제약회사를 일으킨 기업인 입니다. 강 이사장님은 우리 육체를 의약품으로 치유하려는데 그치지 않았습니다. 경기도 광주에 〈히스토리 캠퍼스〉로 명명된 기독교역사박물관과 성경박물관을 세워 교육과 전도, 행사 및 D/B 구축에 기여하고 있습니다.

　모교인 대학에 기도실과 목회자실을 기증하거나 히브리어학과를 신설하기 위한 의지를 가진 분, 가히 영과 육의 치유를 사명으로 실천하는 분이라 할 것입니다. 그 연장선상에서 우리나라 신앙의 원류와 뿌리를 찾기 위해, 초기 기독교인들의 사역과 업적을 감동적으로 파헤친 이번 저술은 기독교인들에겐 큰 자부심을, 비신자들에게는 복음 전도의 계기가 되리라 믿으며 적극 추천하는 바입니다.

경천애인(敬天愛人)하는 애국 이정표

●안준배 박사(문화평론가, 기독교문화예술원 원장)

유나이티드문화재단 소속 유나이티드 필하모니 오케스트라 콘서트에 2022년, 여러 차례 초청을 받았다. 한 번은 인터미션에 공연장 로비에서 마주친 강덕영 회장님께서 내게 이런 질문을 하셨다.

"이 공연에서 무엇을 느꼈습니까?"

"초기 선교사들의 열정과 헌신을 담은 연주회 같습니다."

"그것도 맞지만 이 콘서트의 주제는 애국입니다."

나는 알았다. 강덕영 회장의 문화예술과 유나이티드 제약회사의 기업 철학은 나라사랑의 동의어인 것을 알 수 있었다. 그날의 짧은 대화가 1984년에 제정된 기독교문화대상의 제33회 예술경영 부문 수상자로 강덕영 회장이 수상하게 된 동기가 되었다.

그가 어렸을 때 어머니가 큰 가마솥에 호박찌게를 끓이고 있었는데 어린 강덕영이 근처에서 놀다 그만 가마솥에 빠져버렸다. 온 몸에 화상을 입어 죽게 되었다. 전쟁통에 약도 구할 수가 없었다. 그의 어머니는 마당에 심어놓은 옥잠화 잎으로 화상 부위를 감싸고 어린 아들을 붙잡고 밤새 기도했다. 어머니의 기도는 3개월이 지나 아들의 화상을 완벽하게 고치는 기적을 일으켰다.

강덕영 회장이 편저한 〈복음의 빛, 한국을 살리다〉는 그의 삶과 신앙의 이면이다. 이 책에 수록된 의료로 한국을 살린 박에스더부터 장기려에 이르기까지 모두가 복음의 빛으로 대한민국을 치료하였다. 이 저서에 수록된 47인에게서 독자들은 경천애인으로 애국 이정표를 세운 선구자를 만나게 될 것이다. 신뢰와 정직을 바탕으로 〈포브스〉 선정 아시아 200대 유망기업으로 세계 40여 국가에 의약품을 수출하는 유나이티드 제약회사와 강덕영 회장님의 내면을 볼 수 있을 것이다.

신앙 선배들의 귀한 발자취와 공로를 집대성해 전달한 귀중한 자료

●인요한 박사(세브란스병원 국제진료센터 소장)

지난 50년간 인류가 가장 많이 변했고 그중에서도 대한민국이 가장 급속도로 발전했다는 사실을 부인할 수 없고 이 변화의 소용돌이 속에서 대한민국이 7대 강국이 되었습니다. 그리고 이제는 개화기 때부터 가장 기독교의 크게 영향을 받은 대한민국의 역사를 돌이켜볼 필요가 있다고 생각합니다. 그 깊은 기독교의 영향을 강덕영 장로님께서 우리에게 쉽게 이해할 수 있도록 정리를 해주신 이 책은 너무나 소중하고 시기 적절하게 출판되었다고 생각합니다.

'진리가 너희를 자유롭게 하리라'(요 8:32)라는 성경말씀이 있는데, 이를 다르게 해석하면 진실이 너희를 자유롭게 하리라는 뜻이고 개화기 때 선교사들이 복음의 귀한 진실을 우리에게 가져왔지만, 그보다 더 중요한 역할을 한 것은 초대 교회에서 신토불이 신앙을 가지고 일제 강점기 핍박 속에서도 복음을 지켜왔던 우리 신앙의 선조들입니다.

이 책은 이러한 분들을 일일이 발굴하고 처음으로 그들의 발자취와 공로를 집대성하여 우리에게 전달한 지금까지 없었던 귀중한 자료입니다. '과거를 모르면 미래가 없다.'는 말이 있는데, 우리는 이 책을 읽음으로써 과거 이분들의 진리를 다시한번 새기고, 올바른 신앙관을 가질 수 있는 좋은 기회라고 생각합니다.

나라를 위한 섬김과 희생의 본을 보여주신 분들

●이종전 목사(대신총회신학연구원장)

강덕영 이사장님은 유나이티드문화재단을 설립한 이후 클래식 음악의 대중화를 위한 사업과 함께 한국 근대사 이해에 있어서 왜곡되거나 몰이해로 인한 한국 사회에 동반되는 문제들을 안타까워하면서 이를 바르게 정립하고 알리는 일에 특별한 관심과 함께 많은 노력을 해왔습니다.

이번에 〈복음의 빛, 한국을 살리다〉를 편찬하신 것도 그러한 맥락에서 이사장님의 의지와 노고가 탄생시킨 결과물입니다. 특별히 오늘의 대한민국이 있기까지 정치, 사회, 교육, 문화, 경제 등 다양한 분야에서 큰 업적과 교훈을 남긴 지도자들 가운데 기독교 신앙을 가지고 나라와 국민을 위해서 스스로 희생과 헌신을 자처한 이들 47인을 찾아서 그들의 생애와 업적을 정리하셨습니다. 그들은 오늘의 대한민국이 있도록 하는 데 중요한 역할을 한 이들로서, 그들의 생애와 행적을 기억해야 하는 것은 후대의 도리이기도 합니다. 그렇지만 지금까지 이를 적극적으로 소개하는 글이 많지 않았습니다.

이 책에 소개한 이들의 면면을 보면 기성세대들에게는 익숙한 이름들이기는 하지만, 정작 그들의 역할과 희생이 어떤 것이었는지는 구체적으로 알지 못하고 있는 것이 현실입니다. 또한 다음 세대들에게는 어쩌면 낯선 이름일 수 있지 않을까 하는 생각을 하게 됩니다. 그렇지만 그들에게도 반드시 기억되어야 하고 본받아야 할 지도자들이기에 이 책은 충분히 좋은 교재가 될 것이라고 생각합니다. 지금까지 기독교 신앙을 가지고 나라와 국민을 위한 섬김과 희생의 삶을 살았던 이들을 이렇게 모아서 소개한 책이 간단한 자료집 외에는 없었다는 것을 생각하면 귀한 가르침을 받을 수 있을 것이라고 생각합니다. 그러한 의미에서 감사한 마음을 더하여 한국 교회와 우리 사회에 널리 읽는 책이기를 바라면서 기쁨으로 추천합니다.

"나에게 이르시기를 내 은혜가 네게 족하도다 이는 내 능력이 약한
데서 온전하여짐이라 하신지라 그러므로 도리어 크게 기뻐함으로
나의 여러 약한 것들에 대하여 자랑하리니 이는 그리스도의 능력이
내게 머물게 하려 함이라"(고린도후서 12:9)

목차

醫
療
의료

Chapter *1*

의술로 하나님의 사랑을 나눈 사람들

"너희 염려를 다 주께 맡기라 이는
그가 너희를 돌보심이라"(베드로전서 5:7)

나귀 타고 전국 순회한 미국 유학 여의사 1호

한국 최초 여의사 박에스더(김점동, 1876~1910)는 여성 최초의 미국 유학생이자 의사로서 근대 의료와 사회봉사에 새 장을 연 인물이다. 후일 많은 젊은 여성들의 그녀를 롤모델로 삼을 만큼 역동적이고 진취적인 삶을 살았다.

그녀는 한말 격동기에 태어나 불과 34년간의 짧은 삶을 살았지만 한국 기독교사와 근대 의료계에 중요한 발자취를 남겼다. 한국 여성의료의 선구자, 최초의 여의사라는 칭호에도 불구하고 의외로 그녀에 대한 정확한 정보와 연구는 많지 않은 편이다. 이는 그녀가 너무나 세상을 일찍 떠났기 때문일 것이다.

박에스더는 아버지가 감리교 초대 선교사였던 아펜젤러의 집에 들어

●미국 유학 여의사 1호,
박에스더

가 일을 하게 되면서 자연스럽게 서구 문물과 인연을 맺었다. 정동에 감리교 선교사 스크랜턴 부인이 이화학당을 설립하고 학생을 모집하자 박에스더는 아버지의 후원을 받아 이곳에 입학했다. 박에스더의 언니는 정신여학교 교사였고 동생은 세브란스 간호학교 제1회 졸업생으로 교육열이 높은 집안이었다. 이제 박에스더의 삶 속으로 좀 더 자세히 들어가 보자.

이화학당의 4번째 여학생

1876년 3월 16일. 서울 정동에서 아버지 김홍택과 어머니 연안 이씨 사이의 4녀 중 셋째 딸로 김점동(박에스더)이 태어났다. 1884년부터 내한한 미국 선교사들은 김홍택의 집 근처인 정동을 거점으로 교육과 의료 선교사업을 시작했고, 김홍택은 1885년 6월 이후에 아펜젤러의 첫 양반 동역자가 되었다.

이런 연유로 1886년 11월, 김점동은 불과 10세의 나이로 이화학당의 4번째 학생이 되었다. 아펜젤러와 같은 감리교 소속 메리 스크랜튼 선교사가 그해 5월 정동에 여성교육기관으로 설립한 이화학당에 입학한 것이다.

초기 이화학당 학생 대부분은 교육보다는 가난을 면하려 하거나 선교사의 권고로 이화학당에 입학했다. 김홍택도 셋째 딸이 이화학당에 들어가면 쌀과 의복을 얻고 선교사들로부터 새로운 가르침을 배우는 것이 딸에게 유리하다고 판단한 것이다. 실제로 김점동은 이화학당에 입학하면서부터 감리교 여성해외선교회의 벨뷰 옥실러리(The Bellevue

●이화학당 시절의 박에스더(원 안). 당시는 결혼전이라 이름이 김점동이 었다.

Auxiliary)라는 단체와 자매결연을 맺어 장학금을 받았다. 펜실베이니아주 피츠버그 인근의 이 작은 선교단체는 김점동에게 매년 40달러의 장학금을 보내주었다.

김점동은 학습속도가 빠르고 영어 실력이 출중해 교사들의 귀여움을 한 몸에 받았다. 아직 어린 나이여서 언어 습득이 더 빨랐고 혀도 굳지 않은 나이라 발음이 좋았던 것이다.

서양 의학을 공부하기로 결심하다

그녀는 이런 영어회화 실력을 인정받아 1890년 10월, 이화학당 관내의 여성만을 위한 진료소인 '보구여관'에서 로제타 셔우드 선교사를 만나 그녀의 통역과 진료보조로 일하게 된다.

그녀와 로제타 셔우드와의 이 만남은 김점동이 서양의학을 처음 접하게 된 계기를 열어 주었다. 이를 통해 조선 최초의 여의사가 되는 든든한 후원자를 얻게 된 것이다. 선교사역을 모두 일기로 남긴 로제타 셔우드의 일기에는 김점동과의 만남을 상세히 기록하고 있다.

김점동이 의사가 되기로 결심한 것은 1893년, 로제타 셔우드의 언청이 수술을 본 후였다. 통역사로, 의료보조로 로제타 셔우드를 도우던

그녀는 생리학을 배우는 등 의사로서의 꿈과 유학의 꿈을 조용히 키워
나갔다.

김점동이 영적 감화를 받은 것은 그녀가 이화학당에 입학한 지 2년째
되던 1888년 무렵이었다. 폭풍우가 심했던 어느 날 밤, 노아의 홍수처
럼 인간을 심판하려는 하나님에 대한 두려움으로 친구와 함께 기도하기
시작했고, 이 기도 중에 김점동은 깊은 영적 거듭남을 체험하게 된다.

이후 그녀는 다른 학우들과 함께 매일 밤 기도회를 가졌다고 한다.
김점동은 신앙심이 깊어졌고, 마침내 1891년 1월 25일, 올링거 선교사
에게 세례를 받고 '에스더'(愛施德, Esther)라는 세례명을 얻었다. 이때
부터 선교사들은 물론 그녀가 정한 '에스더'라는 이름을 '김점동' 대신
사용했다.

박유산과 기독교식 혼례를 올리다

세례 받고 2년 후 에스더는 1893년 26세의 박유산과 5월 24일 기독
교식으로 결혼했다. 에스더의 아버지 김홍택이 사망하고 두 언니가 결
혼하자 어머니는 16세가 된 에스더를 당시의 조혼 풍습에 따라 결혼시
키기로 하고, 선교사에게 신랑감을 찾아 주기를 부탁했다.

에스더는 결혼 생각이 없었지만 어머니는 결혼하지 않으면 기독교신
자가 아닌 사람과 결혼시키겠다고 했다. 이에 1892년에 로제타 셔우
드와 결혼한 윌리엄 홀이 박유산을 추천했다. 박유산은 윌리엄 홀이
1892년 가을 평양에 선교개척자로 임명되어 갈 때 마부로 고용되어 홀
의 전도를 통해 성경을 배우고 독실한 신앙인이 되었다. 이때부터 '김에
스더'는 '박에스더'로 불렸다. 결혼하면 남편의 성을 따르는 서양인의 방
식을 따른 것이다.

●박에스더와 남편 박유산 1893년(왼쪽)/ 로제타홀가족과 박에스더 부부(오른쪽)

이듬해 1894년 박에스더와 박유산은 윌리엄 홀과 로제타 홀 부부를 따라 평양 선교 개척에 동행했다. 평양에 도착한 지 한 달 만에 청일전쟁 발발로 박에스더, 박유산, 로제타 홀과 윌리엄 홀은 모두 서울로 철수해야만 했다. 그러나 윌리엄 홀은 다시 평양으로 돌아가 전쟁 부상자와 전염병 환자를 돌보았다. 안타깝게도 이 과정에서 윌리엄 홀은 발진티푸스에 걸려 1895년 11월 24일 사망하게 된다.

이때 로제타 홀은 임신 7개월에 한 살 된 아들이 있었기 때문에 뉴욕주 리버티 친정으로 귀국을 결정했다. 박에스더는 로제타 홀에게 미국에서 의학공부를 할 수 있게 해달라고 부탁했다. 로제타 홀은 에스더를 의학공부 시킬 수 있는 기회로 생각해 여성해외선교회의 허락을 받고 재정적 후원을 받아 박에스더, 박유산과 함께 1895년 12월16일, 미국으로 출발했다.

1896년 1월에 뉴욕에 도착한 박에스더는 곧바로 2월 1일에 뉴욕 리버티 공립학교에 편입하여 고등학교 과정을 밟았다. 그해 9월 박에스더는 뉴욕의 유아병원에서 1년 남짓 근무하면서 생활비를 마련했다.

동시에 월버그 부인에게 라틴어, 물리학, 수학을 개인교수 받으며 의과대학 입학을 위한 이론을 공부할 뿐만 아니라 공공의료시설과 병원에서 1년 동안 수많은 실습을 병행하며 업무를 익혔다.

이어진 슬픔, 딸과 남편을 먼저 보내다

이 가운데 박에스더는 1897년 2월 21일 첫딸을 출산했고 이후 각고의 노력 끝에 현재의 존스홉킨스대학인 볼티모어여자의과대학에 입학했다. 당시 19세로 신입생 300명 가운데 최연소였고, 서양의학을 전공하는 최초이자 유일한 한국여성이 되었다.

한편 박에스더의 남편 박유산은 미국에 도착한 후 아내 에스더의 학비와 생활비를 마련하기 위해 뉴욕 리버티의 로제타 홀 가족의 농장에서, 에스더가 의과대학에서 수학할 때는 볼티모어 식당에서 일하며 그녀의 학업을 계속 지원했다.

이런 그녀에게 큰 슬픔이 다가왔다. 의과대학 1년 차, 1898년에 태어난 지 갓 1년이 지난 박에스더의 첫딸이 폐렴으로 10일 동안 앓다가 엄마의 품을 떠난 것이다. 절망이 컸지만 그녀는 포기하지 않았다. 로제타홀이 한국으로 함께 돌아가자는 제안도 거절하고 계속 공부하여 의사가 되어 한국에 돌아가겠다고 말했다. 의학공부 3년차 과정이 끝나갈 무렵, 박에스더는 또 한 번의 큰 시련을 겪는다.

이번엔 그녀의 남편, 최고의 후원자였던 박유산이 폐결핵으로 입원하여 1년여 투병하다가 사망한 것이다. 에스더가 의학사 학위를 취득하고 1900년 6월 졸업할 때 그녀에게는 딸도, 남편도 없었다. 의사가 되기 위해 미국에서 공부하고 생활하는 동안 모두 그녀의 곁을 떠난 것이다.

한국 여성으로는 처음으로, 한국인으로는 서재필에 이어 두 번째 의사가 된 그녀는 졸업 후 미국에서 의사로서의 안정된 직장을 얻고 높은

보수도 받을 수 있었으나 이를 거절하고 곧바로 한국에 귀국한다.

그리고 1897년에 재입국한 로제타 홀과 여성치료소 '광혜여원'에서, 그리고 1901년부터 1903년까지 서울의 '보구여관'에서, 그리고 다시 평양의 '광혜여원'에서 헌신적으로 환자들을 진료했다.

전국을 돌며 최선을 다해 치료에 매진

박에스더는 병원진료에 너무나 몸을 혹사시키며 과로한 탓인지 병을 얻었다. 1905년 7월, 그녀가 폐결핵 초기 증상으로 치료를 중단할 때까지 로제타 홀과 함께 매년 적게는 2,414건, 많게는 8,638건을 진료한 것이 기록으로 남아 있다.

진료 뿐만 아니라 왕진, 위생학 강의, 지방순회 선교활동 등 박에스더는 그야말로 귀국 후 혼신을 다해 의료선교에 매진했다. 폐결핵 치료차 잠시 휴양을 하고 돌아온 박에스더는 다시 진료와 전도사업을 시작했는데 다시 병이 악화되고 말았다. 충분히 쉬지 않고 너무 빨리 청진기를 잡은 것이 원인이었다.

결국 1910년 4월 13일, 박에스더는 불과 34세로 둘째 언니 신마리아의 집에서 생을 마감한다. 너무나 슬프고 안타까운 일이었다.

서울 정동교회에서 그녀의 장례식이 거행되었다. 투병 중이던 사망 1년 전 1909년 4월 28일, 관민합동으로 경희궁에서 개최된 '초대 여자 외국유학생 환영회'에서 여성교육가 윤정원, 하란사와 함께 박에스더는 '부인사회 급(及) 여자학교 환영회 기념(紀念)' 이라고 새겨진 기념메달을 받았다. 국가로부터, 그리고 각계 각층의 많은 사람들로부터 봉사로 점철된 그녀의 삶이 인정받은 행사였다.

박에스더. 구한말 격동기에 태어나 34년 만에 세상을 떠난 짧은 생애였지만, 최초의 미국 유학 여성, 최초의 여의사로서 그녀의 삶은 한국 근대 여성사에 큰 족적을 남겼다. 무엇보다 의료사 뿐만 아니라 로제타 홀과 관계된 선교 역사에 중요한 의미를 가지는 위대한 인물이었다.

　한국기독교 역사는 좀 더 적극적으로 박에스더의 삶을 되돌아 평가하고, 받은 만큼 돌려 준 그 숭고한 기독교적 신앙의 헌신을 본받아야 할 것이다.

예수 사랑을 실천한
'조선의 명의'

오긍선(吳兢善, 1878~1963년)은 구한말 계몽사상가이자 일제강점기와 대한민국의 의학자이자 사회사업가였다. 독실한 기독교 신앙인으로 철저한 자기관리의 모범을 보인 그는 다양한 분야에서 엄청난 양의 일을 해낸 개화기의 숨은 일꾼이었다.

그는 30세이던 1907년, 미국 켄터키주 센트럴의대(현 루이빌의대)에서 한국인으로 세 번째로 미국 의사 면허를 받은 뒤 귀국, 군산과 목포 예수병원장 등을 지냈고 서울 세브란스병원의학교에서 29년간 교수와 의사, 교장을 맡아 '조선의 명의'로 명성이 자자했다.

그는 또 우리나라 국내 서구 보육원 도입 1세대였고 국내 양로원의 서구화 첫 문을 열었다. 피부과, 내과 의사였으며 피부과학 개척의 선두

주자로 인정받고 있다.

배재학당 졸업 후 미국서 의사돼

●'조선의 명의' 오긍선

오긍선은 1878년 10월 4일, 충청남도 공주군 사곡면 운암리에서 사헌부감찰을 지낸 아버지 오인묵(吳仁默)과 어머니 한산 이씨(韓山李氏)의 아들로 태어났다. 영의정 오윤겸의 9세손이었다.

서당에서 한학을 배우고 15세부터 과거시험을 준비했으나 갑오개혁으로 과거제가 폐지되자, 1896년, 배재학당에 입학하여 협성회(協成會)와 독립협회 활동에 참여했다. 이 때 서재필, 이상재, 윤치호 등과 함께 만민공동회 간부로 활약했다.

만민공동회에 대한 체포령이 내려져 공주에서 사역하던 침례교 소속 스테드만(Steadman) 선교사의 집으로 피신하기도 했던 그는 배재학당 졸업후 스테드만의 한글 교사, 동역자로 활동하다 군산야소병원에 부임한 의료선교사 알렉산더(Alexander)의 어학교사를 겸하면서 그와 깊은 교분을 쌓았다. 미국 갑부의 아들이면서 의료선교사를 자청해 한국에 온 알렉산더는 프린스턴대와 컬럼비아대학을 졸업한 수재로 방한 당시 27세였다.

그런데 한국 사역을 시작한지 얼마 후 알렉산더는 부친 별세 소식을 받고 급히 귀국해야 했다. 돌아오지 못한 그는 이후 미국에서 군산선교부에 큰 액수의 헌금을 수시로 보내 학교와 병원, 교회설립을 도왔고 자신을 가르친 오긍선을 미국으로 초청, 학비 등 일체를 담당해 대학에

32

서 의학 공부를 하도록 도움을 주었다. 오긍선에겐 최고의 후원자였다.

오긍선은 처음엔 센트럴대학교 아카데미 과정을 이수 후 1903년 12월부터 루이빌대학 캠퍼스로 가서 의학 수업을 받았고 졸업과 동시에 미국 의사면허를 취득했다. 그의 미국의사 면허 취득은 서재필과 김점동 (박에스더)에 이어 한국인으로는 세 번째였다.

여기서 재미있는 것은 의사자격증을 받은 오긍선이 1907년 10월, 미국 남장로교회 선교부로부터 한국파견 선교사 자격을 얻어 역파송되었다는 점이다.

미국 의료선교사로 병원과 학교 세워

오긍선은 귀국 후 대도시를 마다하고 전라북도 군산에 세워진 야소병원에서 다니엘 의료선교사의 조수로 근무를 시작했다. 한편 자신의 사재와 월급 등을 기부해 1909년, 옥구군 구암교회 예배당을 설립, 헌당했다. 또 교육선교사업에도 관심을 쏟아 군산에 안락소학교와 영명학교를 세웠다.

자신이 선교사의 도움으로 미국에서 의사된 것은 오직 하나님의 은혜라고 판단해 하나님이 기뻐하실 일을 찾아 나섰다. 1908년 11월, 선교부의 지시로 군산을 떠나 목포로 가서 목포진료소장으로 취임했고 이듬해엔 군산야소병원장으로 부임했다. 그리고 1911년 9월에 목포 앳킨슨병원장으로 일했다.

또 영흥학교 교장직도 맡아 교육 사업에 심혈을 기울이던 중 세브란스의학교의 요청으로 조교수 겸 진료의사로 전임했다.

1913년, 오긍선은 세브란스병원장 에이비슨(Avison) 선교사의 추천으로 세브란스의학전문학교 최초의 조선인 교수가 되었다. 일본정부의 주선으로 1916년, 도쿄제국대학 의학부에서 피부비뇨기과학을 다시 전공한 오긍선은 한국으로 돌아와 세브란스의학전문학교에 피부과교실을 신설하고 과장 겸 주임교수로 환자들을 치료했다.

이 무렵 뜻 있는 사람들과 토요구락부를 조직, 시국문제를 토론하기도 했고, 1920년에는 '경성 고아 구제회'에 참여하고 1922년부터 재단법인 경성보육원의 이사로 활동했다. 그가 고아들에 관심을 기울이게 된 것은 그 무렵 '고아와 과부를 돌보라'는 성경의 가르침과 함께 이웃사랑을 실천해야 한다는 깊은 신앙의 발로였다. 어려웠던 형편의 자신이 선교사의 후원을 받아 미국에서 공부하고 돌아올 수 있었던 것이 하나님의 은혜라 여기고 자신도 남에게 도움을 줄 수 있으면 최대한 도와야 한다고 여긴 것이다.

경성보육원은 김병찬 장로가 부모가 없거나 떠도는 거지 아이들을 데려다 보살펴 준 고아원에서 시작된 것으로 법인화되면서 윤치호를 원장에 추대했다.

이후 오긍선이 보육원의 실질적인 업무를 관장하던 중 원장이 되었으며, 역시 이사로 있던 경성양로원도 인수해 운영하기도 했다. 또한 미국 남장로교회를 설득해 고아원과 장애 아동, 소외 계층을 돌보는 일의 필요성을 역설해 지원을 이끌어 냈다.

●오긍선(오른쪽 두 번째) 세브란스 연합의학전문학교 피부생식비뇨기과 주임교수 당시 환자를 진료하고 있는 모습

사회사업과 함께 계몽운동에도 앞장

1920년대부터는 당시 청소년과 미성년자들의 음주와 담배, 대마초 흡연이 늘어나자 이의 유해성을 알리고 금지, 자제할 것을 촉구하는 캠페인을 펼쳤다. 또한 공창제(公娼制)폐지 운동에 참여해 매춘업 금지를 촉구했다. 더 나아가 조선총독부 학무국을 상대로 청소년과 미성년자의 흡연과 음주 금지 법안 제정을 요구하기도 했다.

1934년 세브란스의학전문학교 제2대 교장에 오른 그는 학교를 일본 문교성 지정학교로 승격시키면서 인력과 시설을 확충시켰는데 이 무렵 일부 강연과 기고 활동을 통해 전쟁을 미화하고 참전을 독려한 것이 후일 친일파로 몰려 호된 비판을 받는 계기가 되었다. 그는 일제의 창씨개명은 거부하기도 했다.

이처럼 오긍선의 대가 없는 사회사업과 선교, 의료사업이 미국 남장로교회 선교사들을 통해 미국에도 잘 알려져 1934년, 모교인 센트럴대학에서는 '자랑스러운 동문'으로 추대하고 명예이학박사 학위를 수여하기도 했다.

의학자로 사회사업가로 활발하게 활동하던 오긍선은 1945년 광복 직후, 한민당 계열에 합류했는데 트루먼 미국 대통령이 그에게 친서를 보내 미군정 민정장관을 권했지만 사양했다고 한다.

1946년, 전국사회사업연맹 이사장에 추대되었고 대한기독교서회 이사로 참여한 그는 의학활동과 교육의 공로로 서울특별시 시민보건위생공로감사장, 민간사회분야 사회사업공로표창, 대한의학협회 의학교육공로표창 등을 받고, 정부의 공익포장, 새싹회의 소파상 등을 수상했다.

오긍선은 평소 자신은 물론 가족들에게도 대단히 엄격하고 보수적인 신앙을 유지했다. 그는 아들 오한영이 개인 병원을 설립하려 하자 의사는 이익을 취해서는 안된다며 반대했다고 한다.

관직도 사양하고 보육원 사업에 몰두

또 당대의 지식인들과 사대부들이 첩을 두고, 내연녀를 두는 것에 대해서도 상당히 비판적이었다. 자신보다 나이가 5세 연상에다가 마마를 앓아 얼굴이 얽은 아내(밀양 박씨)와 평생 해로했고, 다른 여자들의 유혹도 모두 물리쳤다고 한다.

또한 그는 자식들에게도 평생에 이혼이란 있을 수 없다고 선언하고 이혼을 허락하지 않았다.

배재학당 3년 선배인 이승만이 대통령이 되어 사회부장관, 보건부장관을 맡아 달라고 해도 "관직 주지 말고 고아원이나 좀 도와 달라"며 사양했다고 한다.

한편 해방이 되고 혼란이 가중되면서 거리에 거지가 넘쳐났다. 오긍선은 재산을 정리해 서울 '경성보육원'(영천시장 뒤편)을 안양역 옆으로 크게 확대 이전해 더 많은 고아들을 수용했다. 가건물을 짓고 200여 명을 입소시켰다. 그런데 6.25 전쟁이 발발했다.

오긍선은 고아들을 3개 조로 나눠 부산 인근 가덕도(당시 창원군)로 피난시켰다. 1, 2진은 걷고 또 걸어 가덕도에 도착했다. 오긍선도 그곳에서 아이들과 함께 먹고 잤다. 한데 3진 30여 명은 소식이 끊겼다. 미처 출발을 못 하고 있을 때 보육원이 폭격당해 이중 20여명의 고아들이 숨지고 말았다는 소식을 들었을 때 그는 너무나 충격을 받아 며칠간 식음을 전폐했고 "나도 다음에 죽으면 고아들이 묻힌 보육원 뒷산에 묻히고 싶다"고 했다고 한다.

그의 아픔은 여기서 끝나지 않았다. 전쟁 중에 이승만의 간곡한 부탁

●오긍선 선생이 운영한 경성보육원
이 발전된 안양 '좋은집'. 안양기독보
육원으로도 불렸다.

으로 보건부장관에 임명됐던 아들 오한영도 1년 3개월 만에 과로로 숨
졌던 것이다. 누구보다 아들의 청렴결백한 공직 수행을 자랑스러워했던
오긍선은 "전쟁이 일어나지 않았더라면 이 어이없는 일들을 겪지 않았을
것"이라며 괴로워했다.

그는 한국전쟁 이후 고아들이 더 늘어나자 이들을 돌보는 사회사업에
더욱 더 전념했다. 1952년 한국사회사업연합회 회장에 추대되었다.

이렇게 말년에 사회사업에 온 몸을 불살랐던 오긍선은 1963년 5월 18
일, 서울 서대문구 자택에서 하나님의 부르심을 받았다. 그는 운명할 때
'그동안 여관에 있다가 이제 내 집으로 돌아간다'는 유언을 남겼다 한다.

연세대학교 의과대학장으로 장례식을 거행한 뒤 경기도 양주 망우리
공동묘지에 부모 한산 이씨 내외와 자녀들 등과 함께 안장되었다. 가족
묘지 입구에는 오긍선 연보비가 세워졌다.

한국 최초의 양의사이자 서양의학의 선구자로 불리며 기독교 신앙인
으로 사회사업에 열중했던 오긍선 선생. 그는 '명의'로 잘 살 수 있었
지만 단 한 번도 돈이나 권력을 탐하지 않았다. '돈은 일만 악의 뿌리
다'(딤전 6:10)라는 성서 말씀을 좌우명 삼아 자손에 본이 됐다.

현재 오긍선기념사업회가 설립돼 운영되고 있다. 기념사업회는 그가

오랜 기간 몸담은 연세대학교 의과대학과 매년 기념학술대회를 열어 그의 정신과 삶을 기리고 있다. 대한민국 정부는 그가 소천한 후, 최고 훈장인 '대한민국장'을 추서했다.

독립운동에 헌신한
국내 최초의 면허 의사

김필순(金弼淳, 1878~1919)은 우리나라가 일제 강점기에 있던 시절, 만주에서 독립운동가들의 주치의로 활동한 대한민국 최초의 면허 의사다. 그의 삶은 철저한 애국심으로 점철되어 자신의 안위나 명예를 추구하지 않고 오로지 나라를 위해 헌신했다. 이런 그의 정신은 선교사가 세운 세브란스의학전문학교 제1회 졸업생으로써 철저한 기독교 신앙과 박애정신이 바탕이 되었기에 가능한 일이었다.

김필순은 1878년 6월 25일에 황해도 장연군 대구면 송천리에서 아버지 김성섬(金聖贍)과 어머니 안성은(安聖恩) 사이에서 출생했다. 소래마을로 불렸던 송천리는 한국인 최초로 자립으로 세운 소래교회가 설립된(1883년) 지역이다.

김필순의 매형은 유명한 독립운동가 김규식(金奎植)이고 역시 유명한 독립운동가이자 교육가인 김마리아(金瑪利亞)도 그의 조카여서 이른바 독립운동가 가문을 이루고 있다.

언더우드에 세례받고 배재학당 입학

●김필순

기독교 신앙과 서양의 근대문물을 일찍 받아들인 이 소래마을에서 자란 김필순은 17세인 1894년, 선교사 언더우드에게 세례를 받았다. 그리고 1895년에 서울로 유학 와 배재학당에 입학했다. 유달리 영어에 뛰어난 재능을 보인 그는 학습능력도 뛰어나 이 무렵 세워진 세브란스의학전문학교애 입학해 1908년, 1회로 졸업했다. 이 때 다른 졸업생 6명과 함께 한국 최초의 의사가 되었다.

당시 한국의 의료 역사를 짚어 보면 한국에 들어와 활동하던 의료선교사 에이비슨(1860~1956)은 1893년 11월 제중원 책임자로 일을 시작하면서 부터 한국인 의사를 양성하려는 계획을 가지고 있었다. 에이비슨이 구상한 의학교육은 의사 양성과 함께 간호사, 약제사, 치과의사, 그리고 안경사 등 다양한 의료진을 양성하는 종합의학교였다.

에이비슨은 이를 위해 한국인 의료조수를 고용하였고 그들의 도움을 받으며 환자를 진료했는데 조수로 선발된 학생들이 이때부터는 의사가 될 목표를 갖고 의학교육을 받았다. 아직 의사 양성을 위한 의학교가 정식으로 설립되지 않은 상태에서 의학교육을 실시했던 것이다.

1903년, 세브란스기념병원에서 의학교육 및 의사자격증 수여를 관장하는 '의료위원회'가 구성되었고 이 위원회가 학칙과 교과과정을 만들었다. 1905년에 이 위원회가 학제를 결정했고, 이에 따라 의학교육 제도가 본격적으로 마련, 시행되었다.

우수한 성적으로 의사면허시험 통과

1906년 연말에는 의학교육을 받는 학생 수가 16명이었고 이미 상당한 훈련을 받은 학생이 7명이었다. 이들을 졸업시키려고 생각한 에이비슨은 1908년에 각 과목에서 가장 중요한 내용을 시험문제로 100개씩 출제해 학생들이 시험을 치르도록 했다.

그는 학생들의 시험성적이 일정한 수준을 넘으면 이들을 졸업시키려한 것이다. 시험문제 수준이 미국과 캐나다에서 치르는 의사시험에 준할 정도로 어려웠는데도 시험에 응시한 7명의 한국인 모두가 합격했다. 평균 점수가 83점이었고 전체적으로 성적이 다 좋았다.

에이비슨은 이에 크게 만족했고, 더구나 이들의 실기시험 성적은 필기시험과 구두시험 성적보다 훨씬 더 우수했다. 게다가 학생들의 자세와 태도도 크게 칭찬할 만 해 의사로서의 자격을 부여하는데 부족함이 없었다.

또 놀란 것은 이들이 모두 다 졸업 후에 자신의 이익을 위해 살기보다 남을 위해 헌신적인 삶을 살겠다는 포부를 밝힌 것이다. 선교사들이 이 가난한 나라, 한국에 들어와 헌신하고 봉사하는 모습을 옆에서 지켜보았기에 자신들도 같은 삶을 살겠다고 다짐한 것이다. 돈벌이보다는 학교에 남아서 후학을 가르치겠다고 대답했다. 학생들 모두 다 실력과 함께 훌륭한 인격까지 갖춘 의사가 된 것이다.

에비슨 선교사의 조수로 가장 신임 받아

1908년 6월 3일 의학교에서 제1회 졸업식이 거행되었다. 졸업생 7명은 김필순(金弼淳), 홍석후(洪錫厚), 박서양(朴瑞陽), 주현칙(朱賢則), 김희영(金熙瀯), 신창희(申昌熙), 홍종은(洪鐘殷)이었다. 이들의 졸업장에는 '의학득업사'(醫學得業師, Doctor of Medicine and Surgery)로 명시되었다. 졸업식 다음 날, 졸업생 7명은 대한제국 정부의 내부 위생국으로부터 '의술개업인허장'을 받았다.

이 때 에이비슨의 가장 신임받던 조수였던 김필순은 1909년부터 이 세브란스의학전문학교에서 전임교수로 일했다. 그는 해부학과 생물학을 강의했고, 위생학과 외과학은 에이비슨과 분담하여 강의했다. 그는 외과(外科)의 부의사로도 임명되었다. 1911년에는 병원 외래병동 책임자가 되었을 정도로 한국인으로는 병원에서 가장 높은 위치에 올랐다.

김필순이 의사가 된 당시에는 한글로 제작된 의학교과서가 당연히 없었다. 모두가 영문의학서 뿐이었다. 이에 에이비슨은 김필순과 함께 해부학 교과서의 번역에 착수했는데 이는 한국에 서양의학을 토착화시키는 작업이기도 했다.

교재번역에는 의학용어와 그 개념을 한글로 고안하여 옮기는 작업이 병행되어야 했다. 이를 위해 중국과 일본의 서양의학 번역서를 참고해야만 했다. 김필순이 이러한 작업을 하면서 약 이름과 질병 이름, 그리고 의학에 사용되는 일본식 표현을 참조했고 그 결과 3권의 '해부학 교재'가 한글로 번역되어 출간되었다.

김필순은 세브란스병원 조수로 있던 1907년경 이미 독립운동 단체인 신민회에 가입했는데 1911년 '105인 사건'을 조작한 일제의 검거를 피하기 위해 어쩔 수 없이 세브란스병원의 진료업무를 중단하고 서울을 떠났다. 남아 있을 경우 일경에 검거돼 감옥에 가야했기 때문이다.

일제 눈 피해 중국서 독립운동 펼쳐

김필순은 중국 서간도 통화현(通化縣)으로 가서 독립운동을 시작했
다. 도산 안창호 선생과 의형제를 맺고 해외 독립운동기지를 건설할 계
획을 세웠다. 그곳에는 이미 신민회에 같이 있던 이회영 등이 독립군 기
지를 건설했고 또 한국인 거류 마을도 형성되어 있었다.

김필순은 일단 그곳에서 병원을 개업했다. 그리고 여러 해 동안 꿈꾸
어 왔던 이상촌을 건설하고자 했다. 이상촌은 집과 학교와 병원과 도서
관 등 근대시설을 갖춘 마을이어야 했다.

마을의 경제는 농업 중심으로 하고, 주민들이 토지를 공평하게 분배
하되 공동 농사를 짓고 공동 목욕탕에서 하루 종일 농사로 지친 육체
의 피곤을 풀고자 했다. 그리고 저녁에는 주민들이 야학교에서 배우고
도서관에서 책을 읽고, 모든 가정의 자녀들이 학교에 다니고, 아픈 사람
은 무료로 진료받는 이상촌을 김필순은 구상하고 꿈꾸었다. 동네 치안
또한 스스로 유지하고, 마을에 소비조합을 설치하도록 구상했으니 김
필순의 원대한 꿈을 읽을 수 있는 대목이었다.

그런데 통화현이 점차 일제의 영향권 안으로 들어가게 되자, 김필순은

●일제 주요 감시 대상 김필순의 인물
카드

43

위협을 느끼고 1916년, 몽골 근처의 치치하얼(齊齊哈爾)로 다시 이주했다. 그곳에서도 그는 병원을 개업하였고, 또 넓은 땅을 구입하여 이곳에서도 이상촌을 건설하고자 했다.

그는 중국 각지에 흩어져 있는 조선 청년들을 이곳으로 모이게 하고 독립군을 양성하고자 했는데 그의 구상은 조금씩 실천으로 옮겨졌다. 러시아제 농기구를 구입하고 한국에서 건너온 농민 30여 가구를 이곳에 받아들였다.

자신이 운영하는 병원에서 부상당한 독립군을 치료하고, 병원을 독립운동가의 연락 거점으로 활용하도록 제공했다. 또 무관학교를 설립하여 독립운동의 후방 기지로 삼고자 지원했다.

1919년, 3·1만세운동의 소식을 들은 김필순은 이상촌 건설에 더욱 힘을 쏟았다. 그 당시 병원 운영이 성황을 이루어 이상촌 건설에 큰 힘이 되었고 점점 규모가 확대되었다. 그래서 그는 여러 명의 의사와 간호사를 채용해 병원운영을 활발하게 했다. 그는 병원에서 얻는 수입의 이익금 대부분을 독립운동 자금으로 투입할 정도로 열심을 다했다.

그런데 1919년 9월 1일, 김필순은 자신의 조수로 일하던 일본인 의사가 준 우유를 마신 뒤 갑자기 의식을 잃고 말았다. 그리고 머나 먼 이역만리에서 갑자기 세상을 떠났다. 참으로 허망한 죽음이었다. 추정하건데 그 일본인은 일제의 특무요원으로 자신의 신분을 속이고 접근한 것이 아닌가 판단하고 있다.

셋째아들 김염이 중국 최고의 영화배우로

김필순이 사망했을 때 부인 전경순은 7명의 아들과 시어머니까지 모시고 어려운 살림을 시작해야 했다. 그동안 번 돈을 모두 독립자금으로

●김필순의 3남 김염. 중국의 인기 영화배우로 명성을 떨쳤다.

보낸 탓에 재산이라곤 전혀 없었다. 집도 러시아 군의관도 겸하고 있어 정부가 준 관사에 살고 있었기에 이마저 비워 주어야 했다.

주변의 도움으로 간신히 거주공간은 마련했지만 이후 부인과 가족들의 고생은 이루 말할 수 없었다.

그런데 김필순이 사망 당시 10살이었던 셋째 아들 김염(金焰, 진옌)은 후일 중국의 유명한 배우가 된다.

불우한 환경 속에서 꿈을 잃지 않았던 김염은 1930년, 20살이 되던 해 야초한화(野草閑花)란 영화에 출연한다. 유명한 여배우였던 롼링위(阮玲玉)의 상대역 주연배우로 발탁된 것이다.

영화는 대성공했고, 김염은 하루아침에 유명스타가 되었다. 어디를 가나 사람들은 배우 김염을 알아보고 뜨겁게 환영했다. 그 다음에는 '들장미'에 신인배우 왕런메이(王人美)와 함께 출연해 이 역시 대 히트를 기록했고 1934년, 두 사람은 결혼한다.

이 무렵 영화잡지에서 영화 황제를 뽑는 영화팬들의 투표를 했다. 중국에서 활동하는 영화배우들 중에서 '가장 잘생긴 남자 배우' '가장 친구로 사귀고 싶은 배우' '가장 인기가 있는 배우'를 뽑는 것이었는데, 이 세 부분에서 김염은 모두 1등을 차지함으로 '영화 황제'라는 칭호를 얻었다. 이처럼 3관왕이 된 배우는 현재까지도 김염 이외에는 없다고 한다. 김염은 중국에서 전무후무한 '영화 황제'가 된 것이었다.

김필순은 비록 타국에서 유명을 달리했지만 그 아들이 중국 전체의 스타가 되어 명성을 떨친 것이다. 이는 김염의 부친이 독립운동가이자 의사로 한국과 중국의 많은 이들을 돕고 항일에 앞장선 크리스천이었음을 아들을 통해 새롭게 부각시키는 계기를 만들어 주었다.

한국에서 의사가 되어 수 많은 사람들을 병고에서 일어나게 하다가 일제에 탄압에 쫓겨온 중국에서 제2의 봉사와 헌신, 독립운동의 삶을 이어간 김필순 선생이었다. 다른 애국지사 만큼 그 이름은 유명하지 않지만 그의 41년 짧은 생애는 그리스도인의 향기를 널리 퍼트리며 신앙을 삶으로 실천한 진실한 크리스천이었다.

백정에서 의사로,
신분 해방의 기수가 되다

박서양(朴瑞陽, 1885~1940)은 언더우드와 아펜젤러가 복음을 들고 인천항에 도착한 1885년에 태어났다. 그의 아버지 박성춘은 당시 최하층으로 천대받던 백정이었다.

당시 백정은 기생·갓바치·무당·광대 등과 함께 신분이 가장 낮은 천민 계급이었다. 백정은 상투를 틀 수도 없고 갓을 쓸 수도 없었다. 결혼해도 가마를 탈 수 없었고 돈이 있어도 집에 기와조차 얹지 못했다. 만약 이것을 어기면 동네에서 집단 폭행을 당했다. 모두에게 철저히 무시 당했던 최하층민이었다.

탄원서 올려 신분차별철폐법 통과시켜

1893년 9월, 의료선교사 에이비슨이 장티푸스에 걸린 아버지 박성춘을 왕진까지 와서 돌보아 살렸다. 이듬해 박성춘은 사무엘 무어(Samuel Moore) 선교사를 만나 기독교인으로 개종하게 된다. 이후 무어 선교사는 백정과 그 자녀를 위한 선교, 교육사업을 시작했다.

박성춘이 교회에 출석하자 양반들은 백정과 함께 예배드리는 것을 곧바로 불평했다. 무어 선교사는 "주 안에서 모든 사람은 평등하다"면서 그들의 주장을 일축했다.

무어 선교사의 복음전파에 1895년, 6명의 백정이 복음을 받아드렸다고 한다. 전도자가 된 박성춘은 서울뿐 아니라 수원까지 내려가 백정마을을 찾아다니며 복음을 전했다.

한편 힘을 얻은 박성춘은 서재필, 윤치호, 박정양, 유길준, 이상재 등과도 교류하며 독립협회와 만민공동회의 한성부지역 연사 및 간부로 활동했다. 그는 이때부터 정부에 백정의 신분 해방을 요구하는 탄원서를 수차례에 걸쳐 올리기 시작했다.

1895년 박성춘과 곤당골교회 학당 교사 채 씨는 갑오개혁으로 시행되었던 신분차별철폐법을 백정에게도 확대해 달라는 탄원서를 내부대신 유길준에게 보냈다. 이에 정부는 이 해 6월 6일, 백정 신분을 철폐한다

●에이비슨의 수술을 보조하는 박서양
오른쪽 3번째

는 포고문을 서울 곳곳에 붙였다.

결과 1896년 2월, 백성에게도 면천(免賤)이 허용되어 갓을 착용할 수 있게 되었고, 1896년 9월, 백정들도 호적에 올릴 수 있게 되자 박성춘은 사람들에게 '신분해방의 기수'로 널리 인정받았다.

백정 출신의 최초 장로, 박서양 부친 박성춘

박성춘은 1911년 12월, 한국 최초로 백정 출신의 장로가 되었다. 그는 '예수를 믿고 새봄을 맞이하여 새사람이 되었다'는 뜻으로 자기 이름을 '성춘'이라 짓고, 아들 '봉주리'는 '상서(祥瑞)로운 태양이 되라'는 뜻으로 '서양'으로 개명했다고 한다.

1894년 아들 박서양은 무어 선교사가 설립, 운영하던 곤당골 교회 부속 예수학당에서 공부하게 되었다. 이로서 신학문을 받아들이게 되었던 그는 세례도 받고 기독교인이 되었다.

박서양의 아버지 박성춘은 세브란스의학교 교장 에이비슨과 평소 친분이 있었기에 아들을 추천해 의학교에 입학시켜주길 원했다. 에이비슨은 입학 전 박서양에게 먼저 허드렛일을 시켜 그의 됨됨이를 시험해 본 후 의사로서의 자질이 충분하다고 판단해 입학을 허락했다.

그 결과 박서양은 1908년, 세브란스병원의학교를 1회로 졸업하게 된다. 정부로부터 우리나라 최초 의사 면허인 '의술 개업 인허장'을 받은 7명 중의 한 사람이 된 것이다.

어떻게 백정의 아들이 의학교에 입학하여 의사가 될 수 있었을까? 아리러니하게도 당시 양반들이 병원에서 사람들을 치료하는 지저분한 일을 할 수 없다고 입학을 기피했기 때문이다. 의사란 직업을 아주 낮게 본 것이다. 그래서 중인·평민들이나 기독교인들도 의학교에 입학할 수

●박서양 등 7명에게 세브란스의전원에서 의사면허를 수여했다는 보도기사

있었다.

1906년 박서양은 의학교 재학 중 홍석후, 이승만, 김규식, 이교승 등과 함께 황성기독청년회(YMCA)에 나가서 학생들의 교육을 맡았다. 특별히 그는 YMCA 학당의 부학감을 했다. 또한 제중원 의학교 재학 중 윤치호, 유길준 등의 중앙학교에 초빙되어 화학을 가르쳤으며 이후 낮에는 소학교 교사로, 밤에는 의학부 학생으로 다녔다. 또한 제중원의 의사 조수로 활동하면서 수술을 보조했다.

의사로서 뛰어난 재능을 가진 박서양은 제중원에 입학한 지 7년만에 대한매일신보(1907년 10월 23일)에도 나올 정도로 유명해졌다. 당시 신문 기사를 보면 "난산(難産)의 고통을 겪고 있던 서울 합동의 김부인을 제중원 의사 허스터씨와 의학생 박서양씨가 소생시켰다"고 나왔다.

세브란스의학교 첫 졸업생 박서양

세브란스의학교는 첫 졸업식에는 7명이 졸업했는데 이중 홍석후는 작곡가 홍난파의 형이었고, 김필순은 매제가 임정요인인 김규식이었다.

졸업 직후 박서양은 중앙학교와 오성학교, 중앙학교, 휘문학교 등에서 학생들을 가르쳤으며, 세브란스 의학전문학교 교수와 세브란스 간

호원양성소의 교수로도 재직했다.

독실한 신앙인이었던 박서양은 교회 일에도 적극 참여했으나, 그가 다니던 승동교회에서 박성춘, 박서양 부자의 역할이 커지자 양반들과의 갈등으로 또 다시 교회가 분열되는 아픔을 겪었다. 심지어 승동학교의 학생들도 그를 백정의 아들이라며 무시하기 일쑤였다.

서울 승동교회에서 만든 승동학교에서 학생들을 상대로 산소와 수소를 이용한 공개 화학실험을 선보이기도 했다. 그런데 학생들이 그의 신분을 문제 삼아 천시한 적이 있다. 그러자 "내 속에 있는 500년 묵은 백정의 피를 보지 말고, 과학의 피를 보고 배우라"고 했다.

신분 차별 철폐의 상징인 박서양은 백정 선교에 나섰던 승동교회의 무어 선교사와, 에이비슨, 그리고 아버지 박성춘의 이름과 함께 백정 해방의 역사로 남아 있다.

의사로 고종의 진료를 보기도 했던 박서양은 그의 경력 가운데 특이한 것이 있다. 1909년 2월, 승동학교에 음악과를 설치하자 음악과 학과장으로 취임한 것이다.

●박서양의 세브란스의학교 졸업사진 가운데 줄 오른쪽.

당시 박서양은 이처럼 의사지만 성악과 오르간에 조예가 깊었다. 그는 YMCA에 출입하며 일찍이 서양 음악을 배운 것이다. YMCA에는 그레그(Gregg)라는 캐나다 태생의 공업부 간사가 있었는데 그는 첼리스트였으며 음악 애호가였다. 박서양은 그를 무척 좋아했고, 그레그는 박서양을 음악의 친구로 삼았다.

그리고 평양에서 온 김인식이란 음악선생도 있었는데, 이 세 사람이 서양 음악의 선봉들이었다. 홍난파는 그 당시 YMCA 학관의 학생이었다.

중국 연길로 이주, 병원과 학교 설립

박서양은 1917년, 중국 길림성 연길로 이주했다. 1916년 조선 헌병대 사령부의 '북간도 학교 일람'에는 이미 1914년에 숭신학교가 설립되었고 교장은 박서양이라고 나와 있다. 따라서 박서양이 세브란스병원에 근무하면서 숭신학교를 설립, 운영하다가 1917년 본격적으로 이주한 것으로 보인다.

여기서 그는 구세의원(救世醫院)을 개원하고 교회와 숭신학교(崇信學校)교장으로 직접 교육에 참여하여 교사 5명과 함께 28명의 학생을 가르쳤다. 박서양이 돌연 만주로 떠나면서 국내에선 서서히 잊혀졌다.

연길에서 한국인을 위한 진료와 교육 활동을 했던 그는 만주 지역의 독립무장투쟁단체인 대한국민회 군사령부의 군의(軍醫)로 임명돼 활동하기도 했다.

중국에서 독립운동을 한 것은 그의 졸업 동기인 김필순이나 주현측, 신창희도 마찬가지였다.

1919년 3·1운동이 일어나자 박서양은 대한국민회군사령부 군의관으로 홍범도의 대한독립군, 최진동의 북로도독부 등과 봉오동전투에 종군했다.

교육에도 정성을 쏟아 1921년 신학교를 증설하였고, 1923년에 첫 졸업생 28명을 배출했다. 1923년 8월에는 간도교육협회 집행위원으로 선출되었으며, 1924년 2월 김성수, 송진우의 부탁으로 동아일보 간도지국 특파원을 맡았다.

1924년 6월에 숭신학교에서 간도 관내 48개 학교가 참여한 연합운동회를 주관했다. 이 때 간도 주재 일본 총영사가 "불령선인(不逞鮮人)이 건립한 배일학교"라고 보고하여 폐교 위기를 맞았다.

항일운동의 거점이 된 숭신학교와 구세의원

박서양이 운영했던 숭신학교와 구세의원은 정치적 이유뿐만이 아니라 경제적으로도 학교운영에 큰 어려움이 닥쳤다. 구세의원은 전체 환자 9,731명 중에 무료 환자가 3,315명으로 3분의 1을 차지했다.

따라서 구세의원의 수익으로 학교를 운영하는 것 자체가 무리였다. 다행히도 1929년 학교 운영기금 마련을 위해 '숭신학교 유지회'를 조직해 일부 어려움은 해결했으나, 외부의 정치적 위기요인은 점점 심해졌다.

일제의 탄압이 심해졌고, 1929년 광주학생운동이 일어나자 이듬해 2월 19일 숭신학교 학생 120여 명이 호응하여 연길에서 만세시위를 벌이다가 20여 명이 연행되었다.

1932년 6월, 윤봉길 의사의 '홍구(홍커우) 의거'가 일어나자 숭신학교는 불온사상을 고취한다는 이유로 폐교 당했다가 얼마 후 복교되었으나 1935년에 결국 완전히 폐교되었다.

박서양은 숭신학교가 폐교되자 1936년 귀국하여 선대의 고향인 황해도 연안에서 병원을 운영하다 1940년 12월 15일, 경기도 고양군 은평면 수색리 자택에서 향년 55세를 일기로 소천했다.

베일에 가려졌던 그의 독립운동 행적이 뒤늦게 밝혀지면서 2008년 8월 15일, 정부로부터 건국포장이 추서되었다. 그의 일대기가 2010년 SBS 드라마 '제중원'과 2013년 KBS TV의 'KBS 파노라마'에 방영되면서 개화와 독립운동에 관한 박서양의 삶이 새롭게 조명되고 있다.

백정이라는 당시 신분의 한계를 딛고 한국과 중국을 누비며 의사로서 또 독립운동가와 교육자로서 열정의 삶을 살았던 박서양 선생. 그가 신앙을 바탕으로 베푼 삶의 고귀한 흔적들은 아직 곳곳에 남아 잔잔한 감동을 주고 있다.

독립운동에 더 열심을 낸
민음의 의사(醫師)

　나창헌(羅昌憲, 1896~1936) 선생은 일제강점기에 독립운동을 펼친 대동단의 비밀단원이자 교민단의사회 학무위원을 역임한 독립운동가로 실력이 뛰어난 의사(醫師)였다.

　그는 경성의학전문학교 출신으로 이미 1919년, 3·1운동 때 학교 대표로 활동하다 일본 경찰에 붙잡혀 예심을 받던 중 병보석으로 출감되었던 전적이 있었다.

　1919년 5월 6일, 안재홍(安在鴻)·연병호(延秉昊)·송세호(宋世浩)·이병철(李秉徹) 등과 청년외교단을 조직, 국외의 여러 독립운동단체와 연락을 취하며 역동적으로 활동했다.

　나창헌은 평안북도 희천군 진면 행천동 577번지에서 출생했다. 가문

●독립운동가 나창헌

이나 성장 과정은 잘 알려져 있지 않은데 그 이유는 중국 망명 이후 독립운동을 하면서 여러 개의 가명(假名)을 사용, 그의 행적이 잘 드러나지 않았기 때문이다.

의사 보다 독립운동에 더 앞장서

나창헌 선생은 의사라는 좋은 직업을 가졌음에도 자신의 능력을 뛰어넘어 독립운동에 더 열심을 낸 분이다. 그에게 더 나은 미래와 안락한 삶이 보장되었음에도 이를 과감하게 버리고 독립운동이라는 가시밭길을 갔기에 선생의 삶이 더욱 빛나고 돋보인다.

선생 역시 당초 의사의 길을 가려고 했으나 기독교 신앙인으로써 고통받는 조국의 모습을 묵과하기 힘들었고 그래서 독립운동 최일선에 나섰던 것이다.

나창헌 선생은 의술을 단순히 인간의 병을 치료하는 일로만 이해하지 않았다. 민족과 더 나아가서는 인류의 아픔을 치유하는 일로 여긴 것이다. 더구나 나창헌 선생의 독립운동 방식은 의사치고는 매우 과격한, 폭력을 통한 투쟁 방식이었기에 이 역시 우리에게 새롭게 다가오는 부분이다.

나창헌 선생이 독립운동에 본격적으로 뛰어든 것은 학생들이 3·1운동 추진계획에 동참하면서 부터라고 할 수 있다. 1919년 당시 경성의학전문학교 2학년에 재학 중이던 그는 같은 학교 4학년인 김형기, 한위건 등과 함께 3·1운동 거사 계획에 참여하게 되었다.

이 때 나창헌을 비롯한 서울의 학생 대표들은 2월 25일, 서울 정동(貞

洞)에 있는 정동교회에 모여 3월1일 독립선언 민중대회에 대해 의논했다.

이들은 3월1일, 각 전문학교와 중등학교 학생들을 2시 정각에 탑골공원으로 소집해 독립 선언대회에 참가하도록 노력하고, 나아가 각 전문학교 생도를 중심으로 일대 만세시위운동을 펼치기로 결의했다.

대한민국청년외교단 결성에 앞장

이 날 결의에 따라 나창헌은 당일인 3월1일, 탑골공원에서의 독립선언 민중대회와 그 이후 전개된 만세 시위운동에 앞장서 주도적으로 참여했다.

그럼에도 나창헌은 일제의 주동자 및 시위자 검거에 몸을 숨겨 체포되지 않고 모면했다. 그는 이번에는 대한민국청년외교단을 결성, 독립운동을 지원하는 활동을 시작했다. 대한민국청년외교단은 1919년 5월 초, 선생을 비롯한 안재홍·이병철·조용주·연병호·송세호 등이 거사가 끝난 3·1운동 정신을 이어가는 동시에 상해에 조직된 임시정부를 후원할 목적으로 결성된 단체였다.

이에 대한민국청년외교단은 격문을 뿌리며 만세 시위운동의 확산에 주력하면서 임시정부에 국내 상황을 수시로 보고했다. 또 독립운동 자금을 모아 중국에 송금했다.

나창헌은 그 해 대한민국청년외교단 특파원으로 상해에 파견되었다. 이는 3·1운동 상황 보고와 독립운동 자금 전달이 목적이었다. 임무를 잘 마치고 다시 귀국했는데, 여기에는 또 다른 계획이 숨겨져 있었다.

그것은 '조선 황족 망명 작전'을 추진, 고종 황제 아들 이강 공과 남작 김가진을 상해로 탈출시키기 위한 것이었을 것으로 추측된다.

당시 일제는 3·1운동을 일부 '불령선인(不逞鮮人)들의 망동'이라고 국제적으로 선전하고 있었다. 때문에 그에 대한 반격으로 한국의 황족과 귀족을 해외로 망명시켜 이들까지도 일제의 식민통치에 반대한다는 사실을 공포함으로써, 한국민족의 전민족적인 독립 열망과 의지를 알리려는 의도였던 것으로 풀이된다.

이런 목적으로 귀국한 선생은 그 해 8월, 남작 김가진이 총재로 있던 조선민족대동단에 가입한 뒤, 국외 탈출계획을 본격 추진했다. 또 임시정부 특파원들과 연계해 10월 31일, 일본 천장절을 기해 제2차 대규모 독립운동 계획을 준비했다. 이후 김가진은 무사히 상해로 탈출했고 10월 말부터 11월 초에 걸쳐 서울과 평양을 비롯 의주·선천·정주·영변 등지에서 대대적인 만세시위운동이 다시 한번 발생했다.

철혈단 통해 독립운동 각성 촉구

나창헌 선생은 김가진의 탈출에 이어 이강 공의 상해 탈출 계획도 추진해 11월 10일, 중국 안동까지 모시고 갔으나 이곳에서 일본 경찰에 적발되어 탈출이 좌절되고 말았다.

1920년 1월, 상해로 귀환한 선생은 여기서 김가진과 협의해 그 해 3월 6일, 대동단 본부를 상해에 옮기고 "임시정부에서는 이제 혈전을 준비 중에 있어 아(我)단원 또한 단결하여 혈전(血戰)의 준비를 하지 않으면 안된다"는 포고문을 발표했다.

1920년 봄에는 노무용, 황학선, 김기원 등과 철혈단(鐵血團)을 결성하고 다음과 같은 선언서를 발표해 독립운동가들의 각성을 촉구했다.

우리 독립은 우리의 사활문제임은 췌언(贅言)을 기다릴 것이 없을 것이며 우리들의 독립은 총과 검과 혈이 아니면 성공할 수 없다. 고로 우리들은 금후 한사람이 될 때까지 최후의 일각까지 철과 혈로써 저 간악하고도 악독한 왜구(倭仇)를 배제할 것이다. 그런데 우리 독립운동자 중에는 부패한 분자가 적지 않고 독립운동이란 미명하에서 자기의 명예를 박득(博得)하려고 하는 야심가가 있다. 독립운동에 의해 공(公)을 빙자하고 사복을 채우려고 하는 비루(鄙陋)한 자도 있다.

독립운동에 의해 지방열과 사당(私黨)을 부식하여 세력을 다투고 상호 암투를 일삼아 왜구를 배제하는 것보다 동족을 구시(仇視)하는데 급급한 자도 있다. 오호 이와 같은 분자는 우리 독립을 방해하는 악마이다. 과연 악마인 이상 우리들은 이를 박멸하고 신성한 독립운동자는 그 보조를 일치하여 진행하지 않으면 안 된다. 이에 오배(吾輩)는 전진(前陳)한 악마를 제거하고 우리 사계(社界)의 신선하지 못한 공기를 소독하여 우리 전민족의 정신을 건전케 하고 밖으로는 철과 혈로써 왜적을 배제하여 우리의 독립을 완수하려고 하는데 있다.

기원 4253년(1920) 6월 철혈단

이후 철혈단은 임시정부 내무부를 공격하여 경무국 대원들과 격투를 벌이기도 하였는데, 이는 임시정부 자체를 반대하는 것이 아니라 그 내부의 신선하지 못한 요소를 제거하기 위한 것이었다. 선생은 무력투쟁을 독립운동 노선에서 항상 유지했다. 의학을 전공해 외부적으론 유약해 보였지만, 말로 통하지 않으면 무력적인 의열투쟁 방식을 채택, 그것을 꾸준히 실천하고 있었다.

한국노병회와 임시의정원에도 참여

나창헌 선생은 1922년 10월에 결성된 한국노병회(韓國勞兵會)에도 참여했다. '1만 명 이상의 노병을 양성하고, 100만 원 이상의 전비(戰費)를 마련하여 독립전쟁을 전개할 목적'으로 조직된 것이 한국노병회다. 다른 한편으로 선생은 임시의정원 의원으로서 1925년 3월 23일 열린 의정원회의에서 이승만의 후임 대통령으로 국무총리 박은식을 만장일치로 추대했다. 이렇게 임시정부가 장차 내각책임제인 국무령제로 개헌할 수 있는 기반을 마련했다.

당시 나창헌 선생은 임시정부 내무차장으로 1925년 6월에 정위단(正衛團)을 조직했다. 이는 일부 독립운동가를 사칭하는 사람들이 동포 학생 및 상인을 협박해 금품을 강탈하거나 혹은 유복한 유학생을 인질로 송금을 강요하는 등의 사건이 빈발했기 때문이다.

따라서 독립운동가에 대한 이미지가 손상됨은 물론, 한인 동포들의 불만이 고조되자 독립운동의 전도에 악영향을 끼치는 일이 적지 않았다. 이를 방지하고자 선생을 비롯한 경무국 참사 강창제, 고준봉, 박창세 등 8명으로 정위단을 조직한 것이다.

이후 병인의용대를 결성하였는데 이는 독립운동 고양과 실추된 임시정부의 권위를 회복하려는 목적을 가진 것이었다. 병인의용대는 일제의 주요 식민통치 기관의 파괴, 일제 관리 및 친일 밀정의 처단, 반일 시위운동의 전개 등을 실행사업으로 채택하였다.

병인의용대는 우선 상해 일본총영사관에 대한 공격을 계획했다. 그것은 상해 일본총영사관이야말로 임시정부 요인들은 물론 독립운동가들과 한인 동포들을 체포, 탄압했기 때문이다. 그래서 나창헌 선생은 세 차례에 걸쳐 이곳에 폭탄투척의거를 전개했다.

이 의거를 통해 비록 일본총영사관을 폭파시키지는 못했지만 일제 식민통치의 실상을 폭로하고 한국민족의 독립의지를 널리 알리는 데는 충분히 기여했다.

조직재건 힘쓰다 40세에 안타깝게 순국

나창헌 선생은 일제의 추적을 피해 사천성 만현(萬縣)으로 갔고, 여기에서 만현의원을 경영하면서 독립운동을 계속했다. 그리고 도산 안창호의 피체(被逮) 이후 처음으로 1933년 1월, 상해 프랑스 조계의 미국 기독교청년회관에서 제19회 흥사단 원동대회가 열렸다.

이 대회에 참석한 나창헌 선생은 흥사단 원동반 제5반 반원으로 선임되었다. 그 해 7월 선생은 다시 상해로 와서 1개월 동안 체재하며 병인의용대의 재건을 위해 힘썼다.

이 결과 예전의 동지들은 다시 병인의용대를 부흥시켜 박창세를 대장으로, 강창제를 부대장으로 선임함으로써 조직을 재건했다. 이렇게 병인의용대를 재건한 뒤, 선생의 의열투쟁 노선을 따라 친일 밀정 처단 등 독립운동을 전개했다.

하지만 선생은 1936년 봄부터 위암에 걸려 고생하다가 결국 6월 26일, 40세의 한창 나이로 조국의 해방을 보지 못한 채 중국 충칭(重慶)

●대전 현충원에 있는 나창헌의 묘

에서 순국하고 말았다.

조국의 독립을 위해 불꽃같은 삶을 살았던 나창헌 선생은 의사 보다 독립운동가로 우리에게 더 각인되어 있지만 이런 그의 역동적 삶을 견인했던 힘은 바로 기독교 신앙에서 출발한 것임을 잊지 말아야 할 것이다.

정부에서는 선생의 공훈을 기리어 1963년 건국훈장 독립장을 추서했다.

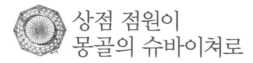

상점 점원이
몽골의 슈바이쳐로

대암(大岩) 이태준(李泰俊, 1883~1921)선생의 삶은 참으로 특이하다. 조선 반도를 떠나 머나먼 몽골에서 현지 혁명운동에 참여한 기독교인이기 때문이다. 그는 한국독립운동사 뿐만 아니라 몽골역사에서도 매우 독보적인 인물로 평가되고 있다.

이런 점에서 이태준 선생은 한국과 몽골 간의 친선에 있어 상징적인 인물로 인정받고 있다. 그는 몽골서 활동하다가 1921년 2월 초, 몽골을 침범, 폭압정치를 실시한 러시아 백위파 대장 운게른 스테른베르그 부대에게 학살당한 비운의 인물이기도 하다.

김형제 상회 점원으로 출발

이태준은 1883년 11월21일, 경남 함안에서 아버지 이찬(李瓚)과 어머니 박평암(朴平岩)의 두 아들 중 장남으로 태어났다.

어린 시절 고향에서 서당에 다니면서 한학을 배웠고, 당시 풍습대로 일찍 결혼하였으나 23세에 부인이 사망하자 상경하여 세브란스병원 앞에 있던 김형제 상회에서 점원으로 일하게 되었다. 그런데 이 상회의 주인이 바로 유명한 독립운동가이자 의사인 김필순(金弼淳)이었다.

김필순은 당시 세브란스의학원에서 의학을 공부하는 중이었다. 그는 도산 안창호와 의형제를 맺은 사이여서 김형제상회는 독립지사들의 비밀 회합장소로 자주 이용되고 있었다.

이런 영향으로 이태준은 24세 때인 1907년 10월, 세브란스의전원에 입학했고 3학년 때인 1910년 2월에 세브란스병원에 입원했던 안창호의 권유로 청년학우회(靑年學友會)에 가담했다.

이태준은 세브란스의학교를 졸업한 후 모교에 남아 후배 가르치기를 원했으나 1911년, 일제가 소위 '105인 사건'을 조작하고 김필순도 검거 대상에 포함되자 김필순이 먼저 망명길에 올랐고, 뒤이어 신변에 위협을 느낀 이태준도 급히 중국으로 망명했다.

이태준은 남경에서 중국인 기독교인의 도움으로 기독회의원(基督會醫

●1911년 세브란스의학교 2회 졸업 사진 뒷줄 오른쪽 세번째가 이태준.

院) 의사로 취직했지만 1914년, 김규식의 권유로 몽골의 울란바토르로 거처를 옮겼다.

당시 김규식은 몽골에 군관학교를 설립할 계획이어서 함께 갈 동지가 필요했던 것인데 이태준에게 동참해 줄 것을 요청한 것이다. 그러나 이들의 몽골계획은 국내 비밀결사에서 약속한 자금이 도착하지 않아 수포로 돌아가고 말았다.

이태준은 할 수 없이 울란바토르에서 동의의국(同義醫局)이라는 이름으로 병원을 개업했다. 이때부터 이태준은 당시 몽골인의 많은 숫자가 감염되었던 일명 화류병인 매독(梅毒)을 고치고 박멸하는데 지대한 공헌을 세우게 된다.

몽골어로 고려를 '까우리'로 불렀다. 이태준은 그곳에서 '까우리(高麗) 의사'로 통했다. 그가 병을 잘 고친다는 소문 때문에 울란바토르 일대에서는 모르는 사람이 없을 정도로 유명했다. 자신들의 골치병을 빠르게 고쳐 준 몽골인들의 이태준에 대한 존경심은 마치 '신'(神)을 대하듯 했다. 이태준이 세브란스의전원에서 배운 서양의술이 이곳에서 큰 빛을 발한 것이다.

까우리 의사의 몽골 골치병 치료

당시 몽골에 왜 매독이 창궐했는지 역사적 근거가 있다. 중국 대륙에서 명나라가 쇠퇴하고 만주족들이 득세할 무렵, 만주족들은 몽골고원에 진출하기 시작했다.

부족별로 흩어져 있던 몽골인들은 만주족에게 항복해 복속되거나, 저항해 철저히 격파당하거나 둘 중 하나를 결정해야 했다. 만주족들은 한때 세계를 지배한 몽골인들을 꾸준히 경계했는데 청나라가 거의 망할 즈음에야 몽골은 독립의 기운이 돌았다.

중국의 권력자들은 러시아와 중국 사이에 끼어 있던 몽골의 독립을 절대로 반기지 않았다. 그래서 몽골족의 소멸을 노리는 수단으로 동원된 게 매독균이었다는 설이 있다. 그래서 청나라 말기에는 몽골족 마을 우물에 매독균을 퍼뜨리기까지 한 것으로도 전해진다.

그 결과 몽골 인구는 급격하게 줄었고 매독 환자가 인구의 70%에 달했는데 이때 몽골에 나타난 구세주가 바로 한국인 의사 이태준이었던 것이다.

이태준은 자신이 세브란스의전원에서 배운 서양의술로 수없이 많은 몽골인들을 이 질병에서 구해냈다. 사실 단순히 병원에서 돈을 받고 치료만 했다면 이태준이 몽골인들의 존경을 이처럼 받지 못했을 것이다.

그는 독실한 기독교인이었다. 하나님을 경외하며 한 영혼 한 영혼에 대한 긍휼한 마음이 있었고 그들에게 최선을 다해 밤낮으로 치료를 해주었기에 몽골인들은 그가 더욱 고마웠던 것이다.

가난한 자, 소외된 자, 고통받는 자들을 위한 사랑은 바로 그리스도의 정신이었고 이태준은 바로 이 정신을 몽골에서 실천한 것이다.

그래서 앞서 밝혔듯 1919년 7월, 몽골 국왕 보그드 칸이 이태준의 헌신적인 치료 공로를 인정해 최고 1등급 국가훈장을 수여한 것이다.

폭넓은 활동하며 독립운동에 앞장

한편 몽골에 함께 와서 피혁사업을 하던 김규식은 1918년 5월경, 앤더슨 마이어(Anderson Myer) 회사의 지점을 개설하기 위해 울란바토르로 오게 된다. 이 때 이태준은 김규식을 따라온 그의 사촌 여동생 김은식(金恩植)과 재혼했다.

이태준은 이처럼 근대적 의술을 베풀면서 몽골사회에 두터운 신뢰를 쌓았다. 당시만 해도 몽골은 라마교의 영향으로 병에 걸리면 기도를 드리거나 주문이나 외우는 미신적인 치료법만 알고 있었다.

따라서 모든 병을 서양의술로 고쳐주는 그의 인기는 높을 수밖에 없었고 몽골 왕궁에 출입하면서 국왕 보그드 칸의 왕실의사가 되었다.

몽골 주둔 중국군 사령관 가오 시린(Gao Silin)의 주치의로도 활약했던 이태준은 이런 대인관계와 신뢰를 바탕으로 각지 한국 애국지사들과 긴밀한 연락관계를 유지하면서 독립운동에도 큰 공적을 남겼다.

특히 장가구(張家口)에서 십전의원(十全醫院)을 개업하던 세브란스 동문 김현국(金賢國)과 연락하면서 장가구와 울란바토르 사이를 오가는 애국지사들에게 숙식과 교통 등 온갖 편의를 다 제공했다.

이태준 선생은 또 김규식이 신한청년당 대표로 파리강화회의에 파견될 때 현금 2000원을 지원했는데 이 금액은 지금 금액으로 환산하면 1억원 정도에 해당되는 액수였다.

조국의 수해소식을 듣고 의연금을 상해 임시정부에 보내기도 한 이태준의 '인천 이씨' 가문의 족보에는 그가 상해임시정부 군의관 감무(監務)로 활약했다고 기록되어 있다.

이태준의 활동 가운데 가장 주목할 것은, 한인사회당이 소비에트정부(러시아)로부터 확보한 코민테른 자금 40만 루블 상당의 금괴운송에 깊숙이 관여한 일이다.

●이태준이 안창호에게 보낸 편지

모스크바의 레닌 정부는 상해 임시정부에 200만 루블의 지원을 약속하고, 1차로 40만 루블의 금괴를 한인사회당 코민테른 파견대표 박진순과 상해 임정 특사인 한형권에게 지급했다.

러시아의 한국 독립운동 지원에 참여

박진순과 한형권은 시베리아 횡단열차를 이용해 금괴상자를 베르흐네 우진스크(Verkhne-Udinsk)까지 운송했다. 이들은 6만 루블을 모스크바로 귀환하는 한형권의 활동비로 지급하고, 34만 루블은 두 경로로 나누어 12만 루블은 김립(金立)이 몽골을 통해, 나머지 22만 루블은 박진순이 만주를 통해 상해로 운반키로 했다.

이때 김립이 책임진 12만 루블이 울란바토르에 도착하자, 1차분 8만 루블은 김립이 이태준의 도움을 받아 울란바토르, 장가구, 북경을 거쳐서 1920년 초, 상해임시정부로 잘 운반되었다. 그런데 2차분 4만 루블은 이태준이 보관하던 중, 후일 러시아 백위파 운게른 일당에게 이태준이 잡혀 피살되면서 분실되고 말았다.

1921년, 이태준은 불과 38세의 나이로 사망하기 직전 북경에서 김원봉(金元鳳)을 만난 후 의열단(義烈團)에 가입했다. 당시 의열단은 우수한 폭탄제조 기술자를 급히 찾고 있었는데, 그 말을 들은 이태준이 폭탄 제조 기술자인 마자르를 의열단에 소개해 주기로 약속했다.

마자르는 제1차 세계대전 때 포로가 된 헝가리인으로서, 이태준의 자동차 운전수였다. 주로 울란바토르에 머물면서 장가구와 울란바토르를 왕래하던 독립운동가에게 교통 편의를 제공해 주고 있었다.

이태준은 이극로(李克魯)와 함께 1920년 10월 북경을 떠나 장가구까지 갔으나, 그곳에 '백당의 난리'로 울란바토르로 들어가는 길이 막혀 여러 날을 기다려도 뚫릴 기미가 보이지 않았다.

이극로는 북경으로 되돌아왔으나, 이태준은 며칠을 기다린 후에 울란바토르로 들어갔다가 체포되고 말았다. '백당의 난리'는 1920년 10월 러시아 운게른 부대가 중국군이 주둔하던 울란바토르를 공략한 사건을 말한다.

이태준이 운게른에 잡힌 뒤 마자르가 홀로 북경으로 김원봉을 찾아갔다. 마자르가 성능이 우수한 폭탄들을 제조하자 의열단은 더욱 효과적인 항일투쟁을 벌이게 되었는데, '황옥(黃鈺) 경부 사건', '김시현(金始顯) 사건'을 비롯한 의열단의 각종 파괴공작에 이 폭탄기술이 활용되어 독립운동이 더욱 활성화 될 수 있었다.

운게른에 처형돼 보그드칸산에 묻히다

울란바토르에서 잡혀 압송된 이태준은 운게른 군대의 위수사령관 시파일로프(Sipailov)의 특별감시 대상으로 가택연금에 처해졌다. 이태준은 공산주의자들과 긴밀히 협력했다는 혐의로 유죄가 인정된 상태였다.

운게른의 부관을 지낸 마케예프(Makeev)의 회고록에 따르면, 이태준은 운게른의 부하들에 의하여 가택연금 상태에 있다가 운게른의 사형집행조에 의하여 잔인하게 처형되었다고 전해진다. 그의 유해는 몽골의 성산이라 불리는 보그드칸산 언덕에 묻혔다.

이태준의 짧고 극적인 일대기는 당시 활동하던 독립운동가 사이에도 널리 알려졌다. 여운형은 1921년 가을, 시베리아 이르쿠츠크에서 개최될 예정이던 원동민족혁명단체 대표회의에 참가하기 위하여 러시아로 가던 중 일정을 내어 이태준의 묘를 찾아 애도했다. 그리고 직접 쓴 '몽고사막 여행기'에서 묘소에 들린 소감을 이렇게 남겼다.

"이 땅(몽골)에 있는 오직 하나의 이 조선 사람(이태준)의 무덤은 이 땅의 민중을 위하야 젊은 일생을 바친 한 조선 청년의 거룩한 헌신과 희생의 기념비이다."

1994년 7월 1일, 울란바토르에는 연세몽골친선병원이 세워졌다. 이태준이 사망한 지 73년이 지난 후 그의 모교 세브란스병원 의료진에 의해 세워진 연세몽골친선병원은 1989년 몽골 민주화 이후 세워진 최초의 병원이었다. 더구나 외국의료진에 의해 운영되는 종합병원이란 점에서 의미가 컸다.

이태준은 살아서도 몽골인에서 신 의료기술로 몽골인을 도왔는데 이제 사후 75년이 지났음에도 또 한번 몽골인을 도운 셈이 되었다. 준공식에서 참석자들은 이 몽골병원이 한국에 온 선교사들이 세운 세브란스병원이 발전해 자립한 힘으로 또 다시 몽골에 기독교병원을 세운 것이므로 후일 몽골도 발전해 그 선한 이어짐이 계속되길 기도했다.

몽골 중심지에 세워진 이태준기념공원

2001년 7월에는 이태준기념공원이 울란바트로 최고 중심지에 준공되었고, 2010년에는 몽골대사관 주도로 이태준기념관도 공원 근처에 건립되었다.

몽골 정부가 이런 공원을 만들고 이름을 지었다는 것은 몽골에서 이태준 선생을 어느 정도 생각하는지를 보여주는 대목이 아닐 수 없다.

이태준 선생의 출생지인 경북 함안에도 그의 기념관이 있다. 한편 대한민국 정부는 1990년 건국훈장 애족장을 추서했으며 애국지사로 분류되어 독립운동사에 그의 업적이 기록되고 있다.

조국광복을 위해 항일운동의 최전선에서 활동한 애국지사 이태준 선생은 젊은 나이에 안타까운 죽음으로 인해 큰 아쉬움을 남겼지만 이제 한몽 친선의 상징적 인물로, 또 인류애를 실천한 선한 기독교인으로 우리의 기억 속에 영원히 남아있을 것이다.

●몽골 울란바트로 이태준 기념공원내
　이태준기념관

사회사업에 앞장선
결핵퇴치의 대부

야성(野聲) 문창모(文昌模, 1907~2002) 박사는 95세까지 장수하면서 그 긴 세월만큼 엄청난 일들을 하고 세상을 떠난 하나님의 일꾼이었다. '조선의 슈바이쳐'라는 별명도 함께 가진 그는 해방 이후 서울세브란스병원장을 역임했고 대한결핵협회 사무총장, 원주기독병원 초대원장 등을 지낸 의료인이자 독립운동가였고 교육가, 정치가였다. 또 독실한 신앙으로 많은 이들에게 믿음의 본을 보인 장로였다.

19세에 6.10 만세운동으로 옥고 치러
문창모는 1907년, 평안북도 선천군 남면 산성동 농가에서 출생했다. 1919년 고향의 삼봉공립보통학교를 졸업하고 1920년 정주 오산중학

●문창모 박사와 부부사진

교에 입학했다 이듬해 서울 배재고등보통학교에 입학했다.

재학 중 자연스럽게 복음을 영접, 학생기독청년회 회장으로서 활동했던 문창모는 1926년, 6·10만세운동이 일어나자 학생 대표로 가담했다 체포되었으나 기소유예로 풀려나기까지 3개월간 옥고를 치렀다.

1927년 배재고보를 졸업하고 세브란스의학교에 입학, 1931년에 이비인후과 과정을 졸업했다. 졸업 후 현 서울대 의대 전신인 경성제국대학 의과대학 이비인후과 부수(조교)를 거쳐 1932년 해주 구세병원 의사가 되었다. 당시 25세였다.

당시 해주 구세병원장이던 캐나다 의료 선교사 셔우드 홀과 함께 진료활동을 했다. 셔우드 홀은 결핵치료에도 관심을 쏟았고 한국에서 처음으로 크리스마스실을 발행, 문창모와 함께 결핵퇴치운동을 벌였다.

이후 문창모는 1934년 평양 연합기독병원 의사, 황해도 옹진군 용호도 공의, 신의주 강해룡병원 의사를 거쳐 1937년 해주에 평화의원을 개원했다.

그러던 중 1940년 폐쇄위기에 처한 구세병원을 살리기 위해 개인병원을 처분하고 다시 구세병원 의사가 되었지만, 일제에 의해 결국 구세병원이 폐쇄됨으로 다시 개인병원을 차리고 8·15해방 때까지 해주에서 진료했다.

8·15해방 직후 해주 건국준비위원회 위원장 겸 해주시장으로 잠시 활동하다 공산주의자들의 체포를 피해 월남했다. 1946년 경기도립 인천병원 원장과 1947년 마산 국립결핵요양소 소장을 거쳐 1949년 서울 세브란스병원 원장이 되었다.

이 때 문창모 박사는 크리스마스실을 재발행 했다. 셔우드홀이 시작했던 것을 기억해 당시 창궐하는 결핵퇴치를 위해 또 시작한 것이다.

크리스마스실 발행으로 결핵사업

크리스마스실은 원래 산업혁명 이후 유럽에서 결핵이 만연해 있을 때 연말마다 쌓이는 엄청난 우편물에 동전 한 닢짜리 크리스마스실을 붙이면 그 대금으로 수많은 생명을 구할 수 있다는 생각에서 나온 것이다.

많은 어린이가 결핵으로 죽어가는 것을 지켜보며 고민했던 덴마크 코펜하겐의 우체국장 아이날 홀벨(Einal Holboell)의 아이디어였다. 그는 동전 한 닢짜리 '실'을 우편물에 붙여 보내도록 하면 그 동전을 모아 결핵 기금을 마련할 수 있겠다고 생각한 것이 큰 호응을 일으켰고 이것

●미국(왼쪽)과 한국의 최초 크리스마스 실

이 유럽 전역으로 퍼진 것이다.

동양권에서는 1910년에 필리핀이 처음으로, 1925년에는 일본에서 실이 발행됐고 우리나라는 1932년 일제 치하에서 캐나다 선교 의사인 셔우드 홀(Sherwood Hall)이 크리스마스실 운동을 폈던 것이다.

그는 한국인들에게 결핵을 올바르게 인식시키고, 모든 사람이 이 운동에 참여하게 해 결핵 퇴치사업의 기금을 모으고자 했다. 이후 1940년까지 모두 9차례에 걸쳐 '실'이 발행됐지만, 태평양 전쟁 발발 직전 셔우드가 간첩 누명을 쓰고 강제 추방되면서 '실' 발행도 중단되고 말았다.

해방 이후 1949년에 과거 셔우드 홀과 병원에서 일하며 실 발행을 도왔던 문창모 박사가 주축이 되어 '한국 복십자회'에서 이 '실'을 다시 발행했던 것이다. 1952년에는 '한국기독의사회'에서 실을 발행했으나 크리스마스실 운동이 범국민적인 성금 운동이 된 것은 1953년 '대한결핵협회'가 창립되면서부터였다. 이 때 문창모 박사는 초대 사무총장을 맡아 '실' 발행에 앞장선 것이다.

문창모 박사의 진료활동은 6·25전쟁 때도 멈추지 않았다. 세브란스병원의 거제도 이전과 함께 경상북도 청도와 강원도 원주에 피난민 진료소를 개설해 진료했다.

1952년 수복 후 파괴된 남대문병원 시설을 복구했고, 1954년에는 세브란스병원장직을 사임하고 미국으로 유학, 인디애나폴리스 감리교병원 레지던트 과정을 수료했다.

귀국 후 1957년 국제대학 초대 학장, 1959년 원주 기독병원 초대 원장으로 봉직했다. 1964년 원주 학성동에 문이비인후과를 개업, 2001년 3월 의사가운을 벗기까지 무려 43년간 환자들을 돌보았다.

교회사업과 복지사업에도 앞장

문창모 박사는 독실한 기독교(감리교) 신자로 장로였다. 31세부터 감리교 연회와 총회에 평신도 대표로 참석했다. 일제 말기에는 친일노선을 취하던 혁신교단에 반대하는 투쟁을 벌였고 해방 후에는 서울 동대문교회와 원주 제일교회 장로로 봉직하면서 감리회본부 사회국위원장으로 여주 여광원을 비롯 40여 개 고아원과 양로원을 설립, 지원했다.

의료선교에도 적극 나서서 기독의사회와 의료선교회를 창설했으며, 인천기독병원, 인천간호보건전문대학, 안산전문대학 이사장을 역임했다.

이런 활발한 의료활동과 사회공헌의 열매로 인해 정치활동에도 참여하게 되었다. 제4대(1958년), 제6대(1963년) 국회의원 선거에 후보로 나섰다가 낙선했지만 14대(1992년) 국회의원 선거 때 정주영 회장의 추천으로 통일국민당 전국구 1번 후보로 당선, 당시 최고령(86세) 국회의원으로 기네스북에 오르기도 했다.

문창모 박사는 고령의 나이에도 불구, 의정 활동에 최선을 다했다. 당시 그가 경영하던 원주 문이비인후과 병원에서 새벽 진료를 본 후 서울 여의도 국회의사당으로 달려가곤 했다. 국회 일정이 끝나면 다시 원주로 내려와 진료를 하는 바쁜 나날을 보냈다.

이 때 문 박사는 의사당으로 출근할 때도 항상 청진기와 진료가방을 가지고 다녔다고 한다. 언제 어디서든 진료를 할 수 있다는 마음의 자세였다.

94세까지 청진기를 잡고 진료하다

문 박사는 1996년에 국회의원 임기를 만료하고 평범한 의사이자 야인으로 되돌아갔다. 그리고 무려 94세인 2001년까지 의료 활동을 하다가 건강상의 문제로 의료 활동을 그만둔 뒤 이듬해인 2002년 3월 13일 소천했다. 향년 95세였다. 대한민국 정부는 1995년 문창모 박사에게 건국포장을 수여했다.

문창모 박사가 94세로 청진기를 내려 놓았을 때 언론사에서 그를 인터뷰한 기사가 있었다. 그 내용을 옮겨온다.

"70년간 한결같이 인술을 펼쳐 온 강원도 원주 문이비인후과 원장 문창모(文昌模.94)박사가 건강상의 이유로 천직(天職)을 접기로 해 큰 아쉬움을 주고 있다.

한국 의료계와 교육, 정치, 종교, 사회사업 분야 등에서 거목으로 존경받고 있는 문박사는 지난 24일 진료를 마지막으로 의사 가운을 벗었다.

문박사는 평북 선천출생으로 지난 1931년 세브란스의전을 졸업한 뒤 꼬박 70년 의사의 길을 걸어왔으며 지난 1958년 연세대 원주기독병원의 전신인 원주연합기독병원장으로 부임한 이래 원주에서만 43년을 진료에 헌신해 왔다. 특히 문 박사는 크리스마스 씰을 발행하고 나환자촌을 건설하는 등 사회사업 분야에서도 큰 주목을 받았다.

"눈감는 순간까지 진료를 멈추지 않겠다"고 평소 공언해온 그도 가족들의 거듭된 만류로 병원문을 닫아야만 했다. 그는 "나이 들어 걷기가 불편하고 손놀림도 둔해져 자칫 환자들이 다칠지도 모른다며 자식들이 쉬라고 만류해 그만두게 됐다"며 못내 아쉬워 했다.

특히 "지난 1992년 국민당 전국구 의원으로 친교를 맺어 온 현대 정주영 전명예회장이 '100살까지 함께 일하자'고 한 약속에도 불구하고 별세했고 나도 천직을 접게돼 섭섭하다"며 "여생은 신앙생활에 충실하겠다"고 말했다.

●문창모 박사를 국회의원으로 이끈
정주영 회장.

　문박사는 지난 1964년, 원주에서 문이비인후과를 개원한 이후 매일 아침 6시30분부터 밤늦게까지 병원문을 닫지 않고 인술을 펼쳐왔다. 이같은 문박사의 정력적인 진료활동은 지난 1996년 출간한 '천리마 꼬리에 붙은 쉬파리'라는 제목의 자서전 서문에 잘 나타나 있다.

　'후회없는 삶'이라는 서문에서 그는 "의사가 된지 66년, 나이가 아흔이 된 지금도 나는 새벽 5시에 일어나 저녁 8~9시까지 일한다. 나는 별무취미로 도무지 재미가 없는 사람이지만 이런 진료생활을 축복이라고 여긴다"고 밝혔다.

　문 박사가 마침내 폐업했다는 소식이 전해지자 원주기독병원은 시민들과 함께 아쉬움을 나누기 위한 은퇴식을 마련키로 했다."

　일생을 가운을 입고 지내며 역동의 한 세기를 보낸 문창모 박사. 신앙인으로 사회사업가로 의료인으로 그가 보여준 경천애인(敬天愛人)의 삶은 오랫동안 우리에게 기억되며 신앙의 유산으로 남을 것이다.

예수의 마음을 닮은
의료보험 창시자

　근대 소설가 춘원 이광수의 작품 가운데 '사랑'이라는 소설이 있다. 작가 자신이 몸아 아파 경성의전(서울대병원 전신)에 입원해 치료를 받은 적이 있는데 이 때의 경험을 바탕으로 1938년에 쓴 소설이다. 이 소설에서 환자들을 진정 헌신적으로 돌보는 의사 '안빈'이 주인공으로 등장한다.

　그런데 정확히 확인된 것은 아니지만 이 안빈의 모델이 성산(聖山) 장기려(張起呂,1911~1995) 박사라고 한다. 장기려 박사는 생전에 극구 아니라고 했지만 오히려 주변 사람들은 모두 맞다고 인정했다.

　주인공 안빈은 소설 속에서 "사랑은 생명의 본질이오. 우리들이 사르는 사랑의 불로 중생이 간직한 사랑의 숯을 태워 이 세계를 사랑의 세계로 만드는 것 외에 더 할 일이 어디 있는가."라고 말하는데 이 말은 장기려 박사의 삶 속에서 확연히 증명되고 있다.

북한에서도 존경받고 인정받은 명의

'작은 예수'로도 불리웠던 장기려 박사는 1911년 10월 5일, 평안북도 용천군 양하면 입암동에서 아버지 장운섭과 어머니 해주 최씨 사이의 2남 1녀 중 차남으로 태어났다.

영특하고 공부를 잘했던 장기려는 송도고등학교를 졸업한 뒤 처음에는 사범학교에 진학할 계획을 세웠다. 존경받는 교사가 되어 평생 아이들을 가르치는 것이 좋겠다고 판단했다.

그러나 이 당시 사범학교의 경쟁률이 엄청나게 높은데다 장기려의 가정형편으로는 학비도 문제여서 포기할 수밖에 없었다. 그래서 당시 조선에서 학비가 가장 적게 드는 경성의학전문학교(서울대 의대 전신)에 진학했다. 세브란스의학전문학교(현 연세대 의대) 진학도 생각했지만 사립이다 보니 당시 연간 학비가 경성의전이 35원이었고 세브란스의전이 100원으로 세배나 비싸 포기했다고 한다.

장기려는 1928년 4월 1일, 경성의전에 31등으로 입학하고 나중엔 수석 졸업했다. 그리고 당시의 유명한 경성의전 의사 백인제의 수제자가 되었고 그의 조수를 거쳐 일본에 유학, 1940년 나고야제국대학에서 의학박사학위를 취득하게 된다.

이후 그의 스승 백인제는 장기려를 자신의 후계자로 삼으려 대전도립병원(현 충남대학교병원) 외과과장 자리를 추천한다. 당시 조선인에게는 결코 돌아오지 않는 자리였다.

그러나 장기려는 일본인들과 일하고 싶지 않았기에 이를 마다하고 세브란스 외과 이용설의 추천으로 평양연합기독병원 외과과장으로 부임한다. 이 병원은 1897년 선교사가 설립한 기홀병원이 평양장로교병원과 합쳐진 곳이었다.

그 이후 평양의학대학, 김일성종합대학의 외과 교수를 지냈다. 병원을 옮긴 것은 주일성수를 해야 하니 주일은 일할 수 없다는 조건이 허락되었기 때문이다.

장기려 박사는 수술시에 언제나 기도로 시작했고 모든 환자들에게 친절하며 최선을 다했다. 검소하고 성실한 모습에 모두들 그를 존경했다. 37세였던 1948년에는 북한과학원에서 최초로 의학박사 학위를 수여받았다.

1950년, 6.25 전쟁은 장기려 박사와 가족에 엄청난 시련을 안겨주었다. 22세에 결혼(부인 김봉숙)한 장기려는 1950년 당시 이미 5남매를 둔 가장이었다. 북한 공산체제에서는 살기 힘들다고 판단해 월남을 결심한 그는 차남 장가용(張家鏞)과 단신으로 서울에 도착한다.

장기려 박사는 북에서 김일성을 직접 수술해준 인연이 있었기에 여러 면에서 우대를 받았고 모범의사로 선정되어 상도 여러번 받았다. 이런 장기려의 명성은 자자했고 지위도 높았기에 종교를 부정하는 북한체제지만 장기려만 교회에 가서 예배를 드릴 수 있는 특권이 주어졌다고 한다.

이렇게 융숭한 대우를 했던 터라 장기려가 남한으로 내려갔다는 사실을 알고 북은 그가 월남한 것이 아니라 남측에 납치된 것이라고 판단했다고 한다. 그 덕분인지 이북에 남은 아내와 딸들과 아들들은 화를 면할 수 있었다고 한다. 보통 월남자 가족은 동요계층, 심지어 적대계층에 편입되어 수모를 당했는데 정말로 이례적인 사례였다.

6.25로 생이별한 장기려 박사 가족들

월남 당시의 이야기도 눈물겹다. 장기려 박사가 평양에서 남쪽으로 피난 올 때 원래 버스를 타고 혼자 먼저 가고 이후에 부모와 부인을 비롯한 가족 모두가 따라오기로 되어 있었다고 한다. 그러나 차남 장가용이 아버지의 짐을 들어주기 위해 얼떨결에 동승하게 되었고, 그것이 가족과의 생이별이 되었다고 한다.

장기려와 차남이 탄 버스가 평양을 지날 무렵 부인과 딸이 피난하는 행렬을 장기려와 차남이 차창 밖으로 목격했다고 한다. 하지만 부인을 보고도 응급환자가 실린 버스를 세울 수 없어 그냥 지나치게 되었고 그것이 마지막으로 부인을 본 것이라고 한다.

월남한 직후에 장기려 박사는 북에서 우대받은 일로 인해 자주 방첩대에 끌려가서 문초를 당했다. 그런데 다행히 미국인 선교사가 신분을 보증해줘 풀려날 수 있었다고 한다.

부산에 정착한 장기려 박사는 부산 영도구 남항동에 있는 제3영도교회 창고에서 무료의원을 시작했는데 이것이 그가 이후 세운 부산복음병원의 시작이었다.

장기려는 부산에서 현 고신의료원의 전신인 복음병원에서 26년간 원장으로 있으며 가난한 사람들을 무료로 진료했다. 이외에도 청산리병원을 비롯 부산에 설립한 의료시설만 여러곳 된다.

그러므로 부산 지역 대학병원 외과의 뿌리는 장기려 박사로 시작되거나 직간접으로 연관되어 있다. 심지어 장기려 박사가 제2대 원장 겸 의과대학장으로 재직했던 부산대학교병원 외과도 직접 창설했다.

1956년에는 성경공부모임을 시작했고 일신병원 설립자인 매켄지 선교사, 치과의사 유기형 등과 함께 부산기독의사회를 조직하기도 했다.

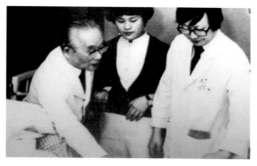

●1970년대 부산 복음병원에서 환자를 돌보는 장기려 박사(왼쪽)

복음병원을 세우고 보험제도를 만들다

장기려 박사의 가장 큰 업적은 무엇보다 1968년에 청십자의료보험을 만든 것이다. 이 제도는 많은 사람들이 골고루 더 나은 의료혜택을 입게 하자는 취지였다. 이 청십자의료보험조합은 우리나라가 1977년 본격적으로 시작한 의무 의료보험조합이 출현하기 이전에 성공했던 유일한 임의 의료보험조합이란 점에서 그 의미가 남다르다.

이 청십자운동을 통해 의료보험조합의 중요성과 필요성에 대해 국민들에게 인식의 전환을 마련했고 본격 의료보험 시대를 열었다고 할 수 있다.

장기려 박사는 이처럼 의료보험을 도입한 의료행정가이기 이전에 유능한 외과의사였다. 이러한 공적으로 그는 1976년 국민훈장 동백장, 1979년 막사이사이상(사회봉사 부문)을 받았으며, 소천한 해인 1995년에는 '인도주의 실천 의사상'을 받았다.

노년에는 당뇨병에 시달리면서도 백병원 명예원장으로서 집 한칸 없이 협소한 옥탑방에서 지내면서 마지막 순간까지 가난하고 소외된 사람들에게 박애와 봉사정신으로 인술을 펼쳤다.

그는 외과의사로서의 의료적 공적도 컸다. 1943년에 국내 최초로 간

●장기려 박사는 1951년 부산 영도에 '천막병원'인 복음병원을 세웠다. 왼쪽은 1957년 복음병원의 의료진 및 환자와 함께한 장 박사(뒷줄 왼쪽 다섯 번째)

암 환자의 간암 덩어리를 간에서 떼어내는데 성공했다. 또 1959년에는 간암 환자의 간 대량절제술에 성공하기도 했다. 한국 외과학에서 미개척 분야였던 간장외과의 발전과 의료 인재 양성에 커다란 공헌을 한 것으로 의학계는 평가하고 있다.

환자에 뒷문으로 도망가라고 한 원장

장기려 박사에 대한 미담은 셀 수 없이 많은 편이다. 유달리 눈물과 정이 많은 그는 지나가는 걸인에게 적선을 하고 싶은데 현금이 없자 자신이 갖고 있던 한 달 월급으로 받은 수표를 몽땅 준 적이 있었다.

그 걸인이 수표를 은행서 바꾸려 했다가 수표 도둑으로 오해받아 경찰서에 끌려가는 바람에 장기려 박사가 경찰서로 소환되어 해명하는 해프닝을 겪기도 했다.

치료비가 없었던 환자에게 자신의 급여를 가불해 대신 지불하기도 했고, 병원 측의 반대로 치료비 대납이 원활하지 않자 뒷문을 열어 줄테니 밤에 몰래 도망가라고 권했다고 한다.

한번은 장기려 박사가 환자를 진료하다보니 영양실조가 심했다. 그래서 "무엇보다 잘 먹는 게 중요하나 잘 드시라."고 말하자 환자는 "누가 그걸 모르나요? 잘 먹을 돈이 없어 문제지요"라고 했다고 한다.

이 때 환자는 장기려 박사가 써준 처방전을 들고 원무과로 갔는데 원무과 직원은 처방전을 보고 입을 딱 벌리고 말았다고 한다. 처방전에 "이 분에게 약값 받지 말고 닭 두 마리 살 돈을 주세요."라고 적혀 있었던 것이다.

환자에게 돈 받을 생각보다는 돈 내줄 궁리를 하는 의사는 경영자로서는 영점이었다.

평생을 독신으로 살며 옥탑방에 거주

장기려 박사는 죽을 때까지 한국전쟁으로 헤어진 부인을 그리워하며 독신으로 살았다. 그는 1985년 남북 이산가족 상봉 때 정부가 제안한 북의 아내, 자녀와의 특별상봉을 거절했다.

누가 보아도 그만한 특혜를 받고도 남을 자격이 있는 장기려 박사였으나, 수십 년 동안 그리워했던 가족을 만날 수 있는 기회가 왔음에도 만남을 고대하는 다른 이산가족들과 형평성이 맞지 않는다며 특별상봉을 거절했던 것이다.

그후 1994년 장기려 박사는 제2차 남북고향방문단 일원으로 확정됐다 갑자기 남북고향 방문이 무산되는 바람에 결국 가족을 보지 못한 채 소천한다. 6년 뒤인 2000년 8월 17일, 차남 장가용 씨와 어머니 김봉숙 씨는 평양에서 극적인 만남을 갖게 된다.

장기려 박사는 80을 넘긴 노구에도 자신에게서 수술을 받고 싶다고 고집하는 사람이 있으면 직접 진료를 했다고 한다. 평소 가난한 사람들을 왕진하며 다니곤 했는데 죽기 며칠 전 평소보다 일찍 사람들을 찾아가 치료하며 "올해는 못 올 것 같아 일찍 왔네"라고 했다고 한다.

또 장기려 박사가 소천하기 직전에 그의 애제자들이 자신의 흉상을 만들어주려 했다. 이 이야기를 듣고 그는 "내 흉상을 만드는 놈은 지옥에나 떨어져라!"고 분노하는 바람에 제자들이 기겁하며 취소했다고 한다.

진정한 복음주의 크리스천이었던 장기려 박사에게 흉상을 만든다는 건 십계명(우상을 세우지 말라)을 어긴다는 것과 같은 의미였다는 설명이다. 신앙적인 면도 그렇지만 평소 겸손한 성품이었던 장기려 박사에게 자신에 대한 우상화는 절대 좋게 보이지 않았을 것이다. 그럼에도 그의 사후에 흉상은 기어이 세워졌다.

시장에서 바가지 씌우려는 상인들이 부르는 값보다 언제나 더 주고 물건을 샀다고 한다. 이에 주변 사람들이 "장박사님이 그래서 바보 소리 듣는 겁니다. 그게 바가지 씌우는 값인줄 정말 몰라서 그러십니까"라고 하자 "그 바가지 씌운 값을 깎으려 해봤자 그 사람들이 앞으로 바가지를 또 씌우지 않겠는가. 차라리 이렇게 올려 주면 앞으로 겁이 나서라도 그러지 않겠지."라고 대답했다고 한다.

장기려 박사는 '사랑의 원자탄'으로 유명한 손양원 목사와도 인연이 있다. 마취기사이자 비서로 장기려와 함께 일하며 '장기려의 막내아들'로 불릴 정도로 장기려 박사와 친숙하게 지낸 이가 바로 손동길이었다. 손동길은 손양원 목사가 순교한 당일 태어난 막내 아들이다.

장기려 박사는 생전 독실한 장로교회 신자로, 북한에 있을 때부터 평양 산정현교회에 출석했다. 그리고 6.25 당시 부산에 피난온 산정현교회 교인들과 함께 교회를 재건하는데 앞장섰다.

휴전 이후 산정현교회 교인들 상당수는 서울로 올라가 1954년 후암동에 자리를 잡고 산정현교회의 이름으로 다시 예배를 드렸으나, 함께 서울로 떠나지 못하고 부산에 남은 장기려를 비롯한 산정현교회 일부 교인들은 1956년 부산 중구 부평동에 예배당을 짓고 산정현교회의 이름 그대로 교회를 이어 나갔다.

예수의 마음을 닮은 사랑의 의사

기독교인으로서 '가난한 자에게 복이 있다'(마 5:3)고 선포하고 '수고하고 무거운 짐 진 자들은 내게로 오라'(마 11:28)고 부르짖은 예수의 심정으로 환자들을 대했던 그는 평소 자신의 소신을 밝히는 것에는 아주 단호했다.

"나는 무신론, 사회주의를 찬성하지 않는다. 그러나 부자 계급에 대한 가난한 자들의 외침은 실로 인류의 여론이다. 형제의 궁핍을 보고도 도와줄 마음을 막는 일은 없는가? 크리스천이 믿음의 형제의 궁핍을 보고도 단순한 동정심조차 일으키지 않고 조금의 기부금도 안내는 사람이 많은 것은 얼마나 저주받은 사회인가."

장기려 박사는 1995년 12월 25일, 크리스마스에 지병인 당뇨병에 의한 합병증으로 소천했다. 향년 85세. 마석 모란공원에 안장되었다.

고인이 될 때까지 본인의 개인 사택 없이 고신대학교 복음병원의 옥탑방에서 기거했으며 정부는 그에게 국민훈장 무궁화장을 추서했다.

일생을 통해 기독교가치와 신앙을 지향하며 청빈하고 겸손하며 이웃사랑의 본을 보이며 산 장기려 박사. 그의 숭고한 정신과 의술은 부산 초량 2동에 있는 장기려기념관을 방문하면 다시 한번 잘 느껴볼 수 있다.

教育
교육

Chapter 2
구습과 무지, 여성을 깨운 선각자들

"믿음이 없이는 하나님을 기쁘시게 하지 못하나니 하나님께 나아 가는 자는 반드시 그가 계신 것과 또한 그가 자기를 찾는 자들에 게 상 주시는 이심을 믿어야 할지니라"(히브리서 11:6)

삼천리 반도 금수강산
하나님 주신 동산

"삼천이 반도 금수강산 하나님 주신 동산~~하나님 명령 받았으니 반도강산에 일하러 가세"

우리가 즐겨 부르는 찬송가 580장 '삼천리 반도 금수강산'이다. 이 찬송가를 만든 한서(翰西) 남궁억(南宮檍, 1863~1939) 선생은 교육자이자 언론인이면서 독립운동가였고 우리나라 꽃, 무궁화 보급에 평생을 헌신한 걸출한 위인이었다.

동문학(영어학교)을 수석으로 졸업

남궁억 선생은 남궁영과 덕수 이씨 사이에서 1863년 12월 27일, 현재의 종로 정동에서 태어났다. 원래 고향은 강원도 홍천이었다. 중추부도

●무궁화 보급에 앞장 선
 남궁억 선생

사였던 부친이 일찍 별세하여 홀어머니가 가정 경제를 감당해야 했다. 그는 한문 사숙(私塾)에서 9년간 한문 공부를 했고, 16세에 남원 양씨와 혼인했다.

그의 나이 21세 되던 1883년에는 영어만 가르쳐 통역전문가를 양성하는 통리교섭통상사무아문(統理交涉通商事務衙門)의 부속기관인 동문학(영어학교)에 입학해 영어를 공부했다.

동문학은 대한제국 외교고문이었던 묄렌도르프가 외아문협판 겸 총세무사로 부임하면서 1882년에 세운 학교다. 남궁억은 이 동문학에서 1년간 공부했으며, 1884년, 전체 수석으로 졸업했다.

남궁억은 묄렌도르프의 추천으로 세관에서 2년 동안 일하면서 영어 실력이 더 향상되어 24세 되던 1886년에는 고종의 어통역관 역할을 감당했다. 그 후 궁내부 별군직에 임명되어 4년 동안 고종을 시종하다 1893년, 칠곡부사로 자리를 옮겼다.

1894년 동학농민운동의 여파로 갑오개혁(갑오경장)이 실시될 때, 내무부 토목국장에 임명돼 서울 종로와 정동 일대의 도로를 정비했다. 탑골공원(파고다공원) 축조공사를 감독해 완공하기도 했다.

1895년에는 서울의 민가를 재정비하고, 낡은 건물은 철거한 후 도로를 넓혔다. 이렇듯 정부 관료로서 자신의 역할을 충실하게 감당하던 남궁억은 1896년 고종이 러시아대사관으로 거처를 옮기는 아관파천(俄館播遷)을 하자 자신도 관직에서 물러났다.

관직서 나와 본격적인 독립운동

남궁억은 서재필이 1895년 귀국하자 그를 만나 언론사 설립을 추진하기 시작해 1896년 4월, 독립신문 창간 멤버로 참여해 기자 겸 영문판 필진 및 편집인으로 활동하면서 본격적인 계몽운동을 시작했다.

또한 그는 독립협회 기관지인 대조선독립협회회보(大朝鮮獨立協會會報)의 발행 일원으로 활동했고 1898년 9월에는 상업신문 '경성신문'이 재정난으로 어려움을 겪자 나수연, 유근 등과 함께 인수한 후 황성신문을 창간하고 사장이 되었다. 이 신문은 국한문혼용체로 발간된 일간지였다.

독립협회에서 활동하면서 애국 계몽운동을 하던 남궁억은 1899년 12월 독립협회가 해산당한 후부터는 언론활동만을 통해 계몽운동을 펼쳤다. 그는 1900년 7월, 러시아와 일본이 한반도를 자신들 임의로 분할한다는 소식을 접한 후 이 내용을 영어로 번역하여 외국 신문을 이용, 크게 기사화하여 이 사실을 알렸다.

이 일로 일본경무청에 체포되어 구금되었다가 풀려난 남궁억은 이후에도 러시아와 일본 등 한반도 주변국들이 한반도를 자신들의 뜻대로 통치하려는 움직임이 포착되면 기사를 통해 폭로하는 일을 계속했다.

남궁억은 1902년 러일협정은 1894년 동학농민운동 발발 이후 일본이 조선을 침략하면서 러시아와 맺은 것이라면서 러일협정 내용의 문제점을 '황성신문' 사설에 실었다.

이 때 일본 경무청은 그를 바로 체포하지 않고, 1903년 일본으로 망명한 박영효(朴泳孝) 등과 쿠데타를 도모했다는 적당한 구실을 만들어 4개월 동안 구속했다. 남궁억은 '독립신문'이나 '황성신문' 등 언론을 통한 계몽운동뿐 아니라 학회활동을 통해서도 독립운동을 펼쳤다.

1908년 4월에 강원도에서 창립된 관동학회(關東學會)는 강원도 지역을 계몽하기 위한 애국 계몽단체였다. 여기서 간행된 '교육월보'는 교육계몽 잡지로서 이 역시 남궁억이 주관한 것으로 1909년, 학회 회장이 되었다.

그는 관동학회를 통해 강원도 지역의 문맹률을 낮추었고, 서구의 새로운 학문과 문물을 보급하는 일에 최선을 다해 헌신했다. 이후 독립신문과 독립협회 등에서 활동하다가 1903년 3월, 성주 목사(牧使)로 부임했다. 이후 1905년 11월, 일본과 체결된 을사보호조약의 부당성을 호소했으나 아무 소용이 없자 통분을 참지 못하고 관직에서 다시 물러났다.

교과서와 계몽서적을 집필, 발간

남궁억은 이후 다시 양양 군수로 복직하였으나 1907년, 고종이 헤이그 특사를 파견한 사건으로 퇴위되고 정미칠조약을 체결했을 때, 남궁억은 이를 반대하다가 또 한번 관직을 사임하게 된다.

그는 배화학당 교사 시절 집필에도 힘써 '가정교육', '언문체법' 등의 교과서를 편찬했고, '우리의 역사', '무궁화 지도', '육아법' 등을 집필, 발간했다. 이외에도 애국가사 보급과 한글 서체 창안 및 보급을 통해 독립사상 고취를 위해 끊임없이 노력했다.

남궁억 선생과 기독교 신앙은 그의 일생 동안 중요한 삶의 지표로 작용해 평생동안 이어졌다. 그는 1915년, 남감리회 전도사가 되었고, 나이 56세 되던 1918년, 건강이 나빠지자 선친의 고향인 홍천군 서면 모곡리로 낙향해 기독교 신앙에 더욱 몰입하게 된다.

고향으로 돌아온 그는 1919년 적당한 곳에 대지를 마련하여 예배당을

●강원도 홍천에 있는 남궁억 기념관

신축한 후 예배를 인도하면서 예배당 안에 4년간 초등교육을 담당할 수 있는 모곡학교를 설립, 교육과 계몽활동을 지속했다. 지금도 그 때 지어진 예배당 자리에 선생의 삶을 조명한 한서 기념관이 건립되어 있다.

모곡학교는 1923년 8월까지 모곡교회에서 운영되다가 1923년 9월 감리회 선교부와 홍천군민들이 앞장서 100여 평 규모의 교사와 기숙사를 신축해 이전했다.

모곡학교는 1925년, 조선총독부로부터 6년제 정식 사립학교로 인가를 받았다. 남궁억은 평소에는 학교에서 교사와 부락의 지도자로 활동하였고, 주일에는 예배를 인도하면서 직접 설교했다. 그는 바쁜 일과 중에도 저술활동을 지속해 1924년에는 '동사략' 전 4권, 1929년에는 '조선이야기'를 출판했다.

애국정신 담긴 시 발표로 고초 겪어

그는 애국의 정신을 담은 찬송가 가사와 시 및 창가 등을 전국 교회와 여러 기독교 학교에 보급했다. 그가 1933년 지어서 가르친 '무궁화 동산'은 일제의 감정을 자극했다고 붙잡혀 8개월 동안 투옥되어 고초를 겪었다. 또 교육 및 비밀결사를 위한 십자가당을 조직했다는 이유로 다시 투옥되었다가 병보석으로 석방되었다.

그가 지은 창가는 '무궁화 동산' 외에도 '기러기 노래', '운동가' 등 여러 곡이 있고 찬송가로는 우리가 잘 아는 '삼천리 반도 금수강산'이 있다. 그는 이 곡을 1922년 마태복음 9장을 묵상하다가 영감을 받아 만들었다고 한다. 이 찬송가는 지금도 많은 성도들의 사랑을 받으며 불리워지고 있다.

특히 남궁억 선생이 전국 단위로 펼쳤던 '무궁화 심기운동'은 일제의 표적이 되었고, 결국 조선총독부에 의해 묘목 8만주가 불태워졌다. 무궁화 보급운동에 동참한 인물들이 구속되었을 뿐만 아니라 사립학교였던 모곡학교도 강제로 공립학교로 편입되었다.

그는 시인으로 노래 100여 곡을 지었는데 현재 우리가 즐겨 부르는 곡은 10곡 정도다.

남궁억 선생은 평생 독립운동을 하며 언론기사와 계몽운동 등 삶 속에서 대한민국의 독립을 주창했다. 또 일제의 압제에 항거함으로 모두 6차례나 투옥되는 고초를 겪어야 했다. 그는 이런 모진 고문을 받으면서도 끝내 자신의 양심을 지킨 애국자였다. 일제가 그에게 전향을 하면 감옥에서 풀어준다고 했지만 끝까지 타협을 하지 않았다.

그는 71세이던 1933년 11월 4일, 일본경찰국에 체포되어 서대문 감옥소에서 3년을 감금당하고 출소했으나 나이도 있는 데다 옥중의 고생으로 몹시 병약해졌다. 결국 그 병고를 이겨내지 못해 1939년 4월 5일, 중환으로 누웠다가 다시 일어나지 못하고 여생을 마감했다.

남궁억 선생의 삶을 되돌아 보면 선생은 노년에 장로로 또 전도사로 복음 안에서 애국과 계몽운동을 추진한 점은 우리가 깊이 본받아야 할 신앙 유산이다.

특히 그가 남긴 수많은 업적과 가르침은 오늘까지 우리에게 깊은 감동을 전해준다. 한 인간이 이토록 많은 일들을 할 수 있었나 싶을 정도로 많은 결실을 맺은 분이 바로 남궁억 선생이다. "주 안에서 능치 못할 일이 없다"(눅 9:37)는 성경말씀을 실천한 분이다.

교육자로 신앙인으로 사회운동가로 모든 면에서 존경이 절로 나오는 그의 발자취가 담긴 홍천 한서 남궁억기념관을 꼭 한번 가볼 것을 권하고 싶다.

평북 선천을
대한민국의 예루살렘으로 만들다

3.1운동 민족대표 33인 중 한 사람으로 독립운동가이자 장로회 목사였던 격헌(格軒) 양전백(梁甸伯, 1869~1933) 선생은 평북 의주군 고관면 상고동에서 태어났다.

양전백은 눌재(訥齋) 양성지(梁誠之)의 21대 손으로 양반 가문의 후예였다. 증조부 슬하에서 한학을 수학하다 9살 때 가세가 기울자 고관면 관동리로 이사갔고 쇠락한 가문을 일으키기 위해 과거 준비에 정진해 불과 15세에 시와 문장에 능하다는 주위의 명성을 얻었다.

그러나 집안이 더욱 더 가난해져 과거를 보는 걸 포기하고 동네 아이들에게 한문을 가르치는 서당 훈장을 하며 생계를 유지했다. 1888년, 19세에 서당 훈장을 그만두고 집을 떠나 전국 각 지를 유랑했다. 그는

●양전백 목사(왼쪽)/ 1907년 평양장로회신학교 제1회 졸업사진. 뒷줄 오른쪽
이 양전백 목사(오른쪽)

의주군 송장면에 거주하던 유학자 이정로(李梃魯)의 문하에 들어갔다
가 고향집으로 돌아와 박영신과 결혼했다.

정동교회 사경회서 복음을 영접

다시 서당 훈장을 하며 생계를 꾸리던 1892년, 존 로스 목사의 한글
성경 번역에 참여한 의주 상인 백홍준(白鴻俊)의 사위인 김관근(金灌根)
이 양전백을 선생으로 초빙해 마을 사람들에게 글을 가르치게 했다.

김관근은 양전백의 언행을 유심히 지켜보다 그를 마음에 들어 하며
조용히 기독교 복음을 전했다. 그러나 확고한 유학자였던 양전백은 쉽
사리 기독교 교리에 감화되지 않았다.

이에 김관근은 1892년 9월에 다시 찾아와 내가 노잣돈을 댈 테니 함
께 서울여행을 하자고 제안했다. 김관근은 그를 서울 정동교회(지금의
새문안교회)에서 열리고 있던 도사경회(都査經會)로 데리고 갔다.

성경과 기독교 교리를 공부하는 도사경회는 서울과 평안도, 황해도
일대의 교인 16명이 참석한 가운데 무려 한 달 동안 진행되었다. 서울구

경 한다는 말에 얼떨결에 따라와 도사경회에 참석한 양전백은 이 모임에
서 기독교와 서구사상을 접했고 기독교 신앙도 자세히 소개받게 된다.

도사경회를 마치고 집으로 돌아온 양전백은 김관근의 아버지 김이련
이 주선해 사기면 신시에 세운 학당 교사로 초빙되어 한문과 함께 한글
과 성경을 가르쳤다. 그리고 일요일에는 교인과 학생 수십명과 더불어
학당에서 주일예배를 드렸다.

그러나 그는 여전히 유학을 신봉했고 기독교는 부차적인 학문으로 여
겼다. 그러던 1894년 12월, 청일전쟁으로 인해 평안도 일대가 전쟁터로
변하면서 학당 운영이 불가능해지자, 그는 집을 떠나 서울로 향했다.

서울에서 사무엘 마펫 선교사를 만나 대화를 나누고서야 비로소 기
독교 교리에 깊이 감화되었다. 1895년, 그는 마펫 선교사에게 세례를
받고 기독교에 정식으로 귀의해 기독교인이 되었다. 마펫 선교사는 북
장로교 선교본부에 보고서를 보내면서 양전백에 대해 다음과 같이 기록
한 것이 지금도 남아 있다.

"양전백은 학식이 있어서 아는 것이 많고, 총명해 아무도 추종하기 어려
울 정도로 으뜸이 될 것이다. 이미 성경을 많이 읽고 신앙심이 깊었으므로
곧 세례를 주었다."

1894년 청일전쟁으로 신시교회가 파괴되자 양전백은 자신의 집을 팔
아 400냥을 헌금하고, 또 그래함 리(Graham Lee) 선교사가 200량
을 보태 신시교회를 복원했다.

학교, 교회를 설립하고 복음을 전파

이후 양전백은 권서(勸書)로 활동하면서 전도에 힘썼고, 1896년에는 평북 순회 조사(助事)로 임명 받았다. 그해 양전백은 선교사 공의회 결정으로 평북을 담당한 휘트모어(Whittemore) 선교사의 조사가 되자 선천으로 이사하고 선천(북)교회를 담임했다.

1900년 평북도사경회가 개최되자 관서전도회를 조직하여 전도에 힘쓰는 한편, 명신학교를 설립하고 교장으로 일했다. 1902년 선천(북)교회 장로로 장립받고 평양신학교에 입학했다.

1907년 6월, 평양신학교를 제1회로 졸업한 뒤 9월에 조선예수교장로회 독노회에서 목사 안수를 받았다. 이어 평북과 남만주 순회목사로 임명되어 2년을 시무하면서 압록강 건너 즙안, 통화, 회인현에 이르기까지 걸어 다니며 복음을 전파했다. 그가 평생 걸어 전도여행한 거리를 합하면 5만km가 넘는다고 한다.

양전백은 1906년, 미션스쿨로 수많은 인재를 양성한 신성중학교를 설립했다. 신성학교는 정주 오산학교, 평양 대성학교와 함께 서북지방의 3대 민족사학으로 불렸다. 1907년엔 보성여학교도 설립하여 여성교육에도 힘썼다.

1910년, 한일합방이 되자 평안도 지방 기독교인을 중심으로 민족운동이 확산되었다. 일제는 '데라우치 총독 암살모의사건'(일명 105인 사건)을 조작했는데, 중심무대가 선천역이어서 신성학교의 피해가 컸다. 전국에서 600여명이 체포돼 기소된 122명 중 교사 10명, 학생 18명에 양전백까지 총 29명이 신성학교 소속이었다.

양전백은 1심에서 6년형을 선고받았으나 일제의 고문조작이 알려지면서 2심에서 무죄를 선고받고 1913년 3월, 석방되었다. 1년 6개월간 옥

●105인 사건으로 끌려가는 사람들
600여 명을 검거해 105인에게 구형
을 언도한 날조극.

고를 치르고 교회로 복귀한 그는 첫째 주일 강단에서 설교 전 다음과
같은 폭탄선언을 했다.

"저는 이제 교역자의 직분을 사직해야 하겠습니다. 연약한 육신을 가
진 저는 옥중생활 중 고통을 감당하지 못해 하지 않은 일을 하였다고
거짓말을 하였으니 주의 강단에 설 수 없는 자가 되었습니다."

예배에 참석한 교인들은 울면서 사임을 만류했다.
그는 1년 후에 평북노회 노회장에 선출되었고, 1916년에는 조선예수
교 장로회 총회장이 되었다.

일제 압제에 굴하지 않는 독립운동
양전백은 105인 사건 때 모진 고초를 겪고도 평소 조국 독립에 지속
적인 관심을 나타냈다. 이것은 그의 취조서를 보면 잘 나타난다. 1919
년 1월 28일 양전백은 이승훈과의 만난 자리에서 '매일신보'에 실린 월
슨의 민족자결주의에 관한 기사를 읽고 독립을 청원하는 문제를 상의
했고, 2월 6일에는 상해 신한청년당에서 파견된 선우혁(鮮于赫)이 그의

집에 머물면서 독립운동을 모의했다.

3.1독립선언식에 참가하기 위해 상경할 때도 2월 23일 평양에서 함태영(咸台永)과 만나 그때까지의 진행 상황을 서로 논의했음이 밝혀졌다. 이런 사실에 비춰볼 때, 양전백은 3.1운동 단순 참가자가 아니라 적극적인 참여자였다.

이렇게 오랜 기간 준비가 있었기에 선천의 3.1운동은 어느 도시보다 조직적이고 강렬했다. 양전백은 민족대표로 상경했지만 3.1운동은 신성학교를 중심으로 치밀하게 계획되었던 것이다.

3월 1일 오후 2시, 선천북교회의 종소리를 신호로 신성학교와 보성여학교 학생 수백 명이 만세 시위를 전개했다. 이 일로 33명이 구속되고 수십명이 일경에 의해 부상당했다.

3.1운동에서 첫 발포가 이뤄진 것도 3월 1일, 선천에서였다. 선천에서는 3월 8일까지 총 17회 시위가 일어났고, 사망 3명, 부상 55명, 피검자가 450명인 것으로 기록되어 있다. 양전백은 3.1운동으로 2년의 옥살이를 마친 후 선천북교회로 복귀하여 목회를 계속했다.

3.1운동이 일어나기 8년 전인 1911년 8월, 일제는 기독교계 지도자 17인을 초청하여 일본의 주요 도시를 순회케 하고 학교와 산업시설을 견학시켰다. 가는 곳마다 시장이 주최하는 환영식이 열렸는데, 하루는 양전백에게 연설할 기회가 돌아왔다. 그는 이렇게 간접적으로 복음을 전했다.

"본인이 목회하고 있는 우리나라 선천 지역은 인구가 3000명인데, 그 중의 80%인 2400명이 예수를 믿소. 불신자 300호(戶) 중에 100호는 일본인들이오. 한 도시가 실로 기독교의 분위기에 싸여 행복한 생활을 보내고 있습니다. 하나님의 섭리로 평화의 도시 예루살렘이 선천에 이루어졌습니다."

한국교회사에서 경이로운 도시 선천은 '동방의 예루살렘'으로 불리었다. 양전백은 1896년 선천(북)교회 조사로 부임한 이후 한 교회에서 37년을 목회했고 20여 년간 세례를 베푼 사람이 3000명이 넘었는데 당시로는 엄청난 숫자였다. 또 명신학교, 신성학교, 보성여학교, 대동고아원을 설립하여 운영했다.

이처럼 그의 목회지는 교회, 학교, 고아원을 망라하는 선천지역 주민들이었으며, 신자들뿐 아니라 주민 모두에게 존경받는 민중의 지도자였다. 목회자로 모든 이들에게 존경을 받았다.

한국 장로교 교회사 집필 중 소천

이런 점에서 같은 시기의 길선주가 부흥사였다면 그는 전도자였다. 또 그의 생애는 목회자이자 교육자이며 독립운동가였다.

양전백은 1927년부터 한국 장로교회의 역사를 편찬하는 책임을 맡아 서울의 피어선성경학원에 머물며 교회사 자료를 수집해 '조선예수교장로회사기'의 집필 작업에 착수했다.

● 동아일보에 난 양전백 부음기사. 선천연합기독교장으로 치른다고 되어 있다

그러나 그는 도중에 병을 얻어 작업을 중단하고 선천으로 돌아와 요양 생활을 하다가 1933년 1월 17일, 선천 천북동 자택에서 하나님의 부르심을 받았다. 향년 64세. 양전백이 세상을 떠나자 잡지 '신학지남' 1933년 3월호에는 그에 대한 추모의 글이 이렇게 실렸다.

"선생은 말을 잘하는 웅변가도 아니요, 글을 잘 쓰는 문장가도 아니며, 수완이 좋은 사교가도 아니요, 임기응변에 능하고 지략이 뛰어난 선비도 아니다. 다만 강직한 성품을 가진 정의로운 사람이며, 아랫사람에게는 도타운 사랑을 베푸는 정열의 사람이다. 비리와 불의 앞에는 추호도 굴하지 않는 마음, 가난한 자와 약한 자를 보고는 동정의 눈물을 흘리는 마음, 그는 참으로 하나님의 사람이었다."

대한민국 정부는 1962년 양전백에게 건국훈장 대통령장을 추서했다. 평북 선천을 동양의 예루살렘이 되게 한 양전백 목사. 그는 전통 유교를 숭상하는 서당 선생으로 일생을 마칠 수 있었으나 그리스도의 복음은 그를 변화시켰고 그의 깊은 신앙에서 우러나온 헌신과 복음전파, 교육 열정이 오늘의 자랑스런 한국을 만들어 내는 견인차가 되었음을 누구도 부인하지 못할 것이다.

한국의 간디로 불린
온화한 독립운동가

고당(古堂) 조만식(曺晩植, 1883~1950) 선생은 기독교인으로 장로교 장로였으며 교육자였고 독립운동가였다. 특히 조선물산장려회를 통해 나라 발전을 위해 노력한 진정한 애국자였다.

불의와 타협 없는 강인한 성품

조만식은 1883년 2월 1일, 평안남도 강서군 반석면 반일리 안골이라는 마을에서 아버지 조경학 선생과 어머니 김경건 여사의 1남 2녀 중 독자로 태어났다.

꽤 부유하고 명망 있는 양반이었기에 매년 벼 100섬을 거두어 들였다고 한다. 부친은 평양에서 물상객주로도 일했던 상인이었다. 6살 때부

●조만식 선생과 직접 쓴 글씨

터 14살 때까지 서당에서 사서삼경(四書三經)을 공부하였던 그는 어린 시절 병약했는데, 친구들에게 맞고 울면서 집에 오면 아버지가 그 모습을 보고 "사내자식이 얻어맞고 울려거든 밥도 먹지 말라"며 오히려 벌을 세웠다고 한다.

이후 그는 호신술의 일종인 '날파람'을 통해 무예를 익혔고 강인하고 날쌘 체력을 키워나갔다고 한다. 자식 교육에 지극한 관심을 기울였던 부친 덕분에 조만식은 부드러운 성격이지만 불의와는 타협하지 않는 강인한 성품을 갖고 지조 있는 삶을 살도록 훈련받았다.

의리와 의(義)를 강조했던 교육 덕에 고당은 후일 신사참배와 창씨개명 등 일제의 수많은 협박과 유혹에도 굴하지 않고 타협하지 않는 마음을 갖게 되는 데 이런 교육의 영향을 받았다고 할 수 있다.

조만식은 불과 15살에 평양의 종로거리에 포목상점을 열었다. 종로거리는 당시 평양시 중구역 종로동에 있었다. 평양시장은 강경시장, 대구시장과 함께 조선시대 3대 시장의 하나로 손꼽혔다.

이때 조만식은 어린 나이이지만 포목점으로 제법 많은 돈을 벌었고, 술도 잘 먹고 돈도 잘 쓰는 사람이 되었다.

1904년에 러일전쟁이 발발하여 장사를 그만두고 가족을 이끌고 대동강 중류에 있는 베기섬의 벽도지리 마을로 피난을 떠났다. 그의 나이 22살이었다. 조만식은 피난처에서 친구 한정교의 인도로 교회에 출석했고, 평양으로 돌아와서도 친구를 따라 장대현교회에 나가게 되었다.

장대현교회는 사무엘 마펫 선교사가 처음 개척해 널다리골교회라고
도 불리다가 예배당을 완공한 후부터 장대현교회로 개칭했다. 장대현
교회를 다니던 그는 신앙이 깊어지면서 8년 동안 했던 장사를 과감하게
그만두고 신식공부를 하기로 마음먹었다.

22살에 숭실학교에 입학

조만식은 부모를 설득, 선교사에 의해 세워진 숭실학교에 22살의 늦
은 나이에 입학했다. 숭실학교는 1897년 10월 10일, 미국 북장로교 선
교사 베어드(Baird, 배위량) 선교사가 신양리 자신의 집에 학생들을 모
아 가르치기 시작한 것이 모태가 되었다.

1901년에 선교사 스왈렌(Swallen)의 기금으로 학교 건물이 지어진
정통 미션스쿨이었다.

숭실학교에 입학한 조만식은 오랜 습관인 술, 담배를 끊지 못하여 망
을 보게 하고 담배를 피기도 했으나 말씀을 알아가면서 그 해에 완전히
술, 담배를 끊고 절제된 삶을 살기 시작했다.

조만식은 배어드 선교사와 한문교사로 재직하였던 박자중 선생으로
부터 많은 감동을 받고 그 가르침을 생활 속에서 실천하려고 애썼다.

1908년 숭실학교를 졸업하고 일본으로 곧바로 유학을 떠났다. 그가
일본유학을 가게 된 계기는 안창호 선생의 연설을 듣고 감동을 받아
조국의 앞날을 깊이 생각하게 되었기 때문이다. 조만식은 호랑이를 잡
으러 호랑이 굴로 들어간다는 마음으로 일본 유학에 올랐다.

조만식은 일본에서 공부하며 인도의 간디를 알게 되었다. 간디의 무저
항주의와 민족주의에 큰 감동을 받아, 간디의 사상을 자신의 독립운동
의 거울로 삼았다. 그래서 후일 그가 '한국의 간디'라고 불리는 이유가

되었다.

1910년 유학했던 일본 영어학교를 졸업하고 그 해에 명치대학 전문부 법학과에 진학했다. 그는 유학 중 동경한인교회 영수로 활발히 활동하며 기독청년회 회장도 맡았다. 그는 장로교와 감리교가 나누어 예배드리는 모습을 보고 1911년 백남훈, 김영섭 등과 장로교, 감리교 연합교회로 개편해 유학생들은 함께 예배드리도록 하였다. 교파를 따지는 것이 불편했던 것이다.

또 지방색을 탈피하자며 "고향을 묻지 말자"고 외쳤고, 전라도 출신의 송진우, 경기도 출신의 안재홍과 힘을 합하여 '조선 유학생 친목회'로 모두 통합했다. 그리고 조선 유학생 친목회는 나중에 도쿄 일본 유학생들의 독립운동인 '2·8독립선언'의 산파 역할을 하게 된다.

1931년, 31살의 나이에 명치대학을 졸업하고 귀국한 그는 자신의 진로를 후학양성으로 정했다.

이승훈 선생이 평안북도 정주에 민족계몽운동을 펼치기 위해 1907년, 세운 오산학교 교사로 먼저 부임했다. 당시 오산학교 설립자인 이승훈 선생은 105인 사건으로 투옥돼 있어 학교가 어려움을 겪고 있었고 그의 부임은 이 학교에 큰 힘이 되었다.

오산학교에서 학생들을 지도

조만식은 평생 한복을 입은 사람으로 유명하며 이와 관련된 일화가 있다. 그가 일본 유학을 마치고 집으로 돌아왔을 때 조만식은 반가운 마음에 어린 딸을 덥석 안았다고 한다. 그러자 딸이 그를 보고 울음을 터뜨렸다고 한다.

조만식은 딸이 난생 처음 보는 서양 양복을 입고 있는 자신을 보고

무서워 그랬다는 것을 알게 되었다. 그는 즉시 이제부터 자신은 한복만 입겠다고 딸에게 약속을 하는데 정말 이 약속을 평생 지켰다.

조만식은 한복을 일상복으로 입는 대신 한복의 불편한 점을 고쳐 소매와 바지통을 줄이고 옷고름 대신 단추를 달았다.

그런데 재미있는 것은 단추 모양이 다 달랐다. 첫째 단추는 오산 학교를, 둘째 단추는 모교인 숭실 학교를, 셋째 단추는 기독 청년회를, 넷째 단추는 교회를 그리고 다섯째 단추는 조국과 민족을 마음에 새긴 각각 의미가 다른 단추를 단 것이다.

평북 정주 오산학교에서 전력을 다해 학생들을 지도하고 교장까지 된 조만식 선생은 부임 8년이 지난 1919년, 오산학교의 교장직을 그만두고 3·1운동에 가담했다.

이후 일제의 눈길을 피해 상해로 가던 중, 평안남도 강동에서 일본 헌병대의 추격을 받고 체포되고 말았다. 결국 평양감옥에서 1년간 옥살이를 해야 했다.

평양감옥에서 석방된 뒤 조만식은 다시 오산학교로 돌아가 교장으로 일했고 1921년에는 YMCA 청년회의 총무가 된다. 또 장대현교회에서 분립한 산정현교회의 장로로도 장립되었다.

조만식은 1922년에 평양에서 조선물산장려회를 결성하여 회장으로 취임했다. 이 단체는 국산품장려, 소비절약, 금연, 금주 운동을 전개했다. 1923년에는 연정회(研政會)를 조직했으나 일본에 의해 해체되었고, 1929년 광주만세운동 진상보고 민중대회를 개최하려다가 체포되었다 풀려나기도 했다.

조선 총독부에서는 신사참배와 지원병제도에 협조하라는 요청이 왔으나 모두 완강하게 거부했다. 조만식은 조선일보 사장에 취임한지 9개월 만에 경영난 악화로 그만두고 다시 평양으로 돌아갔다.

조만식은 공석이 된 산정현교회의 후임으로 마산문창교회에서 시무하고 있던 옛 제자 주기철을 찾아가 산정현교회에 부임해 줄 것을 요청했다. 조만식은 주기철의 오산학교 스승이었으나 주기철 목사에게 매우 깍듯하게 대했다고 한다. 그가 하나님의 종이었기 때문이다.

조선민주당 창당 신탁반대운동

조만식은 1938년 3월, 도산 안창호가 사망하자 안창호 장례위원장이 되어 장례를 집행했다. 한편, 1943년 지원병제를 실시하면서 "아시아 태평양전쟁에 조선 청년이 참전하는 것이 일본인과 동등해지는 길"이라며 회유했던 총독부의 협조 요청을 단호히 거부하다 구금 되었고 결국은 석방되었다.

1944년, 수감 중이던 주기철 목사가 옥사하고 산정현교회가 강제로 폐쇄되자 그는 1945년 봄 가족들을 데리고 고향으로 내려갔다. 1945년 조국은 광복을 맞았고 1945년 8월 하순 여운형 등이 밀사 손치웅을 보내 조만식에게 남으로 내려올 것을 요청하였지만 "뜻은 함께 하겠으나 몸은 여기 남겠다"는 의사를 밝히고 평양에 남았다.

조국이 해방되자 조만식은 여운형 등과 함께 평양에서 건국준비위원

●한국의 간디로 불린 조만식 선생의 노년 모습

회 결성을 주도했으며 조직을 정비하고 치안과 행정을 담당하며 혼란을 수습하려 애썼다.

김일성도 깍듯이 그를 조만식 선생님이라고 부르며, 고급 술집에 데려가 대접하려 했다고 한다. 그러나 그는 믿음의 사람이었기 때문에 이런 회유 자체가 불가능했다.

조만식과 그의 지지자들은 소련의 북한 점령과정에서 점차 공산주의자들 및 소련과 충돌하게 되자 소련군은 조만식에게 친 소련적 입장에 서도록 회유와 압박을 강하게 가했다.

1946년 기독교인 중심의 조선민주당을 창당하여 신탁반대운동을 벌이던 조만식은 뜻을 바꾸지 않았고, 김일성 세력에 의해 축출된 뒤 1946년 1월 5일, 고려호텔에 연금된 것을 시작으로 한국전쟁 때까지 투옥되어 있었다.

남북한의 단독정부 수립이 확실시되자 조만식은 비밀리에 사람을 보내 아내 전선애와 가족을 불렀다. 그리고 호텔에 놓여 있던 피아노로 찬송가를 연주하게 한 뒤 세 자녀를 데리고 방으로 들어가 함께 기도한 뒤 작별인사를 나누었다. 아내와 자녀들은 남한으로 가도록 한 것이다.

월남 거부, 북 내무서원들에게 죽임 당해

남한에 피신한 기독교인들과 미군정, 반공우익 세력들은 조만식을 월남시키려고 노력하였으나 그는 북녘의 동포들을 버리고 혼자 떠날 수 없다며 남한행을 거부했다.

그가 이렇게 지인과 제자들의 월남 권유와 김일성과 북한의 협박에도 불구하고 월남을 거부한 이유는 바로 그의 고향인 평안도 향민들과 북녘의 동포들에 대한 걱정 때문이었다.

자신이 남(南)으로 가게 된다면 공산치하에서 더 고통을 받게 될 것이기에 1000만 북녘 동포와 함께 북에 남겠다고 한 것이다. 이런 그의 말은 사실상 그의 마지막 유언이 되고 말았다.

1950년 5월 16일 북한이, 조만식을 남에서 활동하다 체포된 김삼룡, 이주하와 교환할 것을 제의하였으나 이승만의 거부로 성사되지 못했다. 조만식 선생은 전쟁 발발 후 1950년 10월 15일, 북한 내무서원들에 의해 안타깝게도 죽임을 당했다.

조만식 선생에게 1970년 8월 15일, 건국공로훈장 대한민국장이 추서되었고, 1991년 11월 5일, 동작동 국립묘지에 시신 대신 유발이 안장되었다. 아내인 전선애 여사와 자녀들에게 월남을 권유하며 떠나기 직전 자신의 머리카락과 손톱을 남겨주었는데 이것을 안장한 것이다.

서울어린이대공원과 파주시의 오두산통일전망대에 조만식의 동상이 서 있다. 서울에 있는 동상은 1976년, 파주에 있는 동상은 1992년에 세워졌다.

신앙 안에서 조금도 굽히지 않고 자신의 뜻을 관철하며 조국을 사랑했던 조만식 선생은 목숨이 위태로워도 창씨개명과 신사참배를 거부하며 신앙의 지조를 지킨 믿음의 사람이었다. 오늘의 한국발전과 교회성장의 이면에는 조만식 선생 같은 신앙인이자 교육가가 계셨기에 오늘이 가능했음을 결코 잊어서는 안될 것이다.

여성교육에 혼신을 다한
신앙의 선각자

김마리아(金瑪利亞, 1891~1944) 선생은 여성 교육자이자 평생 대한 독립을 위해 헌신한 여성 지도자였다. 그녀의 고향은 황해도 장연군 소래다. 이곳은 한국 개신교 최초교회(소래교회)가 세워진 지역으로 유명한데 교회설립시 큰 공헌을 한 이곳 광산 김(金)씨 집안의 자녀 중 한 사람이 바로 김마리아였다.

이름 '마리아'는 1908년, 자신이 출석했던 서울 연동교회에서 선교사 밀러 목사에게 세례받으며 받은 이름이다. 김마리아는 1891년 6월 18일, 송천리 소래마을에서 부친 김윤방(金允邦)의 셋째딸로 출생했다.

기독교 명문가 집안에서 자라다

●김마리아 선생

김윤방이 복음을 받아들이면서 후일 그의 가문은 기독교 명문가가 된다. 김마리아의 숙부 김윤오는 동생 김필순과 남대문 제중원(세브란스병원) 앞에 '김형제상회'를 세워 독립군자금과 교육운동 자금을 댔다.

막내 숙부 김필순은 에이비슨 선교사를 도와 의료사역을 펼치다 의사가 됐고 이후 만주에서 독립운동을 지속했다. 고모들 역시 기독교 선각자로 한평생을 다했다.

큰 고모 김구례는 신한청년단을 이끈 서병호와 둘째 김순애는 김규식 박사와 결혼했다. 김마리아에게 가장 영향을 끼친 막내 고모 김필례(광주 수피아·서울 정신여학교 교장 역임)는 의학박사 최영욱과 결혼했다.

김마리아는 3살 때 아버지가 사망했으나 어머니의 교육열과 기독교 신문화를 일찍 받아들인 집안의 분위기 속에서 자랐다. 그녀는 8살이던 1899년에 남장을 하고 소래학교에 입학했고 12살이던 1903년에 졸업했다. 14살에 어머니마저 복막염으로 사망하자, 삼촌 김윤오와 김필순의 보살핌을 받으며 서울 정신여학교에 다녔다.

1910년에 정신여학교를 졸업한 김마리아는 호남 광주 수피아여학교 교사로 부임하여 언니 김함라와 함께 일했다. 그러다가 1912년에 일본 히로시마 여학교로 유학을 떠났다.

1년 뒤, 그는 서울 정신여학교의 교사로 부임하게 된다. 1915년에 정신여학교 교장 루이스의 주선으로 다시 일본 동경으로 유학을 가서 동경여자학원(東京女子學院) 영문과에 입학하게 된다.

일본 유학중 2·8 독립선언대회에 참가

일본유학이 끝나가던 1919년 2월, 재일조선청년독립단의 2·8 독립선언대회에 참석한 김마리아는 조국의 독립운동에 투신코자 2·8독립선언서를 국내에 비밀리에 반입해 유포했고 국내 3·1운동에도 적극 가담했다.

1919년 3·1운동이 일어난 직후인 3월 6일에 김마리아는 정신여학교 교무실에서 일제 경찰에 체포되어 왜성대(倭城臺)에 투옥됐다. 이때 혹독한 고문을 당했으며 그 후유증으로 평생을 고생해야 했다.

7월24일, 가석방으로 감옥에서 풀려난 그녀는 정신여학교에 복직하여 항일 여성운동을 구상했다. 10월 19일에 여성계 대표 18명이 모여 '대한민국애국부인회'를 새로 발족했는데 이 자리에서 그녀가 회장으로 피선되었다.

그러나 본격적인 활동을 펼치려 하던 11월 18일, 애국부인회의 활동이 발각돼 그녀와 동지들이 일제에 체포되었다. 그녀는 감옥에 투옥되어 5개월 이상 서대문형무소에 수감되었다. 병보석을 받아 입원했던 그녀는 철통같은 병원 경계망을 뚫고 탈출, 간신히 중국 상해로 망명했다.

김마리아는 독립을 성취하기 위해선 결국 실력을 쌓아야 한다는 큰 뜻을 품고 2년 동안 중국 망명생활을 정리하고 다시 미국으로 유학을 떠났다. 이후 10년간 미국 내 유명한 5개 대학에서 수학하면서 지도자로서의 자질을 키웠다. 독립도 결국 실력과 힘이 있어야 한다고 믿었다.

실력양성 위해 명문대를 순회 수학

실력양성이 곧 독립운동이라는 소신을 가졌던 김마리아는 부지런히 배워 실력을 쌓으면서 독립운동을 실천해야 한다는 사명감으로 학업에 열중했다.

1915년부터 1932년까지 그녀가 다닌 고등교육 기관은 일본 동경여자학원을 시작해 중국의 금릉대학(金陵大學), 미국의 파크대학, 미주리주립대학, 시카고대학교 대학원, 컬럼비아대학교 사범대학원, 뉴욕신학교 기독교교육과 등이었다.

열심히 공부해 모든 과정을 놀랄 정도로 빠른 시간에 학업을 마친 그녀는 다방면에 큰 학식을 쌓았고 이것을 바탕으로 고국에 헌신해야 한다는 다짐을 한시도 잊지 않았다.

그녀는 무엇보다 수천 년 동안 교육에 철저히 소외되었던 한국 여성이 깨어나야 한다고 믿었다. 여성을 제대로 교육하는 것을 독립국가를 지향하는 현실적 과제로 삼았다. 여성 교육은 남녀의 지적 평등에 이르는 지름길이라고 보았던 것이다.

그래서 한국이 독립을 쟁취하게 되면, 그 새로운 나라는 민주주의 평등사회여야 하고 여성이 차별받지 않는, 남녀평등의 인권을 누리는 사회가 되어야 한다고 굳게 믿었다. 이러한 독립된 국가의 사회를 위해 투쟁한 김마리아는 여성의 독립운동 참여야말로 남성과 동일한 선상에서 동등하게 움직여야 한다고 보았다.

●김마리아 고향인 황해도 장연에 세워진 한국 최초의 소래교회

미국 독립운동단체 근화회 창립 주도

김마리아는 10년의 긴 미국 생활에서 결코 서양문화에 동화되지 않고 철저하게 한국인으로 살았다. 민족적 자부심을 잃지 않으려 세례명(마리아)을 받기 이전의 이름인 '김진상'을 되살려서 썼고, 흥사단 회원가입 원서에는 연대를 단기로 환산해 기입했다.

미국 뉴욕에서 1928년 1월 1일에 김마리아가 주축이 되어 조직한 항일여성단체 이름을 겨레의 꽃인 무궁화를 담아 '근화회'(槿花會)로 지었다. 근화회의 조직 목적은 민족정신을 고취하며 여성의 대동단결을 도모하고, 교육과 실업을 장려하며, 본국(한국) 사정을 외국(미국)에게 널리 알려 국제사회 지원을 도모하자는 것이었다.

김마리아는 한국에서 자신의 형 집행이 만료되던 1932년, 귀국했다. 그런데 귀국 과정에서 일본 고베에서 심문을 받고 바로 일본경찰의 호송으로 부산에 상륙하자마자 경찰에 인계되고 말았다.

장시간 심문과 취조를 받고 나서야 서울을 거쳐 원산으로 갈 수 있었다. 그녀의 계획은 원산의 마르다윌슨여자신학교에서 가르치며 잠시 머물다 여성 교육운동을 하는 것이었다.

그녀는 1934년 장로교회 여전도회 제7대 회장으로 선출되어 이후 4년 동안 교회 여성운동을 이끌었다. 그런데 그녀가 여전도회 제10대 회장으로 일하던 1937년, 일제는 대륙침략을 위해 중일전쟁을 일으켰고, 조선을 대륙침략의 병참기지로 삼으며 내선일체를 강조했다.

신사참배 반대로 어려움에 직면

이제까지 국내에서 민족 독립을 위해 헌신해 오던 지식인들이 일제의 탄압과 황국신민화 정책을 거부하지 못하는 상태가 되었다. 결국 눈치를 보다가 하나 둘 친일로 변절해 가고 있었다.

무엇보다 일제의 신사참배를 거부해 오던 장로교회 총회가 1938년에 신사참배를 가결한 상황은 큰 수치의 역사로 기록되고 있다. 또 기독교 지도층에 속한 여성들 다수가 어쩔 수 없이 부일 협력자로 변절되고 말았다. 당시 일반 여성들 다수가 종군위안부 등 전쟁을 위한 도구로 희생되고 있었다.

이러한 현실에 단호히 맞선 김마리아는 기독교 신앙에 기초한 불굴의 의지를 내비쳤다. 자신에게 다가온 경제적 어려움과 고문 후유증, 동지들의 변절로 말미암은 고통스런 상황을 오직 기도로 이겨내야만 했다.

1941년 장로교회 여전도회전국연합회에서 신사참배 반대를 선언한 김마리아는 이로 인해 일제의 감시를 더욱 심하게 받았다. 마르다윌슨여자신학교 학생들에 대한 일제의 압박도 더욱 강화되었고, 결국 1943년에 학교가 폐교를 당하고 말았다.

이런 연이은 시련이 김마리아의 건강을 더욱 악화시켰다. 결국 1944년 3월, 민족 해방을 1년 수개월 앞둔 시점에 짧은 생애를 마감했다. 그녀의 유언에 따라 시신은 화장되어 대동강에 뿌려졌다.

늘 여성운동의 정점에 선 선각자

김마리아의 생애를 돌이켜 살펴보면 그녀는 언제나 한국 여성들의 모임을 주도 혹은 조직해 발전시켜왔다. 일본 유학 때 그녀는 재일 조선인 남자 유학생 중심으로 조직된 '조선인유학생학우회'와는 별도로 제일

●함남 원산 마르타윌슨 여자신학원 교수로 재직할 때. 앞줄 맨 왼쪽이 김마리아(왼쪽)/
일본유학시절 혼자만 한복을 입고 있는 김마리아 선생(오른쪽)

조선인 여자 유학생들이 조직한 '동경여자유학생친목회'를 설립, 고모인
김필례를 뒤이어 회장으로 선출돼 이끌어 나갔다.

국내 독립운동 중 '대한민국애국부인회'를 재조직하고 회장으로 선출
되어 침체돼 있던 여성 민족운동을 이끌었다. 이 때 한 달여 만에 회원
2000여 명, 전국 15개 지역, 해외지부 설치 등 조직을 확대 발전시켜 나
갔다.

또한 망명 중에도 대한민국애국부인회를 거처하는 곳에서 조직해 활
동을 전개했으며, 1928년 1월, 뉴욕에 있는 여자유학생들을 모은 '근
화회'는 민족정신을 고취하며 조국 광복을 도왔다. 귀국 후 김마리아는
'장로교여전도회' 회장을 맡아 한국교회 여전도회 조직을 크게 발전시
켰다.

김마리아는 당시 기독교인에게 당면한 선교적 과제인 독립운동과 여
성평등을 위한 변혁자로서 선교적 소명에 충실했다. 또 그녀는 기독교
인으로서의 시대적 소명에 늘 응답하며 한국 여성이 근현대사의 주체로
활동할 수 있는 새 장을 열었다.

김마리아는 민족주의적 기독교를 추구하는 한계에 있었다고도 보지만 양성평등 관점에서 보면 남녀 동반자 의식과 여성교육을 통한 주체성 확립을 추구한 선각자였다고 할 수 있다.

그녀의 열정적이고 시대변화를 추구하는 삶은 오늘날 아직도 장벽이 남아 있는 한국교회 여성과 경제적, 정치적, 성적 억압에 고통당하는 여성들에게 큰 울림과 도전을 준다고 할 것이다.

후일 대한민국 정부는 그녀의 위업을 기려 1962년, 건국공로훈장인 독립장을 추서했다. 김마리아의 흉상은 서울 종로구 연지동, 그녀가 오랜 기간 재직하고 학생들을 가르친 옛 정신여학교 본관 자리에 자리 잡아 오가는 사람들의 발걸음을 잠시 멈추게 한다.

민족교육의 스승, 겨레의 지도자,
하나님의 종

용재(庸齋) 백낙준(白樂濬, 1896~1985) 선생은 근대를 대표하는 한
국 기독교 인사 중 장수(90세)하여 그 활동기간이 다른 분들에 비해 매
우 길었고 또 내용도 매우 활발했다. 구한말에 태어났으면서도 1985
년, 소천시까지 많은 분야에 관여했다. 또 교회사학을 전공한 첫 신학
자로 목사 직분까지 받아 한국 기독교가 사회 속에 뿌리 내리는 일에
크게 기여했다.

불우한 환경을 딛고 미국유학까지

백낙준은 1896년 3월 9일, 평안북도 정주군 관주면 관삽동 가난한
농촌에서 백영순의 4남으로 태어났다. 어릴 때 서당에서 한학을 공부하

●교육자 백낙준 박사

다가 러일전쟁 후 서당이 없어지면서 교회가 세운 영창소학교를 다녔다.

1910년, 평안남도 선천에 있는 기독교 중학과정인 신성학교에 입학했는데 그 해 양친과 형이 모두 세상을 떠 가정적으론 매우 불행했다.

1911년, 불과 16세에 105인사건 연루자(권총 운반책)로 지목되었으나 신성학교 교장인 매큔 (McCune) 선교사의 도움으로 2년간 피신해 있다가 학업을 계속했다.

신성학교 재학시절, 학생이면서도 매큔 선교사를 도와 학생들을 지도할 만큼 뛰어났던 그는 자신의 학창시절을 이렇게 고백한 적이 있다.

"나는 일찍이 소년 시절에 기독교를 믿는 사람들이 새 사람이 되는 것을 직접 보아 왔다. 이전에 게으르던 사람들이 부지런해지고, 거짓되게 살던 이가 참되어지고, 자기밖에 모르던 이가 남을 생각하고 도와주는 것을 보고 기독교를 통해 한민족을 새롭게 만들 수 있다고 생각하여 나도 기독교인이 되어 이것을 전파하게 되었다."

신성학교를 졸업한 19세에 매큔 교장의 도움으로 중국 톈진의 영국인 교회 자매학교인 신학서원에서 3년간 수학, 영어를 배운 후 1916년 9월에 다시 미국으로 건너갔다. 이 역시 매큔 선교사의 도움이었다.

백낙준은 매큔 선교사의 모교인 미주리주 파크대학에 들어가 서양사를 전공했다. 1922년 6월, 파크대학을 졸업한 후 다시 유명한 사학 명문 프린스턴(Princeton) 신학교에 들어가 1925년 9월, 졸업했다. 곧

바로 예일대학교(Yale University) 대학원에 입학해 종교사학을 전공했고 박사과정에 들어가 2년 만인 1927년, '조선개신교사,1832-1910'란 논문으로 철학박사학위(Ph.D.)를 받았다.

철학박사 학위에 목사 안수까지

백낙준의 학위논문은 1929년 출판되었는데 한국인의 첫 조직신학 저술인 박형룡 박사의 '기독교근대신학 난제선평'(1935)보다 6년이나 앞서 출판된 최초의 신학저술이었다.

백낙준은 미국에서 이승만에 이은 두 번째 철학박사 학위를 받았으며 '교회사학' 박사학위를 취득한 첫 인물이 되었다. 독실한 신앙인이었던 그는 박사학위를 취득한 그 해에 캔자스 시티교회에서 목사 안수도 함께 받았다.

그는 박사학위 취득 후 바로 귀국해 연희전문학교 교수로 부임했다. 1929년 10월에는 조선어사전편찬회 발기인으로 참여했으며 영국 왕립역사학회 회원이 되고 영국 왕실아세아학회 한국지부 이사로도 위촉되었다.

1934년에는 '언더우드(Underwood) 목사 소전'을 저술하였으며 연

●1951년 전란 중에 초등학교 대표가 미국 원조기관에 감사인사를 하고 있다. 오른쪽이 당시 백낙준 문교부 장관.

희전문학교 문과 과장을 맡으면서 조선총독부의 탄압 속에서도 국학 과목을 신설하고 연구를 후원했다.

당시 일제는 한국어, 한국사, 국문학 등을 가르치지 못하게 했다. 그러나 연희전문 문과 과장인 백낙준은 국어학자 최현배 선생을 통해 한국어를 과외로 가르치게 하고, 손진태, 정인보 교수로 하여금 한국사는 동양사에, 한국문학은 동양문학에 편입해 가르치도록 했다.

당시로서는 '국학'이라는 말을 사용할 수 없었기에 조선학의 필요성을 역설하고 실제로 교육했다. 1930년에는 당시론 아주 늦은 35세의 나이에 제자이자 5세 연하인 최이권과 결혼해 슬하에 4남매를 두었다.

1940년 미국에서 목사 안수를 받은 것을 인정받아 경성노회 소속 목사가 되었고 조선총독부로부터 조선예수교 장로회 포교자로 허가를 받았다.

'조선어문연구집'이란 정기학술지를 간행했던 그는 연희전문대 총장으로 재임하던 1949년, 동방학연구소(국학연구소)도 창설하게 된다. 백낙준은 국학 연구의 학풍을 통해 민족정신을 고취했다.

교수직 박탈에 학교도 일제에 뺏겨

백낙준은 연희전문학교에서 일하면서 조선기독교서회 이사, 조선어학회 회원, 진단학회와 조선민족학회 발기인, 조선기독교청년회 이사 등 다양한 분야에서 활동했다.

연희전문학교를 민족정신의 요람으로 키워오던 백낙준은 수양동우회 사건에 연루되어 1939년 일제에 의해 교수직을 박탈당했다. 일제는 연희전문학교를 접수하여 경성공업전문학교로 개명했는데 이때부터 백낙준은 해방을 맞기까지 6년간 마포 마차조합 서기로 일하면서 일제 말기의 어려운 시기를 보냈다.

이 시기 조선총독부 기관지 '매일신보'에 그의 이름으로 발표된 친일 논설, 1941년 조직된 '조선임전보국단' 발기인으로 참여한 일 등 친일 행적으로 인해 '친일인명사전'에 그의 이름이 수록된 것은 안타까운 일이 아닐 수 없다.

해방 후인 1945년 8월 22일, 백낙준은 경성제국대학 법문학부장을 맡았다. 그리고 그 해 미군정의 위촉으로 조선교육심의회 자문위원이 되었다. 당시 교육계와 학계의 권위자 100여 명이 위원으로 위촉되었는 데, 이 위원회 중 백낙준을 포함해 안재홍, 하경덕, 김활란, 홍정식, 키 퍼 대위가 제1분과위원회에 속했다.

제1분과위원회는 교육이념을 정하는 역할을 맡았는데, 이때 백낙준은 '홍익인간(弘益人間)'을 우리나라 교육이념으로 정할 것을 제안했다. 그 는 홍익인간을 'Maximum Service to Humanity'로 번역하였다. 이 것은 지덕체를 겸비한 전인적인 인간, 이웃과 민족과 세계에 봉사하는 이타적인 인간상 구현을 의미하는 것이었다.

해방 후인 1945년 12월 18일에는 다시 연희전문학교로 돌아가 교장 을 맡았고, 1946년에 연희전문이 연희대학교로 승격하면서 초대 총장

●기독교계 활동도 활발하게 한 백 낙준 박사 왼쪽.

에 부임했다.

1950년 5월부터 1952년 10월까지는 이승만 정부 하에서 제2대 문교부(현 교육부) 장관으로 봉사했다. 1950년 11월, 국무총리로 임명된 바 있으나 국회의 승인을 얻지 못했다.

문교부 장관으로 일하던 당시 백낙준은 전쟁의 와중에서도 공교육을 중단할 수 없다고 역설했다. 그래서 교실이 파괴되었더라도 교사와 학생만 있으면 노천에서라도 교육받게 해야 한다며 전시 노천교육을 실시했다. 그래서 피난지 부산에서 대학교육공동관리제인 '전시종합대학'을 운영하게 했다.

한국의 교육체계를 세운 공로자

백낙준 박사는 의무교육법을 제정하고, 교육자치제를 도입했다. 그리고 교육자치구의 책임자인 교육감을 민주적으로 선출하도록 했다. 또 지역 거점 지방 국립대학들을 세우게 한 것도 그의 업적이었다. 학술원과 예술원 설립안을 국회에 제출하여 이를 설립하게 한 것도 백낙준의 교육시책의 일환이었다.

백낙준 박사가 이처럼 교육에 큰 그림을 그리며 교육정책을 수립할 수 있었던 것은 미국의 최고 명문대학에서 석·박사 과정을 하며 보고 체험한 교육시스템이 큰 도움이 되었다.

백낙준 박사는 1960년 제5대 국회의원 선거에 무소속으로 출마하여 전국 최다 득표로 당선, 참의원 의장으로 선출되었으나 1961년 5·16 군사혁명으로 정계를 떠나 교육계로 복귀, 연세대학교 명예총장으로 봉사했다.

그는 교육행정가로서의 활동과 더불어 대한교육연합회와 한국행정연구회(한국행정학회의 전신)의 창립에도 관여했고 한국행정학회 초대 회장, 대한교육연합회 회장도 역임했다.

1970년대에는 반 유신운동에 참여하는 등 민주화 운동에도 관여했고, 1974년에는 윤보선, 김영삼, 김대중 등과 민주회복국민선언에 서명하는 등 박정희 정권에 반기를 들었다.

모교인 미국 파크대학을 비롯 여러 대학에서 명예박사 학위를 수여받았고, 1970년 광복절에는 대한민국 국민훈장 무궁화장을 받았다. 1985년 1월 13일, 90세의 나이에 세브란스 병원에서 하나님의 부름을 받았다. 그의 장례는 사회장으로 치러졌고 동작동 국립묘지 국가유공자묘역에 안장되었다.

많은 책을 저술했던 그를 위해 연세대학교 출판부는 전 10권으로 구성된 '백낙준 전집'을 1995년, 헌정했다. 연세대학교 중앙도서관 앞에는 백낙준 박사의 동상이 세워져 있다. 이곳의 명문은 그의 삶의 여정을 잘 요약하고 있어 읽는 이들에게 잔잔한 감동을 선사한다.

"교육과 학문, 민족봉사와 자유정신의 구현에 뜻을 두시고, 연세와 민족을 붙들고 키운 연세의 정신적 지주이시며, 민족교육의 스승이시며, 겨레의 지도자이시고, 하나님의 종이시다."

백낙준 박사는 서구적 학문의 선구자였고, 서양사와 교회사를 가르친 첫 학자였다. 연세대학교를 오늘의 명문으로 키운 교육, 행정가였으며 관료이자 정치가였다. 특히 기독교 교육운동을 전개한 훌륭한 그리스도인이었음을 후세는 꼭 기억해 주어야 할 것이다.

여성교육과 여성권익의
최선봉에 서다

대학민국 여성사와 한국교회사에 있어서 김활란(金活蘭, 1899~1970) 박사는 떼어 생각할 수 없을 정도로 중요한 위치를 차지한다. 그의 삶은 교육자로써 독보적인 위치를 차지하고 있다고 해도 과언이 아니다.

'대한민국 순회대사'로 세계를 누볐고 이화여대 총장으로 여성교육의 새 장을 연 그의 삶은 평생을 독신으로 지내며 오직 한국교육의 백년대계를 걱정한 일생이었다.

이화학당에서 시작된 꿈

김활란은 1899년 1월 18일, 인천에서 부친 김진연(金鎭淵)과 모친 박도라의 3남5녀 중 막내로 태어났다. 호는 우월(又月), 세례명은 헬렌

●교육자 김활란 박사

(Helen)이었다.

부친은 평안북도 철산에서 농업에 종사하다가 개항 후 제물포로 이사하여 창고업자가 되었고, 모친은 교회에서 전도부인 역할을 담당했다. 7세 때 세례를 받으며 '헬렌'이란 세례명을 받고 원래 이름인 '기득' 대신에 헬렌을 한자식으로 고쳐 '활란(活蘭)'으로 정했다.

1907년 인천 영화학당에 입학했다가 9살이 된 이듬해 서울로 이사한 뒤 이화학당(梨花學堂)에서 초등·중등·고등과를 차례로 졸업한데 이어, 1918년 3월에 대학과까지 졸업, 여성으로는 최초로 국내 대학졸업자가 되었다.

그는 졸업 후 바로 이화학당 교사가 되었으며, 재직 중인 1919년 3·1운동이 일어나자 비밀결사에 참여했다.

김활란은 신앙생활과 전도에도 열심을 내어 1920년 6월, '이화전도대'를 결성해 전국 각지를 돌면서 농촌계몽과 전도활동을 펼쳤다. 1922년 4월, 중국 북경에서 개최된 세계 YMCA 대회에 김필례와 함께 한국여성 대표로 참석했다.

그해 조선감리회 감독 웰치(Welch) 선교사의 추천으로 미국 오하이오주 웨슬리언대학교에 편입해 철학, 교육학을 공부했다. 1923년 6월, 세계 YWCA대회에 참석한 후 일시 귀국하여 YMCA 여자부를 독립시켜 김필례, 유각경 등과 함께 조선 YWCA를 탄생시켰다.

무지와 구습타파에 앞장

유학하던 미국으로 다시 돌아온 1924년 6월, 웨슬리언대학교에서 우수 졸업생으로 학사 학위를 받고 보스턴대학교 대학원에 진학했다. 1925년 6월에 '철학과 종교의 관련성'이라는 논문으로 철학 석사 학위를 받았다.

김활란은 1927년 1월, 전문직 여성들의 친목모임인 망월구락부가 직업부인회로 개편될 때 실행위원에 선정되었다. 그해 5월, 근우회가 창립되면서 회장에 선출되었고, 7월에는 하와이 호놀룰루에서 열린 제2차 태평양문제연구회의에 참석했다.

1928년 4월, 예루살렘에서 개최된 국제선교회의에 참석하기 위해 사이공에 당도했을 때 공개 단발을 행했다. 귀국 후에는 단발 위에 남바위를 쓰고 한복 두루마기를 입은 채 구두를 신고 다녔다.

김활란이 이런 복장을 한 것은 구습에 빠져 헤어나올 수 없었던 한국 여성의 무지와 남존여비 사상 타파에 앞장서는 여성운동의 일환이었다. 그 후 김활란은 1928년 근우회에서 탈퇴한 후 사회활동을 끊고 선교활동에만 전념했다.

1930년 컬럼비아대학 대학원에 입학해, 2년 만에 '한국의 부흥을 위한 농촌교육'(Rural Education for the Regeneration of Korea)으로 한국인 여성 최초로 미국에서 철학박사(Ph.D) 학위를 받았다.

농촌계몽운동에도 적극 참여

귀국 후 1932년 9월부터 1939년 3월까지 이화여전에 몸담아 지내면서 이 무렵 농촌교육을 통한 문맹 퇴치와 여성계몽에 주력하는 한편 브나로드운동에도 동참했다.

브나로드운동은 문맹퇴치운동이자 민중 계몽운동으로 브나로드란 뜻은 '민중 속으로'라는 러시아어다. 귀국과 동시에 이화여자전문학교 교수가 되었고 학감을 겸임했다. 김활란은 잡지 '여론'(女論)도 창간하고, 취지문에서 "여성이여, 어서 앞으로 나아가자!"라고 주장했다.

농한기에는 부녀자들을 모아 교육의 필요성을 역설하면서 전도 강연을 병행하였고, 재정적인 문제로 곤란을 겪던 안산 샘골 최용신(소설 상록수 실제 주인공)을 지원하는 데 앞장섰다.

김활란의 여성교육은 자신이 공부한 미국에 비해 한국의 여성지위나 교육의 기회가 너무나 뒤떨어져 있다고 여겨 이 부분에 집중된 것이었다. 개화기 이래 여성교육이 조금씩 확대되고 남녀평등의식이 서서히 퍼져나갔고 이것은 개인적 욕구와 주체의식을 가진 여성을 등장시켰는데 그 구심점 역할을 한 셈이었다.

김활란은 어디서나 여성이 사회에 기여하고 능력도 인정받아 남녀평등을 이루어야 한다고 강조했다. 평등만을 주장한 것이 아니라 남녀는 서로의 차이를 인정하고 여성의 특질인 사랑, 봉사, 헌신, 모성 등의 덕목을 발휘하여 가정주부로 어머니로서 역할을 잘 할 것을 주문했다.

자녀 양육은 사회에 나갈 인재를 기르는 일이므로 가정의 일은 사회의 일이며 이를 잘 하는 것이 여성이 사회에 기여하는 것이라 강조한 것이다. 이런 맥락에서 여성교육이 매우 중요하다고 강조했으며 이런 생각이 이화여전에서 실현되도록 교육자로서 최선을 다해 활동했다.

이화여대 학장에서 총장으로

김활란이 이화여전 교장이 된 것은 기독교계 학교의 서양인 교장을 조선인으로 교체하려는 조선총독부의 정책에 따른 것이었다. 그래서 교장이었던 아펜젤러 선교사의 뒤를 이어 이화여자전문학교와 이화보육학교의 교장에 취임한 것이다.

●위/ 이화여전 7대 교장을 맡은 김활란(오른쪽)의 취임식.
●옆/ 1965년 자서전 출판기념회에서 김활란(왼쪽)과 김옥길(가운데).

해방이 되자 1945년 9월, 미 군정청이 조직한 한국교육위원회 위원에 임명되었다. 12월, 독립촉성중앙부인회를 조직하여 반탁운동을 전개하고, 대한YWCA를 재건하여 이사장에 취임했다.

1946년 4월 이화여전이 이화여자대학교로 승격한 후 초대 총장에 취임하여 1961년까지 재임했다. 그는 1948년 UN 총회에 한국 대표로 참석한 이래 수차례에 걸쳐 UN과 유네스코 총회에 참석했다. 대통령 구미특사(1948), 전시내각 공보처장(1950), 대한적십자사 부총재(1955), 한국여성단체협의회 회장(1959~1970) 등 정부 관련 조직도 두루 역임했다.

영자신문 '코리아타임즈'(The Korea Times)를 발행하고 사장을 역임했으며 1961년 9월, 이화여자대학교를 정년퇴직하고 명예총장 겸 재단이사장이 되었다. 1965년 9월부터 대한민국 순회대사로 임명되어 1970년 임종할 때까지 재직했다. 다양한 분야에서 왕성한 활동을 보여주며 가는 곳마다 많은 성과를 얻어낸 김활란 박사였다.

●1962년 인천 영화여자학교를 방문해 격려하는 김활란 박사

늘 조선 최초의 수식어를 붙인 여성

1970년 2월 10일, 김활란 박사는 뇌출혈로 소천했다. 당시 71세로 더 활동할 수 있는 나이여서 여성계는 큰 슬픔을 나타냈다. 생전의 유언에 따라 한국 최초로 장례식을 음악회로 대신했으며, 사망 후 대한민국 일등수교훈장이 추서되었다.

김활란은 뭐든 '조선 최초 여성'이라는 타이틀을 달고 다양한 활동으로 한국여성사를 개척한 역사적인 인물이었다. 그리고 이 같은 공로를 인정받아 1963년 8월, 대한민국상(교육부문)을 수상했으며, 유명한 필리핀 막사이사이상 공익부문상과 미국 감리교회 다락방상도 수상했다.

김활란이 세상을 떠난 지 30년을 앞둔 1998년, 이화여대가 '김활란상' 제정을 공포하면서 그의 행적에 대한 재평가가 시작되었다. 그와 함께 그녀를 친일파로 몰아 정죄하는 사회적 분위기가 일부 고조되었고 친일행각 참여자 명단에 수록되기도 했다.

그러나 여성계에서는 "그의 친일행위는 여성교육과 이화여전을 살리기 위한 어쩔 수 없는 선택이었다"는 동정론이 우세했다. 반면 "적극적 친일주의자로서 정죄해야 한다"는 단죄론도 있었다.

그러나 김활란 박사가 다양한 활동으로 국가에 기여하고 전도활동으로 교회 발전에 공헌했으며 이화를 통한 여성교육에 평생을 헌신한 것은 어떤 형태로든 분명하게 인정해야 할 부분이다.

여러 권의 교육 저서와 논문도 남겼고 여성교육과 복음전파의 두 가지 사명이 하나님께서 자신에게 주신 사명이라고 굳게 믿으며 일생을 독신으로 헌신한 김활란 박사. 그는 자신의 세례명대로 '생명력 넘치는 고고한 난초'가 되어 오늘날 우리 모두의 귀감이 되고 있다.

농촌계몽운동에 앞장선 소설
'상록수'의 실제 주인공

청소년기에 읽고 가슴 벅찬 감동을 받은 책들 중에서 소설가 심훈이
쓴 '상록수'가 빠지지 않는다. 일제강점기 농촌계몽운동을 그린 이 장편
소설은 대중적인 재미와 함께 시대적 분위기를 세밀하게 느껴볼 수 있
는 문학작품이다. 이 '상록수'의 주인공 채영신이 바로 독립운동가 최용
신(崔容信, 1909~1935)의 실존 인물이라는 점에서 이 소설은 더 흥미
를 끈다.

고통받는 농촌 개혁을 꿈꾼 여학생
최용신은 함남 덕원 현면 두남리에서 아버지 최창희와 어머니 김씨 사
이에서 2남 3녀 중 차녀로 태어났다. 고향인 두남리는 일찍 기독교가 전

●농촌계몽운동가 최용신

래된 지역이었다.

따라서 교회와 학교를 적극적으로 수용한 농촌이었기에 최용신은 자연스레 기독교인이 되었다. 할아버지와 아버지는 사립학교를 설립, 교육사업에 종사했기에 여성도 배워야 한다는 생각을 갖고 있었다.

최용신은 1916년, 마을에 있는 사립학교에 입학했다가 다시 선교사들이 세운 함남 원산의 루씨여자고등보통학교로 전학했다. 최용신은 고향 두남교회와 두남 구락부를 중심으로 적극적으로 활동했다.

루씨여자고등보통학교 졸업반이던 최용신은 1928년 4월 1일자 조선일보에 자신의 포부를 담아 "교문에서 농촌으로"라는 글을 기고했다.

"이 사회는 무엇을 요구하며 또 누구를 찾는가? 사회는 새 교육을 받은 새 일꾼을 요구한다.…중등교육을 마친 우리들은 각각 자기의 이상을 향하여 각자의 최선을 다하지 않으면 안 될 것이다. 이제 그 활동의 첫 계단은 무엇보다도 농촌여성의 지도라고 믿는다.…중등교육을 받은 우리가 화려한 도시생활만 동경하고 안일의 생활만 꿈꾸어야 옳을 것인가? 농촌으로 돌아가 문맹퇴치에 노력해야 옳을 것인가? 거듭 말하노니 우리는 손을 서로 잡고 농촌으로 달려가자."

최용신은 교목 전희균의 권유로 협성여자신학교에 들어가게 된다. 그녀는 일제 식민지 수탈로 인한 피폐된 농촌사회의 부흥을 위해 '조선의 부흥은 농촌에 있고, 민족의 발전은 농민에 있다'고 보았다. 그래서 농촌계몽운동에 헌신하기로 결심한다. 이것도 큰 의미에서 하나님의 일을 하는 것이라고 믿었다.

협성여자신학교에서 최용신은 스승 황애덕으로부터 철저한 민족주의 신학교육을 받는다. 황애덕은 3·1운동 당시 대한애국부인회 사건으로 옥고를 치른 독립운동가였다. 컬럼비아대학 석사학위를 취득한 후 입국하여 농촌사업지도교육과를 신설, 학문적인 토대와 실천적인 면을 가르쳤다.

잘사는 농촌 건설에 포부를 두다

최용신은 어릴 때 천연두를 앓아 몸 전체에 이른바 얽힌(곰보) 자국이 좀 있었다. 늘 동네 아이들의 놀림을 받았지만 자기 나름의 시간을 통해 자신의 내면을 잘 가꾸었다.

최용신은 교육받은 여성이 가정에만 안주하지 말고 남성과 같이 사회 개혁에 동참할 것을 호소했다. 그녀의 이상은 문맹자가 없고 잘사는 농촌을 건설하는 것이었다.

최용신은 1929년, 조선여자기독교청년회연합회(YWCA) 총회 때 협성신학생 기독교청년회 대표로 참석하면서 본격적인 YWCA 농촌계몽사업에 참가하기 시작했다.

또 1929년 여름방학을 이용해 황해도 수안군 용현리로 첫 봉사활동을 나갔다. 이듬해에는 강원도 통천군 답전면 포항리에 파견되어 실습 겸 농촌계몽운동을 펼쳤다.

직접적으로 현장에 뛰어들어 땀흘리고 계몽활동을 하면서 그녀는 농촌의 가난과 무지에 많은 갈등과 자책감을 느끼게 되었고 이에 그녀는 과감히 학업을 중단했다.

그리고 1931년 10월, YWCA 파견 농촌지도원 자격으로 경기도 화성군 반월면 샘골(천곡)에 들어갔다. 샘골에 도착한 그녀는 "나의 몸과 마음을 남김없이 태워 이 마을을 밝게 해 주소서"라고 기도했다.

당시 샘골은 비록 수원에서 멀리 떨어지지 않은 지역이나 다른 마을과 마찬가지로 생기를 잃어가고 있었다. 일제의 산미증식계획에 따른 극심한 수탈로 농촌경제는 붕괴되기 일보 직전이었다.

현지 반월면 농가는 꽤 많은 1,400여 호에 달하였는데 연간소득 150원 이하인 절대빈곤인 농가가 무려 910여 호나 되었다. 1920년대 후반 선교 사업으로 운영되던 샘골 강습소마저도 폐쇄 직전으로 농가들이 활력을 거의 잃고 있었다.

경기도 화성 샘골을 변화시키다

최용신은 샘골 부임 초기부터 샘골 예배당 부설인 샘골강습소 확대·개편에 착수했다. 처음에는 지역주민들의 냉소와 체념에 맞서야만 했다. 그녀는 낮에는 아낙네들과 들에 나가 농사를 지었고, 밤에는 한글과 산수, 재봉과 수예를 교육하는 야학을 운영했다. 또한 그녀는 예배당을 빌려 한글·산술·재봉·수예·가사·노래·성경 등을 교육했다.

현지 주민들의 태도는 2년여의 시간이 흐르자 그녀의 진정성과 열정을 알게 되었고 이는 적극적인 동참으로 바뀌었다. 샘골 주민들은 독립적으로 학교를 세우고 공동생산을 늘렸다. 일제가 주민들의 단결을 방해하고자 110명이 다니던 강습소의 학생 수를 60명으로 제한했다.

최용신은 정원초과에 걸린 50여 명의 학생들을 따로 야학을 개설하여 가르쳤다. 농촌계몽운동은 야학, 강연회, 생활개선, 근검저축 등 다양한 영역으로 전개되었다. 일제의 샘골강습소에 대한 여러 차례 탄압에도 굴하지 않고 교육을 통한 민족운동 차원으로 발전시켰다.

샘골에서의 다양한 경험은 최용신에게 장기적인 계획에 의한 농촌계몽운동의 필요성을 더욱 절감케 만드는 계기가 되었다. 그래서 1934년 3월, 그녀는 고베(神戸)여자신학교 사회사업학과에 입학, 공부를 더해서 농촌계몽의 포부를 더 구체적으로 실현하고자 했다.

최용신의 일본유학 목적은 기독교 신앙인으로서 부녀자, 어린이, 농민 등 사회적인 약자를 보호하기 위해 학문을 익히려는 것이었다. 그러나 유학 중 영양실조에 의해 각기병이 생겨 부득불 학업을 중단하지 않을 수 없었다.

질병을 담담하게 받아들인 그녀는 일본에 간지 6개월 만에 귀국길에 올랐다. 그녀는 고향 원산으로 가서 요양할 생각이었지만 일단 샘골에 들러 인사를 하려는데 주민들은 그녀를 무조건 붙잡았다.

최용신은 '마을을 도와 달라'는 간곡한 부탁을 뿌리치지 못하고 머물렀고 몸이 좀 나아지자 이전처럼 농촌계몽운동에 최선을 다해 뛰어 다녔다.

어려운 중에도 학원 운영에 필요한 경비를 YWCA와 현지 유지의 기금으로 마련할 수 있었다. 그리하여 1932년 5월, 정식으로 강습소인가를 받았으며, 동년 8월에는 천곡학원 건축 발기회를 조직했다.

그래서 이곳 유지와 YWCA의 보조로 학원건축을 시작해 1933년 1월 15일, 낙성식을 거행했다. 강습소 신축계획은 8월 한가위를 맞아 학부형 위로회 개최로 이어졌다. 학생들은 그동안 갈고 닦은 실력을 유감없이 발휘했다. 예배당 마당에 모인 주민들은 독창·합창·춤·연극·연설이 끝날 때마다 아낌없는 박수 갈채를 보냈다.

26세의 젊은 나이에 생을 마감하다

이날 최용신은 농촌이 왜 발전해야 하는지 연설을 했는데 이에 호응해 즉석에서 천곡학원 건축발기회가 조직되었다. 홍수득, 안종팔, 강치형, 황종연과 샘골부인저축계원, 일부 학부형 등이 주요 발기인이었다.

마을 부인들은 그동안 저축한 300원 전액을 헌금할 의사를 밝혔다. 그녀는 이중 150원만 기부금으로 받기로 결정했다. 강습소 신축공사는 발기회 조직 5일 후에 착수했다. 남녀노소를 가리지 않고 자발적이었던 교사 신축 참여는 공사 일정을 단축하는 등 급진전되어 이듬해 1월 15일 낙성식이 열렸다.

이날 주민들은 최용신의 헌신에 찬사와 존경심을 표시했다. 이제 주민들은 자신들이 무엇이든 다 할 수 있다는 자신감으로 충만했고, 서로간의 신뢰와 믿음을 보이며 미래지향적인 농촌의 삶을 다짐했다.

그런데 안타깝게도 1934년부터 YWCA의 보조금이 끊어져 학원 운영이 심각하게 어려워졌다. 그녀는 여성잡지에 '농촌의 소연'이란 제목으로 샘골을 살리기 위한 각계의 지원을 호소했다.

그러나 사회적 반응은 싸늘했다. 늘 과다한 업무로 힘들어 했고 지병도 있었던 그녀는 그동안 몸을 너무 과로한 탓인지 1935년 1월 23일,

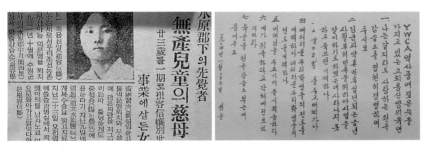

●최용신의 사망 신문기사(왼쪽)/ 최용신의 유언.

26년이란 짧은 생애를 마감했다. 그녀는 죽음 앞에서도 농촌을 염려하며 아래와 같은 유언을 남겼다. 그녀는 자신과 미래를 약속한 배우자가 있었고 약혼도 했지만 너무 바빠 결혼약속을 지키지 못한 것을 미안해하기도 했다.

"나는 갈지라도 사랑하는 샘골강습소를 영원히 경영하여 주십시오. 김 군과 약혼한 후 십 년 되는 금년 사월부터 민족을 위하여 사업을 같이하기로 하였는데 살아나지 못하고 죽으면 어찌하나. 샘골 여러 형제를 두고 어찌 가나. 애처로운 우리 학생들의 전로를 어찌하나. 어머님을 두고 가매 몹시 죄송하다. 내가 위독하다고 각처에 전보하지 마라. 유골을 샘골강습소 부근에 묻어주오."

농촌을 살리기 위한 눈물겨운 행적들

최용신은 생을 마감하는 직전까지 샘골 마을이 한국사회의 이상적인 농촌으로 거듭나기를 소망했다. 최용신의 죽음은 마을 주민에게 커다란 충격이었다. 주민들은 시신이 안치된 수원도립병원에 모두 달려가는 한편 사회장을 치르기로 결정했다.

청년들은 시신 운반에 자발적으로 동참하였고, 샘골강습소 학생들은 상주로서의 역할을 마다하지 않았다. 묘지는 강습소 뒤편 양지 바른 언덕에 잡았다.

제자 이덕선은 "최용신 선생님은 자애로우시면서도 엄격하셨으며 늘 앞서 나가시는 분이었습니다"라고 회고했다.

일제는 그녀가 죽은 후 샘골학원을 폐쇄시키기 위한 여러 방안을 모색했으나 주민들은 하나로 뭉쳐 방해를 저지하곤 했다. 불우한 청소년을 위한 샘골고등농민학원(샘골웨슬레농민학원)의 유지도 한 알의 밀알 같은 헌신이 있었기 때문에 가능했다.

그녀의 농촌을 살리기 위한 눈물겨운 행적은 앞에서 밝혔지만 실제화되어 농촌운동의 귀감이 되었다. 대한민국 정부는 최용신의 공훈을 기리어 1995년에 건국훈장 애족장을 추서했다.

獨立運動

독립운동

Chapter *3*

불타는 신앙으로 조국독립을 외치다

"그가 찔림은 우리의 허물 때문이요 그가 상함은 우리의 죄악 때
문이라 그가 징계를 받음으로 우리는 평화를 누리고 그가 채찍에
맞음으로 우리는 나음을 받았도다"(이사야 53:5)

YMCA 초석을 세운
민족의 스승

월남(月南) 이상재(李商在, 1850~1927) 선생은 세도정치가 한창이던 1850년 충남 서천에서 태어났다. 18세에 과거에 응시했다가 낙방한 그는 친지 이장직(李長稙)의 소개로 조선 개항기에 총리대신 서리를 지낸 박정양(朴定陽)과 만난다.

이후 그는 박정양의 개인비서로서 13년간 경륜을 쌓으면서 20대의 청년기를 바쁘게 보냈다. 박정양은 1881년, 조사시찰단(소위 신사유람단)으로 일본에 갈 때 이상재를 수행원으로 동행시켜 데리고 갔다.

신사유람단으로 일본 기관들을 견학

조사시찰단은 4개월 동안 일본에 머물면서 내무성, 외무성, 대장성,

●1881년 일본에 갈 때
관복을 입은 이상재

문부성, 공부성, 사법성, 농상무성, 육군, 세관, 포병공창, 도서관, 박물관 등을 골고루 다 견학하고 조사했다. 그리고 이에 대한 보고서를 제출했는데 이 보고서 작성에 가장 열심을 낸 이상재가 세상을 보는 안목이 얼마나 넓어졌을지는 익히 짐작되는 부분이다.

이상재는 이 조사시찰단에서 서구 문물이 일본에 얼마나 잘 발달되어 있는지, 이에 반해 조선은 얼마나 뒤처져 있는지를 분명히 실감했다.

7년 후인 1887년, 이상재에게 또 다른 기회가 찾아왔다. '문안'(文案)이라는 관직을 받아 일하던 이상재가 초대 주미 전권공사가 된 박정양과 함께 1등 서기관 자격으로 다시 미국행에 나선 것이다.

이렇게 이상재는 청년기를 온전히 박정양 곁에서 보냈으며 조사시찰단과 전권공사의 임무를 함께 수행하면서 조선의 주권, 독립, 개화에 대해 어떻게 생각했을지는 너무나 자명하다.

이상재는 미국을 두루 견학한 귀국 후에도 박정양을 보좌하면서 여러 공직을 맡는다. 전환국 위원, 승정원 우부승지 겸 경연각 참찬, 학부 참의, 학부 참서관, 법부 참서관, 외국어학교장, 중추원 일등의관 등의 관직이었다.

이상재는 이 자리에서 당시 횡행하던 탐관오리를 색출하고 당시 만연한 부정부패를 척결하기 위해 나름대로 소신을 갖고 애를 썼다.

당시 조선은 극도로 혼란한 풍전등화의 상태였다. 을미사변(1895)의 참사를 겪은 고종은 러시아 공관으로 옮겨가 정무를 보게 되었으며 (아관파천, 俄館播遷), 1897년에는 대한제국이 성립되었다.

개화 인사들과 독립협회 창립

중추원 일등의관 이상재는 1896년 서재필, 윤치호, 남궁억 등 30여 명의 인사들과 함께 독립협회 창립에 참여했다. 독립협회는 중국 사신을 맞이하던 영은문을 헐고 독립문을 세웠다. 모화관을 개정하여 독립관으로 현판을 바꾸었으며 독립공원 건립을 추진했다. 이상재는 독립관에서 열리는 정기 토론회에서 독립협회의 지명 토론자로 활동했다.

1898년 협회는 만민공동회와 함께 중추원 개편안을 골자로 한 의회 설립안을 제출했고, 고종이 새로운 중추원 관제를 발표하는 데까지 이르렀으나 익명의 벽보 사건이 일어나 결국 독립협회는 해산을 당하고 말았다.

벽보에는 독립협회가 군주제를 폐지하고 공화제를 실시하여 '박정양을 대통령으로, 윤치호를 부통령으로, 이상재를 내무대신으로' 임명하려 한다는 등의 잘못된 내용이 담겨 있었다.

이에 따라 박정양은 관직에서 해임되었고, 당시 회장이던 윤치호는 체포 직전 몸을 피했으며, 부회장이던 이상재를 비롯한 독립협회 간부 17

●이상재 선생(앞줄 중앙)의 가족사진

명이 체포되었다.

그런데 이상재는 이 때는 풀려났다가 1902년 6월에 다시 구금된다. 조선협회를 조직하고 독립협회를 재건하여 일본으로 망명한 일당들과 협력해서 정부를 전복시키려 했다는 역모죄가 다시 적용되었던 것이다. 모함이었지만 어쨌든 이상재는 둘째 아들 승인과 함께 구금되어 무려 60일 동안 가혹한 고문을 당하는 옥고를 치렀다.

당시 의금부 감옥에 있던 수감자들을 찾아와 위로한 이들은 선교사 벙커, 아펜젤러, 게일 등이었다. 특별히 게일은 연동교회 목사로서 조선 문화에 해박한 지식을 갖추었고 한문에 능하여 이들의 대화상대가 되고도 남았다.

감옥에서 받아들인 기독교 복음

1903년 1월에 경성 감옥 안에 도서실이 설치되면서 성서공회의 후원으로 서양학문 서적과 성경이 차입되었다. 이상재는 신약성경을 읽는 중 마태복음 5~7장의 산상수훈을 읽으며 큰 감동을 받았다.

이상재는 요한복음에 끌려 적어도 이 요한복음만 30회 이상 정독했다. 그는 요한복음에서 기독교의 참 진리를 발견하고 마침내 그리스도인이 되었다. 감옥 안에서 그리스도를 구주로 영접한 것이다.

1904년, 러일전쟁이 발발하자 정부는 이상재를 비롯한 일부 국사범들을 석방했다. 출옥한 이상재는 김정식(경무관), 안국선(조경군수), 유성준(가선대부, 내부경무국장), 이원긍(대제학, 군국기무처의원), 홍재기(중추원의관, 총리대신 비서, 개성군수) 등 감옥 동지들과 함께 연동교회의 교인이 되었다. 게일이 초대 회장으로 있었던 황성기독교청년회(서울YMCA의 전신)에도 가입한다.

이상재는 1905년 잠시 의정부 참찬으로 머물다가 오랜 관직에서 은퇴했다. 그런데 이후 몇 년은 이상재 개인에게 매우 힘든 시기였다. 1907년에 부인 유씨와 장자 승윤이, 1908년에는 둘째 아들 승인이 질병으로 세상을 떠났던 것이다.

망국의 고통과 가족을 잃은 슬픔을 이기기 힘들어 이상재는 자결을 결심하기도 했으나 주위 사람들의 도움으로 마음을 새롭게 하고 황성기독교청년회 종교부장 겸 교육부장을 맡으면서 본격적으로 YMCA 운동에 뛰어들었다.

이상재가 당시 쓴 "아한인민(我韓人民)의 당연(當然)한 의무(義務)"라는 글의 일부분이다.

"대한제국의 병의 근원이 무엇이오?…한마디로 급심병이라. 이러한 급심병으로 어찌 생활을 바라겠습니까? 오직 의무는 무엇이오? 하나님의 계명을 정성껏 지켜서…깊은 뜻을 깨달아 저가 무기로 하거든 나는 도덕으로 하고, 저가 포학으로 하거든 나는 인애로 하고, 저가 강제로 하거든 나는 약하게 하면,…선악이 이미 판단되었은즉 하나님께로부터 상벌이 어찌 없겠습니까? 오로지 우리 국민의 의무는 이것에 있을 따름입니다."

이상재는 YMCA 일을 보며 성경공부에 집중했다. 이 때 이상재는 "진리에 압도당하고, 심정은 변화를 겪었으며, 가슴에 기쁨이 넘치는 중생한 사람"이 되었다고 고백했다.

이상재가 인도하는 성경공부로 인해 한 해에만도 754명이 믿기로 작정했고, 875명이 이상재의 사경반에 등록했으며, 만국기도일에는 1,200명이 넘는 청년들이 회관 강당에 모여 그가 인도하는 구원의 말씀을 들었다.

조선 YMCA 창립과 운동에 기여

YMCA 총무로 오래 일했던 질레트(Gillett) 선교사는 어느 날 전도 집회에서 54명이 믿기로 작정한 다음 이상재가 옆방에 들어가 무릎 꿇고 흐느껴 기도하는 모습을 보았는데, 마치 종교개혁자 마틴 루터가 기도하는 모습과 같아 감격했다는 이야기를 한 적이 있다.

이 무렵 중요한 사건 하나는 이상재가 앞장섬으로써 1910년에 시작된 '제1회 전국 기독학생회 하령회'가 열렸다는 것이다. 이는 국내 청년수련회의 효시이며, 한국 기독교 최초의 에큐메니컬(교회일치) 집회로 기록되어 있다.

깊은 영적 성장을 위해 6개 교단에서 온 소수의 46명만을 모았고, 강사는 16명으로 4개국의 국적을 갖고 있었다. 하령회가 거듭되었고, 마침내 1914년에 조선기독교청년회연합회가 조직되었다.

1910년 일제는 대한제국을 강점하고(한일합방) 무단정치를 했다. 그리고 1911년에는 이른바 '데라우치 총독 암살모의사건'(105인 사건)을 일으켜 눈엣가시와도 같은 기독교 지도자들을 대거 검거했다.

이때 이상재는 셋째 아들 승간이 세상을 떠나 장례를 위해 고향에 내려가 있었던 관계로 화를 면했다.

YMCA는 정치운동조직이 아니었지만 그 어느 조직도 개인도 나라의 상황으로부터 자유로울 수 없었다. 이 사건으로 총무 질레트가 추방당했고, 일제는 후임 총무직을 놓고 어용단체 유신회를 이용하여 갖은 공작을 펼치면서 YMCA를 일본화하려고 했다.

민족의 지도자들이 대거 감옥에 들어가고 해외로 피신하는 사태가 벌어지고 있을 때, 환갑을 넘긴 원로 이상재가 총무직에 오르면서 YMCA의 큰 기둥이 되어 그 와해공작을 막아낼 수 있었다.

집회·출판·언론의 자유를 완전히 박탈당하는 상황에서도 YMCA는 국내의 유일한 민간단체로 든든히 서서 3·1운동의 발판이 되어 주었다.

무저항 비폭력 운동을 주장

1919년 3·1운동 전 손병희와 모의를 거듭할 때 다수는 한결같이 상황에 따라 경찰에 대항해 흉기를 쓰자고 주장하였으나 오직 이상재는 남을 살육하는 것은 우리가 죽기로 항거하여 대의를 세움만 같지 못하다고 줄기차게 건의했다.

무저항 비폭력의 혁명운동이 처음으로 전개되었던 것이다. 그런데 거사 준비에 참여한 이상재가 정작 독립선언서의 민족대표 이름에는 빠져 있다.

빠진 이유가 있었다. 일제가 '독립운동의 수령'이라고 불렀던 이상재는 '일본정부와 담판하게 될 때 내세우려고 아껴 두었던', 즉 후사를 도모하기 위한 방편이었던 것으로 보인다. 그러나 이상재는 민족대표에 이름이 없음에도 불구하고 3·1운동의 배후로 지목돼 3개월 동안 옥살이를 했다.

주권이 박탈된 상태였지만 조선YMCA는 독자적인 조직으로 세계무대에 나서 미국에서 열린 세계기독학생연맹(WSCF) 대회에 참석하는 큰일을 해냈다.

당시 73세가 된 이상재는 조선YMCA 연합회 회장으로서 신흥우, 김필례 등을 인솔해 일본 기독교 지도자들과 담판을 벌여 조선YMCA의 독립을 관철시켰다.

1920년 미국 국회의원 49명이 3·1운동에 대한 일제의 탄압 실상을 조사하기 위해 내한한 적이 있었다. 이때 이상재는 수많은 인파를 이끌고 이른바 제2독립운동의 일선에 섰다.

WSCF 대회에서 돌아온 후에는 김필례, 김활란 등과 함께 한국 YWCA의 기틀을 마련하고, '조선민립대학기성회'를 결성하여 1923년에 발기총회를 개최했다. 1924년에는 소년척후단(지금의 보이스카우트연맹)의 초대 총재로 추대되었다.

이상재 선생은 물산장려운동, 절제운동, 지방전도운동, 조선 기독교 창문사운동 등 1920년대의 운동들을 진두지휘했으며 1924년에는 조선일보 사장으로 추대되어 "거듭나는 조선을 붓으로 채질하자"고 외쳤다. 그래서 조선일보가 민족지로서의 면모를 갖춰 나가는 데 큰 역할을 했다.

이미 나이가 들어 병석에 누웠음에도 '신간회' 창립과 함께 초대 회장직을 맡았던 이상재는 1927년 3월 39일, 77세를 일기로 이 땅에서의 삶을 마감하고 하늘나라로 떠났다.

좌우익을 뛰어 넘은 사회장으로 장례

"민중의 선구요 사회의 원로로 늙은 청년"이었던 이상재 선생의 장례

●이상재 선생 장례식은 국내 최초로 사회장으로 거행됐다

는 좌익과 우익, 종교와 사회단체를 뛰어넘는 사회장으로 치러졌다.

동아일보는 그의 죽음에 대해 "선생이 가시니 조선은 어디서 의를 찾으며 조선인은 어디서 사표를 구하랴. 선생은 오직 덕의 사람이니 선생을 생각함에 우리는 업적을 구하지 아니하고 사상을 구하지 아니한다.…정치의 표면상 갱장(更張)만으로 조선을 구하지 못할 것을 자각한 월남은 50세 노구로 단연히 기독교에 몸을 던져서 민족적 정신적 갱생을 철저히 주장하여 왔다.…하여 의연히 사회의 주석(柱石)을 이루었다"고 기사에 썼다.

'영원한 가치는 초월적인 것이며 산다는 것은 그리스도를 증거하는 것'이라고 믿었던 월남 이상재. 그는 늘 풍자와 기지가 넘쳐 차원 높은 해학으로 살벌한 사회분위기를 순화시켰다. 또 악독한 일제의 침략과 불의를 날카로운 풍자와 경구로써 제어하곤 했다.

이상재 선생은 우리나라에 짙은 구름이 드리우고 그 암울함이 점점 더해져만 가던 시기에 예수 그리스도의 말씀을 품고 행했던 민족의 큰 스승이었다. 1962년, 대한민국 정부는 그에게 '대한민국 건국훈장 대통령장'을 추서했다.

관직생활을 하며 외국 순방을 통해 익힌 서구문물을 조선에 바르게 심고 성경을 통해 깨달은 복음의 진리를 수많은 사람들에게 글로, 삶으로 보여준 월남 이상재 선생. 그의 고고한 삶은 진정한 삶의 가치가 어떤 것인지를 우리에게 넉넉히 보여주고 있다.

대한제국의 자주독립을
세계에 알리다

열사라는 칭호를 받는 이준(李儁,1859~1907) 선생은 한국 근대사 교과서를 통해 배운 헤이그밀사사건의 주인공이다.

이준은 1859년 1월21일, 함경북도 북청에서 아버지 이병관과 어머니 청주 이씨 사이 장남으로 태어났다. 그가 3살 때 유학자인 아버지가 사망하고 이어 어머니마저 별세하자 조부와 숙부 슬하에서 한학을 배우며 성장했다. 일찍 조실부모해 부모의 사랑을 받지 못한, 불우한 어린 시절이었다.

한성재판소 검사보로 시작

유달리 총명했던 이준은 16세인 1875년, 큰 뜻을 품고 서울로 상경

●이준 열사

하여 대학자인 최익현(崔益鉉)의 문하생으로 들어가 공부했다. 그리고 25세이던 1884년, 함경도시에서 장원급제했다.

이후 북청에서 경학원(經學院)을 설립해 후학 양성에 매진하다 1894년 함흥의 순릉참봉(純陵參奉)이 되었으나 사직하고, 1895년 처음 설립된 법관양성소에 들어가 교육을 마쳤다. 그리고 한성재판소 검사보로 법관생활을 시작했다.

그러나 당시 주변 탐관오리들의 모함으로 인해 불과 2개월 만에 사직을 하고 말았다. 기존 관리들에게 강직한 그가 눈엣가시였던 것이다. 이때 미국에서 막 귀국한 서재필을 만나 협성회를 결성하고 독립운동에 동참하기 시작했다. 풍전등화의 조선을 살리는 구국운동에 이준도 본격적으로 나선 것이다.

이듬해 독립협회 평의원에 선출되어 '독립신문'을 간행하고 독립문 건설, 가두연설 등으로 활약하다가, 개화파가 몰락하자 일본으로 유학하여 와세다대학 전신인 동경전문학교 법과를 졸업했다.

이로써 이준은 당시로선 보기 드문 서구 근대 법학을 수학한 법전문가가 되었다. 이렇게 쉽게 동경전문학교에 들어갈 수 있었던 것은 그의 실력이 그만큼 뛰어났던 것이다.

1898년, 일본에서 귀국한 이준은 만민공동회에서 활동하며 가두연설을 하다가 이승만, 이동녕 등과 함께 체포되어 투옥됐다. 1902년에는 민영환, 이상재, 이상설, 이동휘, 양기탁, 남궁억 등과 비밀결사인 개혁당을 결성했다.

1904년 러일전쟁 후에는 '대한보안회'(大韓保安會) '대한협동회'(大韓

協同會)를 조직하여 국민계몽운동을 전개하면서 황무지 개간권을 빼앗으려는 일본의 계략을 폭로하는 데 앞장섰다. 또 친일조직인 일진회(一進會)를 배척하기 위해 공진회(共進會)를 결성하고 회장이 되었다.

1905년 5월에는 헌정연구회를 조직하여 입헌정치체제를 연구하면서 애국계몽운동을 선도하였고, 1906년에는 국민교육회(國民敎育會)를 조직하는 한편 가산을 정리하여 돈화문 근처에 야학인 보광학교(普光學校)를 설립했다.

또한 고향인 함경도에는 한북흥학회(漢北興學會)를 조직하여 애국계몽과 교육구국운동을 일으키는 계기를 마련했다. 이준은 이렇게 다양한 애국계몽운동을 전개하는 과정에서 수차에 걸쳐 일경에 잡혀 투옥당하거나 유배되었다. 그런데 그 때마다 이준은 감옥에서 성경을 읽는 기회로 삼았다. 깊은 말씀묵상 속에서 진정한 삶의 진리를 터득했던 것이다.

한성감옥에서 복음을 만나다

이준은 독실한 기독교인이었다. 그가 처음 기독교의 복음을 접하게 된 것은 1899년 1월, 만민공동회 사건으로 한성감옥에 투옥되면서였다. 당시 한성감옥에는 이준 외에 이승만, 이동녕, 이상재, 이원긍 등 훗날 이름을 떨친 정치인들이 상당수 감금되어 있었다. 이들은 배재학당 출신인 이승만, 신흥우 등을 제외하면 기독교와는 전혀 관련이 없었다.

그런데 이들에게 아펜젤러, 벙커, 언더우드, 게일, 헐버트 등 선교사들이 석방운동을 펴는 한편 기독교 서적과 교양서적을 읽으라며 넉넉하게 감방에 넣어 주었다. 이들은 한성감옥 도서실에 비치된 기독교 도서들을 읽는 과정에서 기독교 신앙을 접했고 이 가운데 집단 개종이 일어났다.

이준도 처음에는 기독교 신앙을 믿지 않았으나 옥중동지인 이원긍이 출옥 후 게일 선교사가 시무하던 연동교회로 출석하자 그의 인도로 연동교회에 출석하면서 집사 직분을 받았다.

이준은 처음에는 교회를 정치생활의 피난처 정도로 생각하던 형식적인 크리스천이었으나, 감옥생활을 통해 성경을 계속 읽으면서 십자가 보혈이 주는 구속의 의미를 깊이 깨닫게 되었다.

이준이 기독교 민족주의자로서의 정체성을 확실히 갖게 된 계기는 1905년 초 상동교회로 교적을 옮기면서 부터이다. 그는 전덕기(全德基) 목사의 신앙지도를 통해 깊은 신앙세계를 체험했다. 그래서 아무리 바쁜 일이 있어도 주일성수를 감당하면서 예배에 참석했고, 평시에도 신앙인으로서의 자세를 잃지 않았다.

일본은 1905년 11월, 고종과 대신들을 위협하여 외교권과 통치권을 박탈해 보호국으로 삼는 을사조약을 강제 체결했다. 이에 이준을 위시해 기독청년들이 상동교회에 모여 대책을 논의, '을사늑약(을사조약) 무효상소문'을 결의했다.

이 때 이준은 상동교회 대표로 참석해 하나님께 기도드린 후에 도끼

●헤이그 특사로 파견된 이준, 이상설, 이위종 선생(왼쪽부터)

를 어깨에 메고 대한문 앞으로 나가 상소를 올리는 시위를 전개했다.

고종이 보내는 헤이그 밀사

고종은 을사조약을 인준하지 않고 반대하는 친서를 국외로 내보내 세계에 알릴 것을 계획했다. 미국에 머물고 있던 호머 헐버트 선교사에게 전보를 보내 반대운동을 벌이게 한 것도 이 시기의 일이었다.

이 같은 상황에서 1906년 6월, 만국평화회의 주창자인 러시아 황제 니콜라스 2세가 고종 앞으로 제2회 만국평화회의 초청장을 보내왔다. 고종은 일제의 폭력적 침략을 호소하고 을사조약의 무효를 주장하기 위해 이 회의에 특사를 파견키로 했다. 그래서 전 의정부참찬 이상설, 전 평리원검사 이준, 러시아 주재 한국공사관 참서관 이위종 등 3인을 선정했다.

이 3명의 특사들은 네덜란드 헤이그에서 열린 만국평화회의 회의장에 들어가 을사조약이 고종 황제의 허가를 받지 못한 불법 조약임을 알리고, 대한 제국의 처한 상황을 세계 여러 나라에 알리고자 했다.

그러나 막상 현장에 가니 러시아의 배신과 일본의 방해로 회의장에 들어갈 수조차 없었다. 러시아 출신 의장을 만나 도움을 요청하고자 했으나 이 또한 이뤄지지 않았다. 일행이 회의에 가는 사이 러시아 본국에서 이미 대한제국의 특사들을 돕지 말라는 전보가 와 있었던 것이다.

당시 만국평화회의장 주변에는 전쟁과 서양의 식민지 지배를 반대하는 많은 언론과 시민운동가들이 있었다. 회의장에 들어가지 못한 특사들은 밖에서 기자회견을 열어 이들에게 대한 제국의 독립을 주장했다. 기자들이 몰려들어 이준에게 물었다.

"특사 여러분은 왜 이 평화회의를 방해하려고 하십니까?"

"우리는 법과 정의를 찾기 위해서 아주 먼 나라에서 왔습니다. 각국 대표단들은 여기서 무엇을 하고 있습니까?"

"각국 대표들은 이곳에서 세계평화와 정의를 실현하기 위해 조약을 맺을 겁니다."

"조약이라고요? 그렇다면 1905년 일본이 강제로 맺은 조약은 조약이 아닙니다. 그것은 저희 고종 황제의 허가를 받지 않은 것으로 조약은 무효입니다."

일제의 만행을 세계에 알리다

이준은 관심있어 하는 기자들을 모아놓고 일장 연설을 했다.

"대한제국은 산이 많고 그 산의 골짜기 하나하나가 천연 요새입니다. 우리 2000만 국민은 대한제국을 동북아시아의 스위스로 만들 수 있었습니다. 우리는 평화를 사랑하는 민족이었고, 전쟁을 원하지 않았습니다. 그런데 결과는 어떤가요? 지금 일본은 대한제국을 집어 삼키려 하고 있습니다. 하지만 대한 제국은 외세가 침략했다고 손쉽게 무릎을 꿇을 나라가 결코 아닙니다."

이준의 연설은 기자들에게 큰 감명을 주었다. 연설회에 참석한 기자 중 몇 명은 대한제국에서의 일본의 침략을 막기 위한 결의문을 채택하자고도 했다. 특사들의 활동 이후 서양 언론들이 대한제국이 처한 현실을 자세하게 다루기 시작했고 위기에 있는 대한제국의 사정을 세계에 알리는 계기가 되었다.

●이준열사기념관. 네덜란드 헤이그에 있다.

그런데 '한국을 위해 호소한다'라는 제목의 연설문은 잠시 기자들의 주목은 끌었으나 결국은 실질적인 성과를 얻지 못했다.

당시 조선통감부에도 특사에 대한 소식이 전해졌는데 당황한 초대 통감 이토 히로부미는 자신도 모르게 회의장에 특사가 보내졌다는 사실에 분노했고 고종 황제를 찾아가 이를 심하게 따졌다.

그리고는 이 사건을 빌미로 대한제국 침략에 방해가 되는 고종 황제를 강제로 퇴위시켰다.

결국 이준 등 3인이 헤이그에서 활동을 한지 20여 일이 지났지만 만국평화회의 참석은 끝내 거부되었고 당초 계획은 어긋나고 말았다.

그런데 1907년 7월 14일, 이준이 호텔 방에서 갑작스러운 죽음을 맞이하는 안타까운 일이 발생했다. 사망 원인은 정확히 알려지지 않았는데 오랜 여행과 밤낮을 가리지 않는 쉼 없는 활동 때문에 과로로 사망했다는 설이 있다.

또 대한제국의 독립을 세계에 널리 알리기 위해 자결했다는 소문도 돌았다. 이준이 회의장에 들어가지 못해 크게 실망하고 애통해 했고 그 분을 이기지 못했던 것은 사실이었다.

이준의 유해는 순국 3일 후에 헤이그 공동묘지에 임시 안장되었다가,

그의 동생인 이운이 도착한 뒤 9월 6일, 장례식을 치렀다. 장례식 전인 8월9일, 일제통감부는 궐석재판을 통해 이상설은 교수형, 이위종과 이준은 종신형을 선고했다.

이준이 헤이그서 사망한지 55년이 지난 1962년, 대한민국 정부는 그의 공훈을 기려 건국훈장 대한민국장을 추서했다. 그리고 그의 유해는 1963년 10월4일 한국으로 들여와 국민장을 치른 후, 서울 수유리 선열묘역에 안장되었다.

1964년 장충단공원에 이준의 동상이 건립되었고, 1972년에는 헤이그 묘소에 그의 흉상과 기념비가 건립되었다.

이준 선생은 머나먼 이국의 땅, 작은 호텔방에서 외로운 죽음을 맞았다. 48년이란 이준 선생의 삶은 비록 짧았지만 남 보다 서너배는 더 많은 일들을 충실히 이루고 떠난, 진정한 애국자이자 믿음의 사람이었다.

구국 의병에서 교회 권사로,
전도사로

춘경(春景) 구연영(具然英, 1864~1907) 선생은 구한말 의병장이었으며 독립운동가였다. 독실한 신앙을 가진 교회 전도사였음에도 일반적으로, 기독교계에서 조차 잘 알려지지 않았다. 많은 초기 한국 기독교인들이 선교사들의 전도나 기독교교육기관, 기독병원을 통해 복음을 전해 받은 것과 달리 구연영은 스스로 교회를 찾아 신앙을 가진 특별한 케이스였다.

의병을 조직해 투쟁에 나서다

구연영은 1864년 6월 20일, 서울에서 구철조(具哲祖)의 3남으로 출생했다. 그의 집안은 전통 양반 가문인 능성 구씨(綾城 具氏)였다. 선조

●일제 침략 노골화에 맞서 구연영 등 전국에서 의병이 조직돼 일어났다. 사진은 체포된 의병들

대대로 경기도 광주 지역에 살고 있었다.

연유는 모르지만 그의 부친은 고향을 떠나 서울에 올라와 구연영을 낳았다. 구연영이 초년기 삶은 기록에 없지만 명문가 출신인 만큼 한문을 공부하고 과거 급제를 통해 입신 출세를 도모했을 것으로 추측된다.

그는 18세 이전에 변씨와 결혼하여 네 아들을 두었다. 맏이가 정서, 둘째 성서, 셋째 완서, 넷째 종서였다. 구연영은 경기도 광주군 도척면 궁평리에 정착하여 10여년간 가업에 종사해 상당한 재산을 모았다고 한다.

그가 31세가 되던 1895년 6월, 을미사변이 일어났다. 11월 15일에는 단발령이 공포되었다. 이에 유생들이 각지에서 일어나 '위정척사'(衛正斥邪)를 외치며 의병을 조직, 무장 투쟁을 벌이기 시작했다.

위정척사는 조선의 전통적인 사상을 지키고 서양 사상을 물리치자는 운동이다. 처음에는 서학에 반대하다 차츰 서양과의 통상 반대 운동으로 번졌고, 일본에 맞서는 항일 의병 운동으로 발전했다.

이 때 근처 경기도 이천에서도 김하락이 의병을 일으켰는데, 여기에 구연영이 가담했다. 김하락의 진중일기에 따르면, 구연영은 양근과 지평에서 군사 300여 명을 모았다고 한다. 이외에도 주변에서 의병이 속속 도착하면서 이천에 집결한 의병군 숫자가 900여 명이었다고 한다.

1896년 1월 18일, 의천 의병과 일본군이 맞붙으면서 광현 전투가 벌어졌다. 이 전투에서 일본군 180명 중 불과 2~3명만 살아 돌아갔다고 한다. 이후 2월 12일, 일본군 200여 명이 4개 중대로 나뉘어 이천을 다시 기습했다.

구연영은 일본군과 이틀간 분전했지만 우세한 화력을 갖춘 일본군에 결국 패퇴했다. 그는 원주로 피신해 그곳에서 다시 새롭게 의병을 모집, 20여 일 만에 귀환해 전투에 임했으나 이번에도 역부족이었다.

결국 구연영은 전세가 불리함을 깨닫고 자신을 따르던 경기도 출신 의병 30여명을 데리고 퇴각했다. 고향 경기도 광주로 돌아간 그는 의병 활동을 접고 집에 칩거했다.

홀로 상동교회를 찾아 교인되다

집에서만 지낸지 6개월이 지난 1897년 2월, 그는 서울 남대문 안 상동교회 스크랜턴 선교사를 홀로 찾아갔다. 원용한 목사의 증언에 따르면, 구연영은 누구의 전도도 받지 않고 스스로 찾아와 기독교인이 되었다고 한다.

그리고 교인이 된 후에 먼저 집안에서 양반, 상인의 신분적 구별을 없앰으로 자신이 기독교인이 되었음을 모두에게 증명해 보여 주었다고 한다.

당시 기독교는 법적으로 공인되어 신앙의 자유가 보장되었지만, 양반들은 기독교를 '서양 오랑캐의 이교'라고 여기고 강하게 배척했다. 일례로 영남 유림계 거두인 간재 전우는 3.1 운동 때 독립청원서에 서명해 달라는 제안을 받자 "예수교를 배척하고 공자교를 받들지 않는 한 서명할 수 없다."는 뜻을 분명히 밝혔을 정도였다.

그런데 구연영은 유교를 숭상하는 전통 양반 가문의 후예로 의병 운동을 벌이다 기독교로 개종한 사례여서 당시로선 매우 놀라운 일이 아닐 수 없었다.

그러나 그는 기독교 신앙에 관심을 가졌지만 처음부터 깊은 신앙을 가진 것은 아니었다. 1902년, 이 지역의 선교 책임을 맡은 미감리회 스웨어러(Swearer) 선교사의 교회 보고서에 구연영에 대해 언급된 내용이 있다.

"구연영은 덕들교회에서 처음 학습을 받았다. 그 후 그는 우리를 돕는 매서인 중에 가장 활발한 활동가의 한 사람이었다. 그는 덕들에서 학습을 받기 전 이미 3년 동안 기독교인으로서 신앙을 고백하고 있었다. 당시에 그는 그리스도 복음 안에 있는 은혜의 충만함을 이해하지 못한 채, 개인적인 목적을 이루기 위한 방편으로 신앙을 고백하는 교인의 대표적인 예였다. 그러나 마침내 하나님께서 그의 마음에 찾아오셨고 그의 죄를 깨닫게 하셔서 그의 삶이 완전히 변했다. 그는 1,500마일(약 700리)를 여행하면서 600여권의 성경과 단편 성경을 팔았으며, 그 외에도 많은 양의 소책자와 감리교 출판물들을 판매했다."

구연영이 복음을 깨닫고 진실한 신앙인이 된 후 자신과 함께 의병 활동을 했던 안옥희, 장춘명, 한창섭, 전무호 등 여러 인사들을 설득해 기독교로 개종하게 했다. 전도를 한 것이다. 또 구연영은 자신보다 10살 아래인 전덕기 목사를 찾아가 엡윗청년회 조직에 함께 하겠다는 의사를 밝혔다.

집안에서 추방당하고 권서인으로

엡윗청년회는 한국에서 '청년'이라는 이름이 붙은 최초의 단체로서 기독교 청년 운동의 효시가 되었다. 이 단체는 감리교의 신앙 운동을 주도하는 한편 구한말의 상황에도 관심을 보이며 충군애국과 국권 회복을 위한 정치, 사회단체로서의 역할도 아울러 수행했다.

구연영은 이 단체에서 열심히 활동했고 '신학월보'에 엡윗청년학원 설립을 위한 모금 운동도 전개했다.

구연영은 기독교로 개종한 뒤 전통적으로 유교를 숭상하던 집안으로부터는 추방당했다. 이에 그는 선교사에게 월급을 받고 일하는 권서인(勸書人)이 되어 노루목에 정착하고 살면서 전도 활동을 전개했다. 구연영이 귀신들린 여인과 함께 기도할 때에 흥미로운 경험을 한 것도 기록에 남아 있다.

구연영이 한 여인을 만났을 때, 그녀는 거의 미쳐 있었는데 자기 몸을 주체하지 못하고 괴로워하고 있었다. 그는 그 여인과 이야기를 나누고 설득하면서 성경을 읽어 주었으나 아무런 효과가 없었다. 그녀는 그런 상태로 얼마 동안 있었고, 그녀의 친구들이 할 수 있는 대로 손을 썼지만 아무런 차도가 없었다. 마침내 구씨는 기도하기 위해 그녀를 꿇어 앉혔다. 그가 한동안 기도하였으나 고통은 계속되었고 이에 구씨는 그녀에게 이렇게 말했다.

"내가 말하는 대로 따라서 기도하시오. 아버지여, 아들과 성령이시여, 내게 오셔서 거하소서."

그녀는 계속 "오셔서"까지만 말했고 그 때마다 큰 소리로 울면서 마구 날뛰었다. 그러나 그는 끈기있게 따라하게 했고 마침내 그녀가 그 말을 다했다. 얼마 후 그녀는 제정신을 회복하고 완전히 정상적으로 되돌아왔다.

평신도 권사에서 본처 전도사로 사역

구연영은 이렇듯 신앙생활을 열심히 하면서 미국 감리회 소속 권사(勸師) 직분을 받게 되었다. 권사란 '본처 전도사'와 함께 당시 한국인에게 주어진 교회 지도자 직분이었다. 생업에 종사하면서도 설교를 할 수 있는 '본처 전도사'와 권사는 평신도로서 지역 교회를 관리할 수 있는 권한이 있었다.

이후 구연영은 이천 읍내로 이주해 이천 구역 24개 교회를 돌보는 책임을 맡았고, 아들 정서도 권사가 되어 부자가 함께 이천, 광주 지역 교회를 돌봤다.

또한 한국인 목회자 양성을 위한 집중 신학 교육과정인 신학회에 참석해 목회자 수업을 받았고, 1905년 이천 구역 담임 전도사가 되었다. 스웨어러 선교사는 당시 보고서에서 이천의 구역발전을 다음과 같이 보고했다.

"이 구역은 둘로 나뉘어 이천 구역과 광주 구역이 되었습니다. 사업 성장의 결과입니다. 이천 구역엔 19개, 광주 구역엔 12개, 도합 31개 교회가 조직되었습니다. 구연영 형제는 목회자 자격을 갖추었으며 충실하게 일하였습니다. 그야말로 성장하고 있는 인물이며 그에게 전도사 직분을 허락한 것을 우리는 참으로 잘했고 또 기뻐합니다."

구연영은 이천 구역 초대 담임 전도사로서 이천읍을 중심으로 광주, 장호원, 여주, 음죽, 용인, 안성에 이르는 광범위한 지역에서 19개 교회 1,302명의 교인을 지도했다. 그러면서도 민족 운동을 지속하기로 결심해 대한기독교구국회를 조직했다.

'독립지혈사'에 따르면 구국회는 신망애(信望愛)를 강령으로 삼았다고한다. 즉, 구국회는 기독교 신앙을 바탕으로 믿음, 소망, 사랑을 실천하는 것이 목적이었고, 이를 위해 하나님을 공경하는 것 외에 조국과 동포를 사랑하고 정의로 단결하여 모르는 사람을 깨우치는 것을 목표로 삼은 것이다.

1905년 11월, 을사조약이 발표되었다. 구연영은 이천, 광주, 여주, 장호원 등지를 순회하면서 군중 집회를 통한 구국운동을 본격적으로 전개했다. 그는 일본의 침략행위를 규탄하고 조약 체결을 철회할 것을 촉구했으며 국권 수호를 위해 국민들의 단결을 호소했다.

특히 시장 철시를 통한 비폭력 저항 운동을 주도했다. 일진회의 매국 활동에 대한 규탄은 그가 주도한 군중집회의 주요 화두로 떠올랐다. 대한매일신보 1907년 8월 23일자 기사에는 구연영의 구국회 활동에 대한 내용이 이렇게 실려 있다.

●이천중앙교회 앞 구연영 구정서 부자의 순교기념비.

"이천군에서는 예수교인들이 지석 장터에 웅거하여 인민을 선동하니, 무슨 거조가 있을는지 기세가 굉장하여 배일하는 주의가 있으며, 지석 장터 근처는 상업이 유명한 곳이라 사면으로 통하기가 편함으로, 의병이 아무 때나 무슨 거조가 있으리라 하나 알지 못하겠고."

일본군에 아들과 함께 총살되다

구연영은 을사조약에 반발하여 일어난 을사의병에 가담하지 않았지만 일진회 규탄 강연을 곳곳에서 자주 벌였다. 이에 일제는 그가 눈엣 가시였고 무슨 명목으로든 처벌하기로 결정한다.

그래서 1907년, 일본군 헌병대는 이천에서 일어난 의병을 토벌하기 위해 광주, 이천으로 진격하여 의병대를 격파하고 이천에 주둔했다. 이때 구연영의 밑에서 서사로 일하고 있던 이용주(李龍周)가 구연영을 밀고했다.

결국 구연영은 아들 구정서와 함께 일본군에게 체포되었고 1907년 8월 24일, 이천 장터 미루나무에 묶인 채 아들과 함께 총살당했다. 이때 구연영의 나이 43세, 아들 구정서의 나이 25세였다. 대한매일신보 1907년 8월 29일자 기사에는 이 총살에 대한 내용이 실려 있다.

"일병 오십 여명이 이천읍 안에 들어와 예수교 전도인 구연영, 구정서 부자를 포살하고 그 근처 5,6 동리를 몰수히 충화하였다더라."

구연영은 1963년 3월 1일, 대한민국 정부로부터 건국훈장 독립장을 추서 받았고, 아들 구정서 역시 1991년 건국훈장 애국장을 추서 받았다.

구연영의 유해는 당초 고향인 경기도 광주시 도척면 궁평리에 안장되

었다가 2002년 11월 1일, 국립대전현충원 독립유공자 2묘역에 이장되
었다.

　양반가의 자제로 결코 쉽지 않았을 개종과 함께 권서인으로 권사로,
본처 전도사로 그리스도의 복음전파와 구국운동에 일생을 바친 구연영
이었다. 이제 한국교회는 선생의 그 고귀한 신앙과 헌신을 기억하고 반
드시 기념해야 할 것이다.

독립문을 세우고 독립신문을 만든
민음의 일꾼

송재(松齋) 서재필(徐載弼, 1864~1951) 박사는 의사이자 독립운동
가였지만 우리에겐 독립신문을 창간한 인물로 더 잘 알려져 있다. 근대
역사는 물론 독립운동사에 있어서 서재필의 이름은 빠뜨릴 수 없다.

서재필 박사는 1951년 1월 5일, 그에게 제2의 모국인 미국 필라델피
아에서 87세를 일기로 생을 마쳤다. 장례식 날, 그 지역 신문에 실린 서
박사에 대한 사설은 그가 한국과 미국, 두 조국을 가졌던 삶을 잘 요
약해 평가하고 있다.

"메디아 市의 의사이며, 세계적으로 유명한 한국 독립운동가 서재필 씨
가 오늘 안장되었다. 한국 태생인 서 씨는 소년 시절부터 자신과 한국 민

●독립신문을 창간한 서재필
박사

족의 자유와 독립을 되찾기 위한 불타는 열정을 가져왔고, 그 갈망을 행동에 옮긴 분이다. 불행히도 그의 작은 고국은 열강의 세력이 교차하던 곳이라 침략국들에 대한 그의 투쟁은 거의 끝이 없었고, 승리할 수도 없었다. ~중략~ 그러나 그는 미국 시민이 되고 난 뒤에도 한국 독립운동을 포기하지 않았다. ~중략~ 서재필 씨의 생애는 그의 고국과 귀화한 나라의 자유와 정의를 구현하기 위한 정열로 점철되어 왔다. 그와 같은 의미에서 그는, 여러 나라의 역사에서 요란했으나 이기적인 권력욕을 위해 행동했던 인물들과 달랐으며, 국민들을 억압하는 정부 제도에 반대했다. 서재필 씨는 역사상 진정한 위인들과 같이, 생존했을 때보다 서거 후에 귀화한 이 지방 주민들에게 더욱 존경받을 것이다."

천자문을 쉽게 뗀 영특한 아이

서재필은 차밭으로 유명한 전라남도 보성군 문덕면 용암리 외가에서 1864년 1월 7일, 아버지 서광언과 어머니 성주 이씨 사이에 5남 2녀 중 둘째 아들로 태어났다. 아버지 서광언은 진사였고, 외증조부 이유원은 지극한 효성으로 잘 알려져 보성 사람들이 여러 번 조정에 그를 천거할 정도였다.

어린 시절 학문을 가까이하는 외가에서 자란 서재필은 또래의 아이들보다 먼저 천자문을 떼는 등 영특했다. 그는 어려서부터 키가 다른 사람보다 크고, 패기와 기상이 넘쳐 흘렀으며 매우 당당했다.

그리고 자존심도 강했고 아는 것도 많아 자신을 높이 평가하여 자부

●서재필의 조지워싱턴 의과대학
졸업사진(뒷줄 왼쪽 세번째).

심을 드러내기도 했다. 둘째 아들로 태어난 그는 아들이 없었던 7촌 재
당숙 서광하의 집에 7살 때 양자로 간 후 서울 외삼촌댁에서 공부했다.

서재필은 한양에 머물면서 1876년 불평등한 일본과의 강화도조약 등
조국의 사정을 자연스럽게 접하게 되었다. 이후 그는 삼촌 서광범과 김
성근의 친척인 김옥균을 만나게 된다. 김옥균을 통해 박영효를 만나고,
서구 문물을 익히 알고 개화를 주장한 박규수, 오경석, 유대치 등의 문
하에 출입하면서 망원경, 지구본, 손목시계 등 새로운 문명을 접하면서
서서히 개화파와 친분을 쌓기 시작했다.

개화파 인사들과 폭넓게 교류

서재필은 1878년, 과거 초시(初試)에 합격했다. 이어 1879년 고종 임
금이 직접 주관하는 전강(殿講)에서 1등을 하여 바로 과거 시험에 응시
할 자격이 주어졌다. 15세의 어린 나이에 과거에 급제하게 된 서재필은
개화파 인사들과 많은 교류를 갖게 된다. 이 중에서도 특별히 김옥균을
정신적인 스승으로 존경하며 따랐다.

1883년, 서재필은 청년 16명을 데리고 일본으로 건너갔다. 1854년
개항한 일본은 서양문명을 도입, 빠르게 변하고 있었다. 1872년에는 현

대적인 우편제도와 철도를 개통했고 전신, 전보를 사용하는 등 서양의 여러 문물들이 들어와 사회가 변화하고 있었다.

게이오 의숙에서 일본어를 익히면서 일본에 체류 중인 미국인들에게 기초적인 영어를 배웠고, 토야마 육군하사관학교에서 총검술과 제식훈련과 폭탄투척 등의 신식 군사훈련도 받았다. 서재필은 이러한 과정을 마친 후 1884년 7월 조선으로 돌아왔다.

일본에서 돌아와 고종에게 신식병사 양성을 건의하여 고종으로부터 허락을 받고 사관장이 되었으나 조선에 군사를 주둔시키고 있던 청나라와 민씨 세력에 의해 이 계획은 무산되고 말았다.

서재필은 1884년 12월 4일에 일어난 갑신정변이 실패하자 김옥균, 박영효 등과 함께 창덕궁을 빠져나가 변장을 한 뒤 일본 공사관에 숨어 있다가 일본으로 건너갔다.

이 때 부모 등 그의 가족들은 사약을 받거나 죽임을 당했다. 관기(官妓)로 보내지게 된 서재필의 부인은 자결했고, 그의 두 살 된 아들은 굶어 죽었다고 한다. 생부 서광언도 옥중에서 자결했고, 맏형 서재춘도 약을 먹고 자결했다. 이복형 서재형은 살해 당했다.

서재필로 인해 발생한 가족 전체의 엄청난 비극이었다. 그의 생가나 양가 등 거의 모든 형제들은 처형 또는 자결하는, 대역죄인의 가정이 되었던 것이다. 그로 인해 서재필이 받았을 정신적 고통은 얼마나 컸을지 짐작조차 되지 않을 정도다.

가족을 잃고 미국으로의 망명

간신히 몸만 빠져나와 일본으로 건너오게 된 개화파 일행은 허름한 방을 얻어 기거했다. 그들은 수시로 조선에서 자신들을 죽이고자 보낸 자객

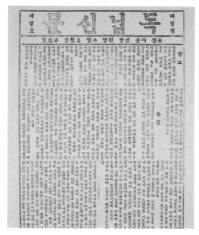
●서재필이 만든 독립신문. 1896년 발간됐다.

을 피해야 하는 신세가 되었고, 먹을 끼니를 챙기는 것조차 힘들었다.

서재필은 미국 성서공회의 대표인 선교사 핸리 루미스(Henry Loomis)를 만나 조선말을 가르쳐주고, 그들에게서 영어와 미국에 대하여 배웠다. 루미스 선교사는 이수정이 우리말로 성경을 번역할 수 있도록 제안했다.

개화파 일행은 목숨을 보전하기 위해 다시 다른 나라로 망명하기로 결정하고, 김옥균은 중국으로, 서재필과 서광범과 박영효는 미국으로 가기 위해 준비했다.

여비가 없었던 그들은 문장가인 서광범과 박영효가 한시(漢詩)를 써서 일본인들에게 팔아 돈을 마련했다. 1885년 5월 26일, 서광범과 박영효 서재필은 존 크레익 바라(John Craig Balagh) 선교사가 써준 소개장을 가지고 배를 타고 미국으로 향했다.

서재필은 1885년 6월, 샌프란시스코를 통해 미국에 입국해 고통스러운 생활을 하던 중 메이슨 스트리트 장로교회의 제임스 로버츠 장로를 만나 교회에서 일하며 영어공부와 성경공부를 할 수 있게 되었다.

서재필은 교회에서 일하며 1886년 4월 4일, 미국에서 첫 번째로 세례를 받은 한국인이 되었다. 그리고 큰 부자이면서 장로인 홀렌백(Hollenback)의 후원으로 고등학교 과정인 해리 힐맨 아카데미(Harry Hillman Academy)를 졸업하고 이어 워싱턴대학 야간부에 입학했다. 그리고 1890년, 입국 5년 만에 미국 시민권을 받았다.

역경 중에 복음을 영접하다

개화파 서재필은 어떻게 기독교인이 된 것일까. 좀 더 자세히 당시 상황을 알아보면 미국에서 도착해 일행과 헤어져 홀로 남은 서재필은 자연세계에서 초탈하는, 그 무엇인가에 도달해보고 싶은 강력한 충동을 받았다고 한다.

아울러 자신의 처지가 너무나 절망적이어서 무조건 교회를 찾아갔다고 한다. 그동안 그는 취직을 하려고 여러 곳을 찾아 다녔지만 영어가 서툴러 직장을 구하기가 어려웠다. 겨우 어떤 가구 상회에서 광고지 돌리는 일을 해서 생계를 꾸릴 수 있게 되었고 그는 그 지역 기독청년회에서 운영하는 야간학교에 등록했다.

그리고 일요일에는 성경공부, 예배, 기도회 할 것 없이 집회마다 쫓아 다녔다. 처음에는 신앙보다는 영어를 배울 욕심에서였지만, 곧 성경과 친해져 많은 성경 구절들도 암송하게 되었다. 결국 그는 이런 과정을 통해 기독교를 인격적으로 받아들였던 것이다.

서재필이 예수를 영접한 것은 성경의 가르침을 넘어 여러 가지 체험을 통해 예수가 길이라는 사실을 확인했기 때문이었다. 그리고 죽느냐 사느냐의 갈림길에서 싸울 때, 자기 생명은 자기 이상의 것이라는 믿음으로 말미암아 자살을 단념했다.

또 "나는 포도나무요 너희는 가지니 저가 내 안에 내가 저 안에 있으면 이 사람은 과실을 많이 맺나니"(요 15:5)라고 한 예수의 가르침을 발견하고 기독교인으로서 새 생명을 맞았다고 고백했다.

이런 서재필의 신앙은 그가 조국에 다시 돌아와 1000여 명이 모인 정동교회의 집회에서 증거한대로 "구세주 은택을 감사"하는 신앙이었으며, 하나님께 삶의 희망을 두는 신앙이었다.

그는 "잠시 있는 육신을 도와주는 부모형제도 고맙다 하거늘 무궁한 영혼을 영생하는 길로 인도하시는 우리 구세주 은택을 감사할 줄 모르는 사람이야 말로 어찌 불쌍치 아니하랴"라고 강단에서 역설했다.

미국에서 정식 의사 면허를 받다

서재필이 의사가 된 것은 육군 의학박물관에서 의학서적들을 영어로 번역하는 일을 맡으면서 한국인 최초로 미국의 공무원이 되는 것에서 출발한다. 의학서적의 중요한 내용을 발췌하는 일에 흥미를 갖게 되어 공무원들을 위해 설립한 컬럼비아대학 의과대학(현 조지워싱턴 대학)에 입학했던 것이다. 1893년 정식 의사면허를 받았다.

서재필은 1894년, 미국 초대 철도우체국장의 딸인 뮤리엘 메리 암스트롱을 만나 카버넌트교회에서 결혼식을 했다. 그는 미국에서 계속 세균학을 연구하여 의학박사 학위를 받았다.

서재필을 비롯 개화파를 몰아냈던 한국의 민씨 일파가 몰락하자 서재필은 미국의 안정된 삶을 마다하고 귀국을 결심, 한국으로 돌아온다. 귀국 후 중추원(中樞院) 고문에 임명되었다. 정부예산을 얻어 '독립신문'을 발간하는 한편, 이상재, 이승만 등과 독립협회를 결성하고 모화관(慕華館)을 인수, 개축하여 독립회관을 열었다.

1896년 4월 7일부터 발간된 '독립신문'은 한글과 영문으로 발행되어 일제에 의해 자행된 한국의 실상을 해외에도 알렸다. 서재필은 독립신문에 조선인의 의식부터 개조되어야 진정한 독립국으로 발돋움할 수 있고, 민권이 존중되는 민주주의 체제가 들어설 수 있다고 기고했다.

또한 서재필은 독립신문에 서구식의 개선된 생활도 우리가 배워 보급되어야 함을 역설했다. 1896년 11월 14일자 칼럼에서 그는 조선사람들의 매너없는 행동을 지적했다. '남의 집에 갈 때 파, 마늘을 먹고 가는 것은 아니며(실례이며), 남 앞으로 앞서 지나갈 때는 미안하다고 하고 지나가야 한다'고 했다.

또 1896년 10월 10일자에서는 '조선 사람들은 김치와 밥만 먹지 말고 소고기와 브레드(빵)도 먹게 되어야 한다'고 주장했다. 또한 외부 문명과 외부인에 대해 배타적이고 폐쇄적인 자세를 버려야 한다고 역설했다.

미국서 독립운동자금 보내

서재필은 만민공동회의 연사로 조선 팔도를 순회강연하기도 하고, 언더우드 학당의 학생들에게 '논리적 설득과 토론법'을 틈틈이 가르치기도 했다.

또 서울 서대문 영천에 있는 영은문(迎恩門)이 청나라 사신을 영접하기 위해 사용되었던 치욕스러운 존재라고 하여 영은문을 헐고 그 자리에 독립문을 세울 것을 건의해 1897년 11월 20일, 영은문 맞은편에 현재의 '독립문'이 들어서게 했다.

조선 정부가 서재필을 중추원 고문에서 해고하려 하자, 그는 1897년 다시 미국으로 들어갔다. 미국에서 사업을 하면서 교민사회 활동에 전념하는 한인지도자로 활동했다. 그러나 조국 독립을 염원하는 마음은 한결 같았다. 1919년 3·1운동이 일어나자 서재필은 자신의 상당한 재산을 정리해 독립자금으로 보내기도 했다.

그리고 미국 잡지 '이브닝 레저'지에 조선의 문제를 다룰 것을 설득하여 승낙 받아 조선의 독립을 세계 여론에 호소했다. 그는 병원 외에 70

여 명의 종업원을 둔 문구점과 분점들을 가지고 있었으나 독립운동 자금을 너무 자주 보내는 바람에 결국 파산했다.

서재필은 1941년 12월 일본의 진주만 폭격으로 태평양전쟁이 발발하자 미국의 승리가 조선의 해방으로 이어질 것이라는 희망을 갖고 77세에 미군 징병검사관으로 자원봉사하기도 했다.

1945년 8월 15일, 마침내 광복이 되자 미 군정청 하지의 요청으로 1947년 6월, 한국으로 귀국했다가 1948년 9월, 다시 도미해 의사로 의료활동에만 전념했다. 그리고 1951년 1월 5일, 향년 87세의 나이로 소천했다.

서재필 박사의 시신은 미국 필라델피아 교외 메디아의 비브 교회 공동묘지 납골당에 안장되었다가 1994년 대한민국 국립묘지로 이장되었다. 1970년 건국공로훈장 대한민국장이 추서되었다.

조선 말 격동기에 개화파에 속해 전 가족을 잃는 고통과 슬픔을 당했지만 예수 그리스도를 영접하고 조국을 위한 독립운동가이자 의사로 큰 족적을 남긴 서재필 박사. 그야말로 '신앙의 힘'이 진정 얼마나 큰 지를 우리 모두에게 그의 삶 전체를 통해 보여주고 있다.

민족계몽과 복음운동에 앞장선 개혁가

좌옹(佐翁) 윤치호(尹致昊, 1865~1945)는 조선 말기에 일본과 미국에 유학해 교육을 받고 의정부 참의, 학부협판 등을 역임한 관료였다. 대한제국기에는 독립협회 회장, 대성학교 교장 등을 지냈고 일제강점기에는 조선중앙기독교청년회(YMCA) 회장, 조선체육회 회장, 중추원 고문, 연희전문학교 교장 등을 지냈다. 계속 소용돌이 치는 역사 속에서 후일 친일파로 분류되기도 했지만 그가 근현대사를 통해 한국사회에 끼친 공은 실로 크다.

일본유학에서 서양문물에 관심
윤치호는 충청남도 아산 둔포면 신항리 신촌에서 무관 윤웅렬(尹雄

●윤치호

烈)과 전주 이씨 사이에서 1865년 12월 26일, 태어났다.

그는 매우 부유한 가정 덕분에 100칸에 가까운 대저택에서 생활했고, 9살이 되던 해에 한양으로 올라가 한학을 배웠다. 워낙 영특하고 글솜씨가 뛰어나 그를 가르친 선생은 윤치호를 신동(神童)이라 불렀다.

당시 조혼 풍습대로 1879년, 14세에 진주 강씨와 혼인한 윤치호는 먼저 일본 유학을 했다. 그의 일본 유학은 부친이 명석한 두뇌에 뛰어난 문장력을 가졌지만 서얼(첩의 자식)로 과거 길이 막혀 있는 아들을 적자(嫡子)로 입적하고 김옥균과 민영익에게 일본 유학을 요청해 이루어졌다.

윤치호는 일본유학에서 서양문물에 더 큰 관심을 보였다 독학으로 일본어를 배웠고 영어도 틈틈이 익혔다. 일본에 있는 동안 동인사(東人社)를 설립했던 나카무라와 같은 일본의 문명 개화론자들을 만나 가까이 지냈다.

윤치호는 1883년 귀국, 19세에 통리교섭통상사무아문(統理交涉通商事務衙門)의 주사로 임명되었다. 미국 공사 푸트의 통역관을 겸하여 고종과 개화파 사이를 오가며 교량 역할을 했다. 청나라의 조선 내정간섭 배제와 미국, 유럽 국가들과의 외교와 유대 강화를 주장했다. 또 각종 정치기구를 개편하여 백성들의 정치 참여와 참정권을 부여해 줄 것을 역설하였다.

윤치호는 1884년 12월에 일어난 갑신정변에 가담하지 않았으나 개화파 인물들과 친분이 두터웠던 관계로 신변의 위협을 느껴 중국 상해로 망명했다. 상해에 도착한 그는 단발을 하고 양복을 입고 미국 총영사 스톨을 찾아갔다.

스톨은 미국 남감리교회 선교부가 운영하고 있는 상해 중서학원에 소개장을 써주었다. 그러나 상해에서 그의 생활은 경제적으로 환경적으로 매우 힘들었다.

방황하던 그를 붙잡아 준 것은 미국인 본넬 선교사였다. 윤치호는 미국 선교사의 설득으로 교회에 나간 뒤 기독교 신자가 되기로 결심하고 중서학원에서 공부에 몰두한다. 그는 중서학원에서 영어, 수학, 화학 등을 공부했다. 그리고 1887년 4월 3일, 정식으로 세례를 받았다. 조선인으로서는 최초의 남감리교회 세례교인이 된 것이다.

미국 선진문화와 교육을 배우다

감리회 교인이 된 윤치호는 미국 남감리교회 선교사 알렌의 주선으로 22세인 1888년 9월 28일, 미국 유학길에 올랐다. 미국에 도착한 윤치호는 밴더빌트대학 신학과에 입학했다. 밴더빌트대학은 갑부 밴더빌트의 기부로 1855년에 세워진 남감리회 소속 대학이었다.

윤치호는 밴더빌트대학에 재학하며 감옥의 죄수선교를 위해 1년 6개월간 매주일 오후에 형무소를 방문, 미국 죄수들에게 기독교 강론이나 성경을 가르쳤다. 조지아주에 가서는 가난한 흑인들의 비참한 생활에 관심을 가지고 이들을 돕고 전도하기도 했다.

미국 유학생활에서 윤치호의 머리 속을 떠나지 않는 고민이 있었다. 약소하고 미개하며 썩은 관료들로 인해 피폐한 조선을 어떻게 하면 구할 수 있을까 하는 것이었다.

윤치호는 밴더빌트대학을 졸업한 후 이어 감리회 계열인 에모리대학에

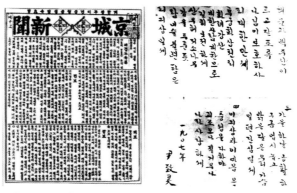

●윤치호가 사촌 윤치소와 함께 만든 경성신문(1899년 3월 30일
자, 왼쪽)/ 윤치호가 쓴 애국가 가사. 미국 뉴욕시립도서관에
소장돼 있다.(오른쪽)

가서도 수학했다. 이곳의 저명한 교수들의 강의는 그에게 정치와 사회,
역사의식을 심어주므로 원숙한 기독교 인격을 형성하는데 큰 도움이 되
었다.

미국서 유학하며 두 차례 미국대통령의 민주적 선거 과정을 목격한
윤치호는 미국인의 정치의식과 자유로운 정치토론, 국민 여론과 다수결
에 의해 통치자가 선출되는 진면목을 목격하고 큰 감동을 받았다.

또한 한 흑인 강도에 대한 재판 과정을 방청하고, 방대한 인원구성과
피의자의 충분한 변호, 증거에 의한 판결과 공개재판 등 인권보장의 장
치가 잘 갖추어진 미국의 사법제도에도 감명을 받았다.

윤치호는 에모리대학 재학 중 존경하던 은사 캔들러 교수(후일 총장
이 됨)에게 절약한 학비와 농장일 등으로 모은 250달러를 조선선교의
필요성을 역설한 편지와 함께 전달하면서 "이것을 조선에 기독교 학교
를 설립할 기금으로 써달라"고 말했다.

윤치호의 행동에 감동받은 캔들러 교수는 코카콜라 회사를 운영하고

있던 자신의 형 아서 캔들러에게 이 이야기를 했다. 동생으로부터 윤치호와 조선에 대한 이야기를 들은 아서는 윤치호가 건넨 돈의 10배의 금액을 남감리회에 선교헌금으로 기부했다. 이것이 마중물이 되어 미국 남감리회는 조선에 선교사를 보내기 시작했다.

1893년 가을, 윤치호는 드디어 미국 에모리 대학교를 졸업했다. 그는 당시 조선인 중 손꼽히는 미국내 대학 졸업생의 한사람이었다. 그에게 대학원 과정에 진학하면 장학금 전액과 생활비를 지원하겠다는 미국 남감리교회의 제안이 있었으나 그는 조국을 위해 할 일이 있다며 양해를 구하고 귀국할 결심을 한다.

귀국해 선교와 개혁에 나서

미국 유학기간 동안 윤치호는 기독교와 민주주의, 과학문명 등을 목격하였고, 이 기독교 가치관에 기초한 합리주의적인 사회를 경험하면서 조선 근대화의 기본방향을 설정할 수 있었다.

이로 인해 윤치호의 사상적 기초는 '힘의 정의'라는 사회진화론적 세계관으로 변모해 갔으며, 사회개혁에서는 미개한 전통사회를 선교와 교육이라는 큰 틀 안에서 개조해 나가야 한다고 생각했다.

윤치호는 1893년 10월, 학업을 마치고 한국으로 가기 전에 자신이 거주했던 중국 상해로 돌아와 모교 중서서원에서 그해 11월부터 1895년 초까지 영어를 가르쳤다.

상해 체류 중 남궁억 선생을 만나 그와 함께 무궁화를 나라꽃으로 정하기도 했다. 그로부터 애국가 후렴에 '무궁화 삼천리 화려강산'이란 가사를 넣었다고 전해진다. 애국가의 작곡자는 안익태지만 작사자는 아직까지 미상으로 남아 있으나 윤치호와 안창호 중 한 사람으로 집약

되고 있다.

윤치호는 고국을 떠난 지 10년 만인 1895년 2월, 귀국했다. 그는 귀국하자 즉시 자신의 집안에서 부리는 노비들을 석방시켰다. 또한 가족들에게도 복음을 전하여 조상 대대로 내려온 신줏단지를 불태우고 노비 문서도 불태웠다.

귀국 직후부터 그는 미국 본토에서 배운 영어실력을 바탕으로 조선을 방문한 선교사들의 통역을 하면서 기독교 선교를 지원했다. 감리교 선교사 조세핀 애턴 캠벨이 교회와 학교 부지를 찾지 못할 때, 그는 아버지 윤웅렬을 설득해 땅을 헌납하기도 했다.

귀국한 후 의정부 참의에 임명되어 갑오개혁에 동참했으며 러시아 황제 니콜라이 2세의 대관식에 러시아 특명전권대사 민영환(閔泳煥)의 수행원으로 함께 참석했다.

이 때 미국과 유럽을 거쳐 러시아에 갔다가 8월 상트 페테스부르크에서 민영환 일행과 헤어져 파리에서 3개월, 상하이에서 6개월을 보내고 1897년 6월 18일, 다시 귀국했다.

일본과 미국, 유럽의 서양문물을 충분히 접하고 체험한 윤치호는 민중들의 의식 개혁을 위해 본격적으로 노력했다. 1897년 7월부터 독립협회에 가담해 서재필 이상재 등과 운동을 이끌었다.

독립협회의 회장일 때인 1898년 10월, 만민공동회를 개최하였고, 헌의 6조(獻議六條)를 결의했다. 1898년 5월에는 '독립신문' 사장 겸 주필을 담당했다.

러일전쟁이 일어나자 정부는 그를 중앙정부로 불러 외무협판과 외무대신 서리에 기용하였다. 윤치호는 외무협판으로 하와이와 멕시코에 있는 한인 이민자 실태를 파악하기도 하였으나 1905년 11월 17일, 을사늑약이 강제 체결되자 공직에서 물러났다.

기독교 지도자로 국내외서 활동

윤치호는 이 후 대한자강회 회장, 한영서원(韓英書院) 원장, 황성기독교청년회 부회장, 기호흥학회 교육부장, 세계주일학교 한국지회의 회장, 평양대성학교 교장, 청년학우회 회장 등 다양한 활동으로 민족복음화와 개화를 위해 노력했다.

그는 1910년 1월 도미해서 미국 애틀랜타에서 열린 남감리교 평신도대회, 6월 스코틀랜드로 가서 에딘버러 세계선교대회, 12월 워싱톤 DC에서 열린 세계 주일학교 대회에 각각 참석하고 귀국했다. 평신도 기독교 대표로도 활발히 활동한 것이다.

윤치호의 삶은 신앙인 이전의 삶과 기독교 신앙인으로서의 삶으로 갈라진다. 그가 이룬 민족계몽과 복음운동은 그 열매가 두드러지지만 또 그가 보인 친일적 행보도 있어 후일 어려움을 겪는다.

105인 사건으로 투옥되어 최고 주모자로 지목된 윤치호는 가혹한 고문과 함께 옥고를 치르고 나오던 1915년, 어쩔 수 없이 전향했던 것이다. 이후부터 그는 새문안교회의 건축 공사비에도 거액을 헌금하는 등 기독교 복음운동을 활발히 벌이는데 주력했다.

1911년 9월, 부친 윤웅렬이 사망하자 12월 남작 작위를 이어 받았다. 1912년 2월, 일제가 날조한 이른바 '105인 사건'의 주모자로 윤치호가 검거되어 징역 6년형을 확정받았다. 남작 작위를 박탈당하고 옥고를 치르다 1915년 2월, 일본천황 특사로 석방되었다.

출옥 이후 1916년 4월 조선중앙기독교청년회(YMCA) 총무에 선출되었다. 1916년 11월 대정(大正) 친목회 평의원, 1917년 세브란스의학전문학교 이사, 1918년 연희전문학교 이사로 위촉되었다.

1919년 1월 최남선이 3·1운동 참여를 권유했으나 침묵으로 거부했고, 7월 친일단체 경성교풍회(京城矯風會) 회장에 추대되었다. 교육사업에도 참여했다. 1922년 11월 송도고등보통학교 교장에 취임해 1925년 11월까지 재임했고 1923년 1월 기독교서적 출판사인 조선기독교창문사를 창립하기도 했다.

그는 여러 권의 책도 출간했는데 '우스운 소리' '영어문법 첩경'이 있고, 역술서로 '찬미가', 번역서로 '의회통화규칙 '이솝우화' '걸리버 여행기' 등이 있다.

윤치호는 1945년 12월 6일 오후 4시, 경기도 개성부 송도면 고려정(高麗町) 자택에서 뇌일혈로 갑자기 사망했다. 임종 직전 그는 중풍으로 불편한 몸으로 '친일파 및 민족반역자들은 삼가하라'는 유언을 남겼다고 한다. 광복후 그가 친일파로 규탄받자 병세가 악화되었다고도 전해진다.

일본과 미국의 근대화된 제도를 한국에 도입해 한국을 계몽하고 개혁하려 한 윤치호의 삶은 만민 평등과 경천애인의 기독교 정신을 바탕으로 이루어진 것이었다. 따라서 비록 친일의 과(過)가 일부 있었더라도 기독교인으로 다양한 분야에서 활동한 그 공을 인정하고 또 평가해 주어야 할 것이다.

독립을 외치며 전도에 앞장 선
감리교 목사

3·1운동 민족대표의 한 분인 신석구(申錫九, 1875~1950)목사는 독립운동가로 활발한 활동을 한 것에 비해 우리에게 비교적 알려지지 않은 인물이다.

그는 비교적 늦은 33세의 나이에 개성 남부감리교회에서 미국선교사에게 세례를 받고 기독교 신자가 되었다. 서울 서대문 협성신학교(協成神學校)에서 3년간 수학하고 감리교 목사가 되었고 서울·개성·춘천·원산·남포 등지에서 목회했다. 민족대표의 한 사람으로 독립선언서에 서명하고 붙잡혀 옥고를 치렀다.

신석구는 재판 도중 일본인 재판관이 "일제의 통치를 받지만 조선인의 행복과 자유가 점점 증가하고 있지 않느냐"고 묻자, "조선 사람으로

●신석구 목사

서는(일본인과) 동등한 대우를 한다 해도 그런 것을 희망하지 않는다. 그것은 조선 사람으로 하여금 조선 정신을 잃어버리게 하는 일이기 때문이다"라고 대답한 것으로 유명하다.

또 재판관이 "그러면 피고는 조선의 국민성을 잃지 않고 있다가 기회만 있으면 조선 독립을 계획하려고 생각하는가?"라는 질문에도, "항상 그러한 생각을 하고 있다"고 담대하게 대답했다.

신석구 목사는 출옥 후에도 감리교 목사로서 항일운동을 계속했다. 1930년대에 이르러 감리교단 지도부의 결정에 따라 신사참배를 동참하던 분위기 속에서도 천안에서 신사참배를 거부하다 검거, 투옥되었다.

6.25 한국전쟁시 공산당에 총살 당한 그의 삶은 매우 역동적이고 바른 길을 가고자 했던 그의 신앙정신을 엿볼 수 있다. 이제 신석구 목사의 75년 삶 속으로 깊게 들어가 본다.

가족들을 잃고 방황하다 주님 영접

신석구 목사는 1875년 5월 3일, 충청북도 청원군 미원면 금관리에서 아버지 신재기와 어머니 청해 이씨 슬하 2남 5녀 중 차남으로 태어났다.

그는 어려서부터 한학을 공부했는데 사랑하는 가족을 연이어 잃는 아픔을 겪어야 했다. 불과 7세에 모친을, 10세에 조부를, 12세에 백부를, 그리고 15세에 부친과 조모를 한 달 사이에 잃는 큰 고통을 당했다.

불과 9년 사이에 자신을 챙겨줄 5명의 가까운 보호자를 연달아 잃은 것이다. 이로 인해 그는 마음을 가누지 못하고 방황했다. 그러다가 19

세 때 하류층 유부녀와 동거를 시작했다.

그런데 다행히 율곡이 쓴 '격몽요결, 擊蒙要訣'이란 책을 읽는 중에 마음의 중심을 잡고 살던 집을 뛰쳐나와 서당에서 훈장으로 일하게 되었다.

격몽요결은 조선 시대의 대학자이자 정치가인 율곡이 후학 교육을 위해 집필한 정신 수양서로, 자신을 갈고 닦는 법의 전범(典範)을 보여 준 명저로 오늘날도 널리 읽히고 있다.

그는 유부녀와 헤어지고 23세 때 6살 아래 처녀와 결혼했으나 이 때도 마음을 잡지 못하고 방황을 시작했다. 서울에서 군수 자제를 가르치기도 하고, 전당포를 경영하는 등 여러 형태의 삶을 살았지만 계속 이어지는 마음의 공허함을 달랠 수가 없었다.

더구나 나라는 나날이 기울어져 현실에 안주할 수도 없었다. 이때 깨달은 것이 종교를 통한 국민계몽운동이었다. 그때 신석구는 고향 친구 김진우와 고랑포교회 교인들의 3개월에 걸친 집중전도를 받게 되는데 자신의 죄를 자서전에서 이렇게 고백했다.

"내가 두 손을 들고 생각나는 대로 죄를 세어 보기 시작했는데, 그 해 33세부터 거꾸로 헤어 올라가 7세 당시까지 50여 가지 죄목이 손가락으로 꼽힐 정도였다. 나는 다시 생각하기를 내가 기억되는 것이 이만치 많으니 이외에 잊어버린 죄가 또 얼마나 많을까?"

선교사의 어학선생으로 주변 전도

1907년 신석구는 "잃어버린 나라와 국민을 되찾기 위해" 개종을 결심하고 고랑포교회 주일 예배에 참석했다. 고랑포교회를 출석한 지 달포가 지났을 때 개성에서 순행전도사 정춘수가 저녁 집회를 인도하러

왔다.

정춘수는 동향 친구로 어렸을 적에 각별한 사이였는데, 신석구에게 개성에 가서 새 일을 함께 할 것을 제안했다. 정춘수를 따라간 그에게 주어진 첫 번째 일은 의사인 리드 선교사의 어학 선생이었다.

신석구가 의사에게 우리말을 직접 가르치며 환자에게도 전도하면서 수술을 돕는, 새로운 생활에 보람을 느끼고 있을 때였다. 갑자기 리드 선교사가 의학을 공부해 보라는 제안을 하자 신석구는 의사의 길과 전도자의 길을 놓고 심각한 고민을 하게 되었다.

신석구는 성경을 보다가 하나님께서 각 사람들에게 각 각의 맞는 직분을 주셨다는 구절을 보았다. 하나님께서 자신에게 목사의 직분을 주셨는지 아니면 의사의 직분을 주셨는지 이를 알고자 밤이면 산에 올라가 기도하기 시작했다.

이렇게 며칠을 기도하던 중에 하루는 성경을 보다가 베드로전서 3장 16절에 '마땅히 양심대로 행하라' 하신 말씀을 보게 되었다. 그는 "내가 전도하려는 것은 남을 죄에서 건지라는 양심이요 의사가 되려는 것은 자선사업을 하라는 마음이 아니라 돈을 벌라는 욕심인데 양심은 곧 하나님의 주신 마음이니 양심의 원하는 것이 곧 하나님이 주신 직분일 것"이라고 마음의 결정을 내렸다고 한다.

이렇게 전도자의 길을 택한 신석구는 개종한 지 8개월 만인 1908년 3월 29일, 왓슨(Wasson) 선교사에게 세례를 받고, 그해 4월, 감리교 협성성경학원에 입학했다.

신학생으로 개성북부교회서 목회

신학생으로 학교를 다니며 개성 북부교회 권사로 목회하던 신석구는 1910년 오화영이 전도사로 부임하자 함께 동역하게 되었다. 오화영과의 만남은 후일 3·1운동 민족대표로 함께 참여하는 시발점이 되었다.

개성북부교회는 교인수가 800명이나 되는 교회였는데 크램(Cram) 선교사가 안식년으로 귀국하고 후임 갬블(Gamble) 선교사가 부임하기 전이었다.

그런데 신학생인 손석구가 개성북부교회 권사로 목회하는 것 자체가 너무나 힘들었다. 신학생이지만 세례받은 지 얼마 안된 그로서는 교회 사역이 감당하기 힘든 중역이었을 것이다.

하나님이 주신 사명으로 알고 밤낮 교회에서 기도하며 지냈지만 정작 1910년 개성지방회 전도사 면접시험에서는 낙방하는 시련을 맛보았다. 그는 새로운 목회지를 찾아 강원도 홍천읍교회로 임지를 옮겼다.

1912년, 드디어 전도사가 된 신석구는 홍천읍교회를 거쳐 1914년 경기도 가평구역으로 파송 받았고, 1915년 10월, 춘천지방 순행전도사로 파송되어 본격적인 전도사업에 나섰다.

1917년, 목사 안수를 받은 후, 서울 수표교교회 목사로 시무하고 있었다. 그에게 있어서 종교는 개인적 신앙만이 아니라 국민계몽의 길이었고, 국권회복운동의 길이었다.

당시는 일제의 무단정치와 토지조사사업을 통한 토지 약탈이 자행되고 있던 참담한 시기였다. 이러한 분위기에도 불구하고 신석구 목사는 농촌지역에서 전도를 통한 국민계몽활동을 지속적으로 펼쳤다.

1919년 2월 중순, 오화영으로부터 3·1운동에 관한 얘기를 듣자 처음에는 참여를 주저했다. 그는 자서전에서 이유를 이렇게 밝히고 있다.

"내 생각에 이 일이 어려운 것은 첫째, 교역자로서 정치운동에 참가하는 것이 하나님의 뜻에 합한가. 둘째, 천도교는 교리상으로 보아 기독교가 용납하기 어려운데 그들과 합작하는 것이 하나님의 뜻에 합한가이다. 그래서 즉시 대답치 않고 좀 생각해 보겠다고 했다."

하나님의 음성을 듣고 독립운동 나서

그 후 그는 새벽마다 하나님 앞에 이 일을 위해 기도하는데 2월 27일, 새벽에 이런 음성을 들었다고 한다.

'5000년 전하여 내려오던 강토를 네 대에 와서 잃어버린 것이 죄인데, 찾을 기회에 찾아보려고 힘쓰지 않으면 더욱 죄가 아니냐.'

그는 즉시 오화영에게 참가 의사를 밝힌 후 그날 오후 1시 정동교회 이필주 목사 집에서 모인 기독교대표 회합에 참석했다. 이날 민족대표 33인으로 확정되어 독립선언서에 서명하고, 1919년 3월1일, 태화관에서 민족대표들과 함께 독립선언식을 가졌다.

조선 독립을 하나님의 뜻으로 확신한 그는 체포된 후 재판정에서도 거침이 없었다. 독립운동의 정당성을 주장하고, 독립이 될 때까지 계속할 생각이라고 담대하게 대답했다. 오랫동안 기도하고 고뇌가 컸던 만

●1929년 조선총독부가 작성한 신석구 목사의 정치범 카드

큰 확신도 강했기에 할 수 있는 말이었다.

신석구 목사는 결국 '출판법 및 보안법 위반' 혐의로 서대문형무소에서 2년 6개월의 옥고를 치렀다.

1921년 11월 4일, 만기 출옥한 신석구는 당시 일제의 문화정치에 의한 민족분열정책에도 불구하고 목회와 항일운동을 계속했다. 그러던 중 1938년 7월 천안에서 신사참배 거부운동에 앞장섬으로써 또 다시 항일운동의 깃발을 높이 들었다.

그는 천안경찰서에 검거되어 다시 2개월간 구금되었다. 석방 후에도 신석구는 굴복하지 않고 1939년 5월, 신사(神社)가 없는 지역인 평남 용강군 신유리교회로 파송받아 목회를 계속했다.

신유리교회로 부임한 지 4개월 후에 정춘수 목사가 감독으로 선출되자, 일본 감리교가 한국 감리교를 흡수 통합하는 한국과 일본 감리교의 합동이 추진되었다. 그 결과 기독교조선감리회는 해산되고 기독교조선감리교단이 되었다. 1943년에는 일본기독교조선감리교단이 되어 일본기독교단의 하부 조직이 되었다.

교단의 반역과 친구의 변절 앞에서 가슴 아파하면서도 반대 입장을 분명히 표시한 신석구는 시국에 중대한 변화가 생길 때마다 예비 검속이란 명목으로 경찰에 연행되어 장기간 유치장 생활을 했다.

1941년 12월 일본군이 하와이 진주만을 공격했을 때도 용강경찰서에 연행되어 1개월 넘게 구금되었다가 풀려났다. 1945년 5월에는 '대동아전쟁 전승 기원 예배 및 일장기 게양' 지시를 거부했다는 이유로 설교 도중에 경찰서로 연행되어 광복될 때까지 3개월 동안 구금되었다.

자신의 뜻을 조금도 굽히지 않는 신석구 목사를 일경은 무슨 사건이 생길 때마다 트집을 잡아 구금하고 괴롭힌 것이다.

감옥생활 중 공산군에 의해 순교

아렇게 교도소 구금되기를 밥먹듯 당한 신석구 목사가 옥중생활에 대해 자서전에서 이렇게 기록했다.

"생활 중에 감옥생활이 제일 어려운 것인데 하물며 늙고 쇠한 칠십 노인에게랴. 이불 없이 밤을 지내자니 온몸이 떨리고 열흘 동안 씻지 못했더니 얼굴은 온통 먼지뿐. 변소는 바로 옆에 있어 악취가 코를 찌르고, 햇볕조차 들지 않아 정신마저 아득해 물 한 모금 얻어먹기도 어려운데 간수들만 찾아와 쓸데없는 말을 늘어놓는다. 귀먹고 눈 어두운 70세 늙은이를 말 한마디 잘못했다고 감옥에 처넣으니 하루 종일 말없이 허수아비처럼 앉아서 이내 심사를 하나님께 알려나 볼까나."

광복이 되자 신석구는 월남을 권유하는 주위 사람들에게 "양들을 버리고 갈 수 없다"면서 스스로 고난의 길을 택했다. 해방 후에도 1946년 3·1절 기념방송사건과 1947년 3월 기독교민주당 결사 사건으로 두 차례 더 투옥되었으며, 1949년 4월 진남포에서 반공 단체를 영도했다는 죄목으로 보위부에 검거돼 무려 10년형을 선고받았다.

평양형무소에 복역 중이던 신석구는 1950년 10월10일, 공산군에게

●감리교신학대에 마련된 '신석구 목사 기념홀' 개관식

총살 당해 순교하게 된다. 후일 대한민국 정부는 그의 공훈을 기리어 1963년에 건국훈장 대통령장을 추서했다.

충북 청주 삼일공원에 신석구 목사의 동상이 설치되어 있다. 감리교단에서는 신석구 목사의 평전 '신석구 연구'(이덕주 저)를 발간하기도 했다.

뒤늦게 회심해 목회자가 되었지만 늘 조국을 생각하며 독립운동의 최일선에서 목소리를 높인 그는 어떤 상황에서도 타협하지 않고 하나님의 말씀을 지킨 하나님의 일꾼이었다.

한 알의 밀알이 땅에 떨어져
맺은 열매

　김구(金九, 1876~1949) 선생은 임시정부 수반(首班)을 지낸 정치가
이자 신탁통치를 반대하며 남북 협상을 주도했으며, 주일을 반드시 지
키며 성경의 가르침에 따르려 노력했던 신앙인이었다.

　백정(白丁)의 백(白)과 범부(凡夫, 평범한 사람)의 범(凡)자를 따서 자
신의 호를 백범(白凡)으로 지은 김구 선생은 3·1운동 후 중국 상해로
망명해 임시정부의 초대 경무국장을 거쳐 국무위원과 주석을 지냈다.

　또 한인 애국단을 조직하고 한국광복군을 창설했으며 해방 후에는
통일된 자주 민족국가의 수립을 주창했던 애국자였다. 해방 후 한국에
돌아와 머물던 경교장에서 괴한의 총탄에 숨지기까지 그의 일생은 파란
만장했지만 그가 보여준 용기와 결단, 신앙은 우리 모두에게 존경을 받

●상해임시정부 수반 김구선생(앞줄
오른쪽 두번째)과 애국지사들

고 있다.

동학운동에서 독립운동으로

김구는 황해도 해주에서 아버지 김순영과 어머니 곽낙원의 외동아들로 태어났다. 그는 어려서 서당에서 글을 익히고, 17세에 과거시험을 보고자 했으나 당시는 매관매직이 횡행하는 시대였다. 이런 과거시험의 폐단을 보고 김구는 분노를 느끼지 않을 수 없었다.

아무리 실력이 있어도 돈이 없으면 급제할 수 없음을 목격하곤 집으로 돌아와 풍수지리서, 관상학, 병서 등을 읽으며 동네 아이들을 가르치는 훈장을 지냈다.

1893년 동학운동이 그가 사는 황해도까지 영향력이 미쳤다. 당시 18세였던 그는 동학 평등주의에 감화되어, 최시형으로부터 팔봉도소주라는 첩지를 받는 등 북접계열로 동학 교문활동을 펼친 것으로 알려지고 있다.

1895년, 20세가 된 그는 남만주로 건너가 의병부대에 참여하여 평북 강계에서 일본군 토벌에 나섰으나 참패했고 목숨은 건졌다. 귀국하여 황해도 안악(安岳)으로 오는 중 황해도 치하포(鴟河浦)에서 일본인 상인 쓰치다를 살해한 혐의로 붙잡혔고 사형언도를 받았다.

1897년, 사형 집행 직전 명성황후 시해에 대한 국모보수(國母報讐)라는 범행 동기가 보고되어 고종의 선처로 죽음을 면하게 되었으나 일본 공사 하야시의 압력으로 출옥은 하지 못했다.

1898년, 탈옥한 뒤 삼남 일대를 떠돌다 하동 쌍계사(雙溪寺)에서 피신생활을 했다. 그 해 가을 공주 마곡사에서 신분을 감추려 거짓 승려가 되었으며 서울 봉원사를 거쳐 평양 근교 대보산 영천암(靈泉庵)에 머무르다 1899년 환속했다.

강화도서 기독교 복음을 영접

김구는 1900년 강화도로 건너갔는데 이곳은 선교사의 영향으로 개화 인사들, 기독교인이 많았고 서양문물도 쉽게 접할 수 있는 곳이었다. 김구는 교육과 계몽 사업에도 관심을 기울였는데 1903년, 친구 우종서 전도사의 전도로 기독교에 입교했다.

자료에 의하면 그해 11월, 감리회 소속 헌트 목사가 황해도 지역을 방문했을 때 김구가 세례를 받은 것으로 알려지고 있다. 세례 받은 이후 2주간 평양에서 교리와 성경공부를 했다고 한다.

그는 기독교에 입문한 이후 나라의 중요성을 더욱 깨닫게 되고 국권 회복을 위한 본격적인 활동을 시작한다.

1905년 을사조약이 체결되자 김구는 진남포 예수교회 에버트청년회 총무 자격으로 서울 상동교회에서 열린 을사조약 반대 전국대회에 참석했다. 이동녕, 이준, 전덕기 등을 만나 을사조약 철회를 주장하는 상소를 결의한 뒤 대한문 앞에서 읍소를 하고 종로에서 가두연설을 했다.

아울러 나라발전에 교육의 중요성을 깨달아 황해도 장연에 봉양학교를 설립한 후 인계하고 공립학교 교원이 되었다. 1906년 종산 서명익숙(西明義塾), 1907년 안악 양산학교(楊山學校)의 교원이 되었다.

1909년 재령 보강학교(保强學校) 교장을 겸했고, 해서교육회(海西教育會)를 조직하여 학무총감(學務總監)으로 도내 각지 강습소를 다니며 교육의 필요성을 강조하며 애국심을 고취시켰다. 김구 선생이 여러 학교를 세우고 교육가로서도 활발히 활동했음을 보여주는 부분이다.

1909년에는 안중근 의사 의거 사건의 관련자로 일본 헌병대에 체포되어 해주감옥에 투옥되었다가 불기소로 풀려났다. 신민회 회원이 되었으며, 1910년 양기탁이 소집한 비밀회의에 황해도 대표로 참석했다.

이 회의에서 국내에서는 무력 항쟁을 하고 만주에는 광복군을 양성하기 위한 무관학교를 설립하여 일제와 투쟁하기로 결의했다. 그러나 통감부는 1911년 소위 안명근 사건의 관련자로 김구를 체포했다. 그는 혹독한 고문을 당하고 17년형을 선고받고 서대문형무소에 이감되었으나 복역 중 감형되어 1914년 7월, 가출옥되었다.

상해 임시정부를 찾아 요원이 되다

김구는 42세인 1918년, 신한청년당 입당을 시작으로 본격적인 독립운동가의 길을 걷기 시작한다. 1919년 3·1운동을 계기로 상해 임시정부가 창설되었고, 그는 15명 동지와 함께 망명하여 임시정부 청사로 찾아갔다.

이 때 김구는 내무총장 안창호에게 "내가 하나님께 원하기를 생전에 한번 우리나라 임시정부의 뜰을 쓸고 유리창을 닦게 해 주소서"라고 기도했다고 말했다. 그리고 이어 "임시정부 정문 파수(경비)라도 보게 해 달라"고 부탁했다고 한다.

●1948년 납북협상자리로 김구(오른쪽)와 김일성이 걸어들어 가고 있다.

결국 김구는 안창호의 추천으로 임시정부에 들어가 일을 시작했고 점점 승진, 초대 경무국장이 되었다. 이를 시작으로 이후 약 26년 동안 임시정부에서 독립운동에 매진했다.

1923년, 내무총장에 취임했고 상해 임시정부가 갈등을 일으켜 국민대표회가 분열할 분위기를 보이자 해산을 명했다. 1924년 국무총리 대리를 거쳐 1926년 12월에 국무령이 되었다.

상해임시정부에서 주석이 된 그는 사회주의를 배척, 반대했으며, 1928년 사회주의 계열을 제외한 민족주의 계열의 단결을 도모하기 위해 한국독립당을 창당했다.

1931년에는 임시정부 산하의 한일 특공대인 한인애국단을 조직했다. 이봉창과 윤봉길 의거가 한인애국단이 벌인 대표적인 사건이다. 특히 윤봉길 의사가 1932년 4월 29일, 일왕의 생일축하 행사장에 폭탄을 던져 일본인 상해 파견대장을 즉사시킴으로 상해 임시정부는 장개석의 직접적인 지원을 받게 되었다.

김구는 1933년 난징에서 장개석을 만나 광복군 무관양성소 설치와 항일전투방법을 협의했다. 1934년 일시 국무위원직을 박탈당하기도 했으나, 1935년 한국국민당을 조직하고 의정원 비상회의에서 국무위원에 재선되었다.

한국독립당으로 뭉친 연합체 결성

1937년 중일전쟁이 발발하자 민족진영인 한국국민당, 한국독립당, 조선혁명당이 중심이 되어 연합체 결성을 위해 대표자회의를 열었다. 임시정부를 장쑤성(江蘇省)의 전장(鎭江), 후난성(湖南省)의 창사(長沙)로 옮기는 한편, 임정에 군사위원회를 설치하고 단체를 통합하여 한국광복전선을 결성했다.

1940년 이러한 노력의 결실로 민족주의자들의 단일정당조직으로 조선혁명당, 한국독립당, 한국국민당 등 3당을 한국독립당으로 통합시켜 집행위원장에 추대되었고 임시정부 국무회의의 주석으로 선출되었다.

1941년 11월 25일 임시정부는 좌우합작의 이념적 통합을 실질적으로 보여주는 '대한민국 건국강령'을 제정하고 공포했다.

1942년 7월, 중국정부와 광복군에 대한 정식협정을 체결하여 연합군과 더불어 항일공동작전에 나설 수 있는 기초를 마련했다. 1944년 4월 충칭 임시정부 주석에 재선되었으며, 부주석에 김규식, 국무위원에 이시영, 박찬익을 선출하고 결전을 위한 준비에 박차를 가했다.

그러나 1945년 일본이 항복을 선언함으로써 참전하지 못한 채 8·15 해방을 맞았다.

해방후 반탁투쟁에 앞장

김구는 민중들의 큰 환호를 받으며 당당하게 조국으로 귀국했고 임시정부 개선 환영대회 답사에서 이렇게 말했다.

"임시정부는 결코 모일계급(某一階級), 모일파(某一派)의 정부가 아니라 전 민족, 각 계급, 각 당파의 공통한 이해입장에 입각한 민족단결의 정부였습니다. 그러므로 우리 정부의 유일한 목적은 오직 전 민족이 총단결하여 일본 제국주의를 타도하고 한국에 진정한 민주공화국을 건립하는 데 있습니다."

그러나 당시 미군정은 임시정부를 인정하지 않았다. 12월 27일, 모스크바 3상회의에서 한국에 대해 미국·영국·소련·중국 등 4개국이 5년간 신탁 통치한다는 신탁통치안이 결의되었고 이에 대해 김구는 반탁투쟁을 앞장서 주도했다.

다시 한국 문제는 유엔으로 넘겨졌다. 1948년 유엔한국임시위원단의 입국을 북한이 거부함으로써 남한만의 총선거를 하자는 미국 제의가 유엔총회에서 결정되었다. 이에 김구는 한국의 남북분할을 반대하며 남북통일에 최후까지 노력하겠다고 발표했다.

김구는 남한 단독 선거를 주장하는 이승만을 비롯한 한민당 계열과 결별하고 민족자주와 조국통일을 추진했다. 그러나 우익 최대 정파인 한민당과의 결별로 통일 추진은 역부족이었다.

김구는 단독정부 반대운동이 어려워지자 1948년 4월 19일, 38선을 넘어 평양에서 열린 전조선 정당사회단체 대표자 연석회의와 남북요인 회담, 김구, 김규식, 김일성, 김두봉이 모이는 4자 회담에 참석했다.

그는 통일조국을 재건하기 위해 남조선 단정을 반대하며 미·소 양군의 철퇴를 요구하는 성명을 발표했다. 그러나 5월 10일, 남한에서 결국 총선거가 실시되고, 9월 9일에 북한이 정부수립을 선포했다.

안두희의 총탄에 맞고 서거

●김구가 머물렀던 경교장. 이곳에서 괴한의 총격을 받아 숨졌다

김구는 통일된 자주적 민족국가 수립이 평생의 최대 목표였으나 1949년 6월 26일, 집무실인 경교장에서 안두희가 쏜 총탄을 맞고 서거했다. 향년 73세였다.

김구 선생이 늘 주창한 민족정신은 크게 6가지로 모아진다.

첫째 민족 자주정신, 두 번째는 분명한 일제 식민지 유산 청산정신, 세 번째는 하나의 민족국가 건설정신, 네 번째는 자유 민주정신, 다섯째는 문화국가 건설정신, 여섯째는 삼균주의 사회 경제정신이었다.

백범이 오늘날까지 수많은 사람들에게 존경을 받는 것은 무슨 연유일까. 그 중의 하나가 바로 그 안에 내재된 '신앙의 힘' 때문일 것이다. 백범은 늦은 28세에 기독교에 귀의했는데 모친 곽낙원 여사도 일상 속에서 찬송가를 즐겨 불렀던 독실한 크리스천이었다.

신앙인으로 모범을 보이다

백범은 27년여 동안의 중국 망명생활 중에 교민 거주촌에 교회를 지어 예배당과 교육관으로 사용하며 후진을 양성했다. 장석인 목사의 아들인 '사상계' 사장 장준하 선생도 백범의 부탁으로 전도자이자 교사 생활을 잠시 한 바 있다. 무엇보다 백범은 '기도의 사람'이었다. 일제 패망으로 환국해서도 숙소인 경교장에서 새벽에 김치선 목사를 초빙하여 예배를 드렸다.

그는 '주일성수'를 아주 중시했다. 1948년 북측의 김일성을 만나 남북 정상회담을 하기 위해 평양을 방문하였을 때에도 '장대제교회'를 찾아 주일예배를 드렸다. 평소 '말씀을 사모하는 성도'였다.

분단 조국의 대통령보다 통일 조국의 문지기를 소원했던 백범은 소천하기 3년 전 1946년 부활절에 유언과도 같은 글을 남겼다.

"나는 그리스도인인 고로 거짓 없는 내 양심은 내 죽음을 초월하고 나라를 사랑하였습니다. 내가 만일 어떤 자의 총에 맞아 죽는다면 그것은 한 알의 밀알이 땅에 떨어져 많은 열매를 맺듯 이 나라에 많은 애국자를 일으킬 것입니다. 눈물과 피로 우리들이 갈망하는 조선을 하나님의 나라로 세워봅시다"

평소 묵상하던 말씀에 기초한 이 글은 유언이 되었고 또 이 유언은 그대로 이루어져 우리를 놀랍게 만든다. 백범의 삶은 비록 열강들의 개입과 혼란한 국내 현실 정치에서 그 뜻을 이루지는 못했지만 한결같이 민족이 가야할 바른 길과 이상을 품고 산 믿음의 여정이었다.

대한민국 정부는 1962년 건국공로훈장 중장을 김구 선생에게 추서했다. 김구 선생의 저서로는 유명한 '백범일지'가 있다.

"건전한 인격을 가진 애국심 있는 국민을 양성하라"

도산(島山) 안창호(安昌浩, 1878~1938) 선생은 계몽운동가이자 독립운동가로 유명한 흥사단을 창설했으며 개화기 한국을 바꾼 민족지도자이다. 더구나 기독교 신앙인으로 신앙의 모범을 보였으며 많은 후배들을 사랑으로 보살피고 제자들을 키워낸 선각자였다.

영특했던 소년 안창호

안창호는 평안남도 강서군 초리면 칠리 대동강 하류의 도롱섬에서 1878년 11월 9일, 아버지 안흥국(安興國) 선생과 어머니 제남 황씨 사이에 셋째 아들로 태어났다. 아버지는 농사를 짓는 선비였고, 위로 두 형과 아래로 여동생이 있었다.

●도산 안창호 선생

아버지를 일찍 여의고 할아버지 밑에서 자란 안창호는 동네의 소문난 개구쟁이였지만, 공부한 것들을 모두 외워 버릴 정도로 영특했다. 9세부터 14세까지 서당을 다니다 강서군 동진면에 있는 선비 김현진으로 부터 유학(儒學)을 배웠다.

이곳에서 서당 선배인 필대은과 만나면서 새로운 학문에 눈을 떴다. 필대은은 어린 안창호의 가슴속에 민족주의를 심어 주고, 안창호와 함께 독립협회의 관서지회를 조직하기도 하며 안창호를 크게 돕는다.

안창호는 1895년, 밀러 선교사(Miller)를 만나 장로회에서 설립한 구세학당에 들어가 공부했다. 밀러 선교사는 연동교회의 기초를 마련하고, 구세학당에서 안창호를 민족의 지도자로 길러내는 중추적인 역할을 한다.

안창호는 한국인 최초 새문안교회의 장로가 되는 송순명을 만나 그의 전도로 예수 그리스도를 영접했다. 구세학당은 미국 북장로교 선교사 언더우드에 의해 설립된 고아원을 겸한 남자학교로, 새문안교회 내에서 운영되다가 민노아학당으로 개명되었고, 게일 선교사가 교장으로 취임하면서 구세학당으로 불리게 되었다.

구세학당에서는 한문과 영어, 그리고 성경공부를 가르쳤는데 안창호는 1896년, 구세학당 보통부를 졸업했다. 그리고 상급 학교로 진학하지 않고 바로 조교로 일했다. 그는 이듬해인 1897년, 서재필, 이승만, 유길준, 윤치호 등이 주관한 독립협회에 가입했으며, 만민공동회에도 참여했다.

도산은 독립협회 관서지부를 조직하여 책임자가 되었으며, 평양의 쾌재정에서 만민공동회 발기회를 열고 평양감사 조민희와 수백의 사람들 앞에서 일장 연설을 함으로 모두의 감탄을 자아내게 했다.

따라서 안창호의 연설에 대한 명성이 관서지방 일대에 알려지게 되었다. 이때부터 그는 웅변가로 탁월한 능력을 발휘하게 된다. 그가 가는 곳마다 군중들이 구름 떼처럼 몰려들었고, 그의 연설을 듣는 사람마다 변화되었다. 순회강연을 다니기도 했으며, 연사로 초빙되기도 하였다. 실제로 그의 연설을 듣고 감화되어 독립운동가로 계몽가로 변화된 이들이 부지기수였다.

6개조 정치혁신안 건의

안창호는 1898년 경성부 종로에서 열린 만민공동회에서 6개조의 정치혁신안을 건의했다. 만민공동회와 독립협회가 황국협회의 방해와 습격으로 해산되자, 안창호는 은신해 있다가 고향으로 돌아가 교육과 기독교 전도에 헌신했다. 1899년 강서군 동진면 암화리에 '우리 모두 조금씩 앞으로 나아가자는 뜻'의 전진학교와 탄포리교회를 세우고, 사람들에게 기독교를 알리고자 애썼다.

1902년 9월 안창호는 미국 유학에 앞서 약혼녀 이혜련과 제중원에서 밀러 선교사의 주례로 결혼식을 올렸다. 하나님 앞에 결혼식을 치른 부부는 이튿날 미국으로 떠났다. 샌프란시스코에 도착한 도산은 말도 잘 통하지 않는 미국에서 미국인의 집안일을 거들어 주고, 청소, 심부름 등을 하면서 공부를 시작했다.

리버사이드로 이사해 오렌지 농장에서 오렌지 따는 일을 했고, 1903년 9월 23일 재미 한인 교포의 단결과 계몽을 위해 한인친목회를 조직,

●1925년 안창호(오른쪽)와 서재필이 미국 로스앤젤리스에서 만났다.

회장에 당선되었다.

도산은 1905년 일본과 맺어진 을사늑약으로 대한제국의 외교권이 박탈되자 조약 반대 항의 성명서를 발표하고, 윤치호 서재필 등과 함께 을사늑약에 반대하는 운동을 주도했다.

1907년 귀국하여 실력을 길러야 한다고 역설하였으며, 의친왕과 정재관 등과 함께 공립협회를 창립했다. 신민회, 대한협회, 대성학교 설립을 위해 서울과 평양에서 많은 연설을 하였다. 을사늑약 이후 그는 실력 양성을 위해서는 교육이 필요하며, 사람들의 의식개선이 선행되어야 한다고 역설, 수많은 사람들의 공감을 얻고 참여를 이끌어 냈다.

독립운동 참여 요청받아

1907년 안창호는 대한협회에서 주최한 강연에 참석해 연설을 하게 되었다. 그런데 이날 그의 연설을 듣고 감동받은 여운형과 조만식은 독립운동에 투신할 것을 결심하게 된다. 조만식은 장차 민족을 위해 봉사하려면 실력을 키워야겠다고 다짐하고 일본으로 유학을 떠나는 계기가 된다.

안창호는 양기탁, 윤치호, 전덕기, 김구, 유길준, 이동휘, 이갑, 이회영, 이승훈 등 국내 계몽운동의 핵심인물들을 모아 항일 비밀투쟁 단체인 신민회(新民會)를 경성부에서 조직했다. 신민회는 비밀결사대였으나 사업은 공개했다.

그 사업은 평양 대성학교 건립, 평양 마산동의 자기 회사 설립, 평양·경성·대구의 태극서관 운영 등이었다.

안창호는 1910년 한국 통감부로부터 내각 조직 제의를 받았으나 일축하고 국외 망명을 결심한다. 그는 장기간의 망명을 예상하고 거국가(去國歌)라는 노래를 지어 남기고 떠나게 된다. 그는 조선인 개개인을 선비처럼 만든다는 유길준의 사상에 깊이 공감해 흥사단의 부활을 준비하고 청년을 규합하여 1913년 자신이 만든 청년 학우회를 기반으로 유길준의 흥사단을 재건하였다.

1919년 4월 13일 대한민국 임시정부가 상해서 수립되었을 때 그는 내무부총장으로 임명되었고, 이어 국무총리 대리에 선출돼 정식으로 취임했다. 1923년 만주에서 이상촌 건립을 위해 노력하기도 하였으나 일제의 만주 침략으로 물거품이 되었다.

다음 글은 도산이 동아일보 1925년 1월 25일자에 기고한 '주인(主人)인가 여인(旅人)인가'라는 글의 한 부분으로 당시 그의 동포를 위한 생각을 잘 읽을 수 있는 내용이다.

"묻노니 여러분이시어, 오늘 대한사회에 주인 되는 이가 얼마나 됩니까 (중략) 자기 민족사회가 어떠한 위난과 비운에 처하였든지 자기의 동족이 어떻게 못나고 잘못하든지 자기 민족을 위하여 하던 일을 몇 번 실패하든지(중략)자기의 지성으로 자기 민족사회의 처지와 경우를 의지하여 그 민족을 건지어 낼 구체적 방법과 계획을 세우고 그 방침과 계획대로 자기의 몸이 죽는 데까지 노력하는 자가 그 민족사회의 책임을 중히 알고 일하는 주인이외다."

이상촌 건설에도 노력

안창호는 필리핀으로 만주 한인들을 이주시키고 이상촌을 건설하려고 백방으로 노력하였으나 그것도 어려웠다. 1932년 4월 29일, 상해 홍구공원에서 윤봉길 의거가 성사되자 김구는 임정 요인들에게 피신을 연락했지만 안창호는 연락을 받지 못해 윤봉길 폭탄사건의 관련자로 체포되고 말았다.

안창호는 일제로부터 4년형을 언도받고 서대문형무소에 수감되었다가 대전형무소로 이감되었다. 1935년 2월, 위하수 등 질병 악화로 대전감옥에서 병보석을 신청했고, 윤치호, 김성수, 이광수 등이 보석금을 지불하여 임시로 출옥할 수 있었다.

안창호는 가출옥 후 전국 순회강연을 다니다가 수양동우회 사건으로 다시 체포되고 말았다. 수양동우회 사건은 1937년, 기독교청년면려회(YMCA)에서 금주운동 계획을 세우고 인쇄물을 발송한 것이 문제가 되어 181명이 체포된 사건이다.

안창호는 "나는 밥을 먹는 것도 대한의 독립을 위하여, 잠을 자는 것도 대한의 독립을 위하여 하여 왔다. 이것은 나의 몸이 없어질 때까지

●상해임시정부 시절의 안창호(앞줄 가운데)

변함이 없을 것이다"라고 말했다.

서대문형무소에 다시 수감된 안창호는 극도로 쇠약해져 병이 중해졌고 다시 병보석으로 경성제국대학 부속병원에 입원하였으나 간경화와 소화불량, 폐렴, 위장병, 고문 후유증 등으로 1938년 3월 10일, 60세의 나이로 소천하게 된다.

그의 시신은 망우리에 안장하였다가 1973년 11월, 미국에 있던 부인 이혜련(李惠鍊)의 유해와 함께 도산공원(島山公園)으로 이장, 안장되었다. 안창호 선생은 1962년, 건국훈장 대한민국장을 받았다.

자아혁신이 인격혁신이라 설파

안창호의 교육사상은 교육을 통하여 민족혁신을 이룩하는 데 그 핵심이 있다. 민족혁신은 자아혁신에 의해서만 가능하며 자아혁신은 바로 인격혁신이라 보았다.

안창호 선생은 "나 하나를 건전한 인격으로 만드는 것이 우리 민족을 건전하게 하는 유일한 길이다."라고 말하면서 인격의 혁신을 강조하였다. 이러한 자아혁신은 곧 자기개조로 연결되며, 자기개조는 '무실(務實), 역행(力行), 충의(忠義), 용감(勇敢)'의 4대 정신에 의하여 이루어진다고 보았다.

안창호 선생은 이중에서도 무실과 역행을 강조했다. '무실'이란 참되기를 힘쓰자는 것이며 '역행'이란 힘써 행하자는 것이다. 무실은 개조의 내용이고 역행은 그것의 행동으로, 무실과 역행이 없이는 자기개조가 불가능함을 주장했다.

개개인의 인격혁명으로서의 자아혁신은 곧 자기개조이며 자기개조가 곧 민족개조로 이어지자는 것이었다.

자아혁신과 자기개조는 주인정신(主人精神)을 통하여 가능하다고 보았다. 대성학교의 교훈을 주인정신으로 설정한 것도, 주체·독립·책임을 의미하는 주인정신을 통해서만이 진정한 자기개조와 민족개조가 가능하다고 보았기 때문이다.

도산 안창호 선생의 교육사상은 학교건설과 흥사단운동을 통해서 뚜렷하게 나타나고 있다. 그는 점진학교, 대성학교, 동명학원 등 3개의 교육기관을 설립했다.

이 가운데 대성학교의 건학정신은 '건전한 인격을 가진 애국심 있는 국민의 양성'에 있었다. 이것은 곧 설립자인 안창호의 교육이념이었고 늘 강조해온 사상이기도 했다.

확고하고 투철한 국가관과 애국정신, 국민계몽과 나라를 바로 세우려 혼신을 다한 안창호 선생의 열정은 결국 기독교 신앙에서 출발한 것으로 보인다. 도산의 이러한 이념과 정신은 그가 세워 아직도 이어지는 여러 학교에서, 또 흥사단에서, 여러 저서에서 면면히 이어지고 있다.

비단 보다 걸레를 선택한
상해임시정부의 산파

손정도(孫貞道, 1882~1931)는 감리회 목사이자 상해 임시정부 의장을 지내며 적극적인 활동을 펼친 독립운동가임에도 그 이름이 일반적으로 널리 알려져 있지 않다. 그것은 목사라는 직함 때문에 제한적인 시선이 작용했고 또 단명했기 때문일 것이다.

그러나 손정도 목사의 삶은 시간이 지날수록 많은 이들에게 감동을 주고 있다. 독립운동 뿐 아니라 대한적십자사를 창설했고 누구보다 헌신의 삶을 산 목회자였다. 참으로 아쉽게 만 50세를 채우지 못하고 짧고 굵게 살다 간 그의 삶을 찬찬히 되짚어 본다.

20세에 복음을 듣고 영접하다

●대한적십자사를 창설한
손정도 목사.

손정도 목사는 1882년 7월 26일, 평안남도 강서군 증산면에서 손형준(孫亨俊)과 오신도 사이의 장남으로 태어났다. 경제적으로 부유한 유교 가문에서 자라며 6세부터 사숙(私塾)에서 한학을 공부했다.

1902년, 과거에 응시하기 위해 평양으로 가던 중 날이 저물어 어떤 집에 묵었다. 이곳은 일명 '조 목사'로 불리는 기독교인 가정이었다. 그날 저녁식사를 맛있게 대접받은 후 손정도는 조 목사에게 복음을 전해 받는다.

그런데 놀라운 것은 손정도가 복음을 들은 이날 즉시 곧장 기독교로 개종하기로 결심했다는 사실이다. 유교숭상의 시대에 복음을 듣고 순식간에 그리스도인이 된 것은 하나님의 역사, 성령의 역사였다.

손정도는 상투를 자르고 다시 귀가한 후 집안 대대로 모셔 온 조상의 신주를 묻어 버리고 사당도 부숴 버렸다고 한다. 양반가문에서는 있을 수 없는 엄청난 일을 저지르고 만 것이다. 이런 모습을 보인 손정도에 크게 놀란 친족들은 '미친 손정도를 가만 두어 안된다'며 생명의 위협을 가하게 되었고 이에 손정도는 야반도주를 하게 된다.

손정도는 그날 밤 하늘에서 "도망가라. 도망가라"는 음성을 들었다고 후일 간증했다. 도망쳐 자신에게 복음을 전해준 조 목사를 찾아가니 무어(Moore) 선교사를 소개해 주었다.

무어 선교사는 그를 비서 겸 한국어 선생으로 채용하고, 목사관에서 일하게 하는 한편 숭실중학교 입학을 주선해 주었다.

손정도는 이때 숭실중학교 동기로 조만식, 선우혁을 만나게 된다. 그리고 학교 2년 선배인 김형직(김일성 부친)과도 두터운 친분관계를 형성하게 된다.

손정도가 숭실학교 졸업반이던 1907년은 당시 평양대부흥운동이 거세게 일어났던 해였다. 이 때 손정도도 기도하는 가운데 목회자의 소명을 받고 졸업과 동시에 협성신학교에 진학했다.

협성신학교를 다니면서 상동교회를 자주 가 전덕기 목사 뿐만 아니라 이승만, 이동녕, 이시영, 장지영, 노백린, 조성환, 이갑, 최남선, 이필주 등과 어울리며 그들과 함께 민족의식과 애국심을 키웠다.

정동교회에서 중국선교사로 파송

협성신학교를 다니면서 손정도는 첫 번째 목회지로 무어선교사가 목회하던 남산현교회에서 사역했다. 그러다 다시 1909년 6월, 진남포 삼화구역 전도사로 파송받았다.

감리회에서 내외국선교회를 창립하고 만주선교를 시작하기로 결정하자 손정도는 만주 선교사를 지원했다. 그래서 1910년 5월, 정동교회에서 개최된 연회에서 청국(淸國)선교사로 파송되었다.

손정도는 북경에서 신민회 일로 파송된 조성환을 알게 되었고, 이를 계기로 안창호를 비롯 신민회 지도부와 폭넓게 교류했다. 1911년 6월, 서울에서 열린 미 감리회 연회에 참석해 목사를 안수받은 그는 다시 북경에 돌아가 사역하다 하얼빈으로 재파송 되었다.

이곳에서 '가츠라 암살음모사건'에 연루, 체포되어 보안조례위반 혐의로 진도 유배형을 일제로부터 받았다. 이 때 모진 고문을 받고 유배지에서 1년 만에 풀려난 그는 동대문교회, 정동교회 등에 파송되어 목회하

●상해 임시정부 시절 손정도가 안창호(왼쪽), 이승만(오른쪽)과 찍은 사진

면서 교회를 크게 부흥시키고 예배당도 증축했다. 선교사로 파송되면서 중단한 신학수업도 재개해 1917년에 졸업, 장로 목사가 되었다.

그러나 그는 안정적인 서울 생활보다 힘든 선교사 파송을 자원했다. 마음 속에서 복음열정이 불타올랐기 때문이다. 1918년 6월, 감리회 연회에서는 손정도와 배형식 목사를 만주선교사로 파송키로 결정했다. 따라서 정동교회를 사임하고 가족을 데리고 평양으로 갔다가 본인만 북경으로 거처를 옮겼다.

3·1운동 당시 북경에 머물던 손정도는 중국인 지도자와 선교사 및 외교관들을 찾아다니며 한국에서 일어난 3·1운동의 취지를 설명한 후, 상해로 내려가 임시정부 결성에 초기부터 참여했다.

손정도는 4월 11일, 출범한 임시의정원 부의장에 취임했으나 초대 의장 이동녕이 이틀 만에 사퇴하는 바람에 13일, 제2대 의정원 의장(국회의장)으로 선출되어 1921년 5월까지 2년간 재임하면서 의정원을 안정시키고 상해임시정부 발전에 기여했다.

손정도는 이와 함께 1919년 10월 1일, 대한적십자회를 창설하여 1922년 총재를 역임했다. 또 임시정부의 외곽조직인 의용단, 흥사단 원동임시위원회, 한국노병회 등에서도 활동했다.

1921년에는 국무원 교통총장을 역임했다. 의정원과 임시정부에서 활동하면서도 그는 목사의 사역을 최선을 다해 감당했다. 자신의 본분을 잊지 않았던 것이다.

상해한인교회 상의회 위원, 치리회원으로 교회 운영에 참여하고, 교회 부설 인성학교 교장으로도 봉직했다. 1920년 북경에서 '미감리회 동아총회'가 개최되자 임시정부대표로 북경으로 가서 한국에서 나온 교회 대표들과도 회동했다.

당시 임시정부의 치열한 파벌 싸움에 한계를 느낀 손정도는 만주 이주를 계획 중이었다. 그는 괴로운 심정을 강단 설교에서 이렇게 밝혔다.

"우리나라가 잘 되려면 지방색을 가르는 파당싸움을 말아야 합니다. 좁은 나라 한 핏줄의 겨레가 무슨 남도니 북도니, 호남이니 영남이니 하면서, 네 갈래 열 갈래로 갈라져서 싸워야 하겠습니까? 이는 나라를 잃고도 정신을 못 차리기 때문입니다."

목회와 독립운동 모두에 최선

미 감리회 연회에 복귀하여 길림 신첩교회(新帖敎會) 목사로 파송받고, 평양에 있던 가족도 길림으로 이주했다. 길림에서의 생활은 목회와 민족운동이 어우러진 기간이었다.

만주 한인사회를 순회하며 민족의식을 고취시켰고 한국 감리회에 발송한 서신에서 "만주 지역은 추수 때를 기다리는 가을 들판처럼 선교하

●길림목회시절의 손정도(오른쪽 두번째)

기에 좋은 일터"라면서 "국내에 있는 감리회 목사들을 더 파견해야 한
다"고 주장했다. 또 다음과 같은 찬송가 가사도 지었다.

1절: 삼천리 강산 주의 동반도는 구원 얻은 동포 많아졌으니 그리스도
왕의 명령을 좇아서 어서 추수하러 나아갑시다.
2절: 이 세상 제일 광대한 전답에 곡식 익어 황금빛과 같으니 농부들은
속히 농기를 메고 어서 추수하러 나아갑시다.
3절: 형제와 자매들 다 모여들어서 십자가를 달고 달음질 마당에 반도
안에 있는 주의 일꾼들은 어서 추수하러 나아갑시다.
후렴구: 나아갑시다. 나아갑시다. 어서 추수하러 나아갑시다.

손정도는 만주에서 안창호를 초청하여 이상촌(村)의 꿈을 나누기도
했다. 자급자족하는 농촌공동체를 만들어 독립운동 기지로 삼으려는
두 사람의 공통된 꿈이었다.
협동조합 형태의 농민호조사를 설립한 후 안창호는 미주를 순방하면
서 농지구입 자금을 모금하고, 손정도는 입회금 2원, 연회비 1원, 자본
금 150원을 부담하는 조합원을 모집했다.

손정도는 강서에 있던 집안 땅을 처분하여 3천일경(三千日耕)이나 되는 거대한 농지를 마련했다. 이후 손정도의 생활은 길림지방 순회 목회와 액목현의 농민호조사, 이주민을 돌보는 것으로 이루어졌다. 그러나 농민호조사 일은 일제의 방해공작으로 순조롭지 않았다.

악화된 건강으로 안타깝게 소천

1929년 상황이 점차 악화되자 손정도는 농민호조사를 정리할 생각으로 가족을 봉천을 거쳐 북경으로 옮긴 후 봉천과 길림을 오가면서 잔무를 처리했다. 이런 상황에서 그의 건강이 날로 악화되었다.

'가츠라 암살음모사건' 때 받은 고문의 후유증으로 인해 육신이 연약해져 있었는데 이를 돌보지 않고 무리하며 목회한 탓이었다. 교회 순방조차 제대로 할 수 없는 상황이 되어 길림교회 목사직 사임 의사를 표명했다.

결국 1931년 2월 19일, 북경에서 가족을 만나고 온 뒤 몸의 이상을 느낀 그는 일본인이 운영하던 동양병원에 입원했으나 다음날 일본 경찰에 의해 강제로 퇴원 당했다.

병원을 나온 그는 액목현의 한 동포 집으로 갔으나 이 때는 이미 병이 더 깊어진 후였고 다시 병원을 찾았다가 홀로 숨을 거두었다. 이때가 1931년 2월 19일로, 향년 49세였다.

손정도 목사의 부음 소식은 1931년 2월 21일자 동아일보에 보도되어 전 국민에게 알려졌고, 이 소식을 들은 많은 기독교인들은 애도했다.

장례식이 치러진 2월 22일, 일본 경찰은 그의 죽음을 추도하는 많은 인파들이 모이면 또 어떤 일이 벌어질지 두려워하여, 그의 장례식도 성대히 치르지 못하도록 견제했다. 장례식은 그의 처 박신일과 둘째 남동생

손경도(孫敬道) 및 당시 이름 있는 조선인 40여 명이 참석한 가운데 조촐히 치러졌다.

그의 유해는 10개월이 지나도록 장례비가 없어 길림 동문 밖 봉천인(奉天人)에 임시로 보관되어 있다가 감리교 연회가 장례비를 거두어 9월이 되어서야 길림성 북문밖 북산(北山)에 있는 중국인 토지 100여평을 830원에 구입, 유택지로 삼아 시신을 안장했다.

이후 문화대혁명 시기 손정도의 동생 손필도 씨가 묘소를 헤이룽장성 밀산현(密山縣)으로 이장했고, 대한민국정부는 1996년 9월 11일, 유해를 국내로 봉환해 국립서울현충원 임시정부 요인 묘역에 안장했다. 정부는 1962년 손정도에게 건국훈장 독립장을 추서했다.

사후 재조명되는 손정도 목사

수년 전 공영방송인 KBS는 성탄특집 '임시정부 100년 기획'으로 '걸레성자 손정도'를 방송했다.

"나는 비단이 아니라 걸레의 삶을 살겠다."고 한 그의 메시지를 타이틀 삼아 방영된 이 방송은 안락과 부귀를 누리는 '비단'의 삶을 버리고 고난과 희생을 자처한 삶으로 '걸레성자'라 불린 손정도 목사를 내밀하게 조명, 많은 시청자들에게 큰 감동을 주었다.

그는 목회 현장은 물론 독립운동의 현장에서도 가장 낮은 자리에서 남들이 마다하는 궂은일을 하는 것을 자신의 소명으로 삼았다. 그것은 역사의 어둠을 걸레처럼 닦고 닦아 마침내 광복이라는 빛이 돌아오게 하는 귀한 일이었다.

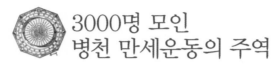

3000명 모인
병천 만세운동의 주역

꽃다운 나이에 독립운동을 하다 숨진 유관순(柳寬順, 1902~1920)은 열사란 칭호가 붙는다. 병천 3·1운동에서 독립운동을 하다 순국한 그녀의 삶은 애국의 상징으로 오늘날까지 많은 이들에게 나라사랑의 본이 되고 있다.

부친의 안내로 이화학당에 입학

유관순은 1902년 12월 16일, 충청남도 목천군 이동면 지령리(현 천안시 병천면 용두리)에서 아버지 유중권(柳重權)과 어머니 이소제(李少悌)의 3남 2녀 중 둘째 딸로 태어났다.

유관순의 집안은 개신교 신자였던 할아버지 유윤기(柳閏基)와 숙부

●유관순 이화학당시절(오른쪽)
●서대문 형무소에서 죄수복을 입은 모습
  (왼쪽)

유중무(柳重武)로 인해 일찍이 기독교를 영접했고, 유관순도 자연스럽게 신앙 분위기 속에서 성장했다.

아버지 유중권은 사회개혁, 부녀자 계몽, 교육사업 등을 통해 자주독립의 길을 찾고자 흥호학교(興湖學校) 운영에 참여해 인재 배출을 위해 노력한 것으로 보인다. 따라서 자녀 교육에도 적극적이었다.

이러한 부친의 노력 때문에 큰아들 유우석(柳愚錫)은 공주 영명학교에서, 둘째 딸 유관순은 서울 이화학당에서 공부할 수 있었다.

유관순의 고향은 철도가 부설되기 전 서울과 충청남도 공주를 연결하는 교통로로 선교사들이 집중적으로 개신교를 전파하던 곳이었다. 따라서 주변에 많은 교회가 생겨났다.

1901년경 고향에도 지령리 교회가 있었으나, 1907년 8월, 국채보상운동에 이 교회가 동참하는 등 애국활동을 펼치자, 그 해 11월에 일본군의 방화로 교회가 불타 사라지고 말았다.

유관순의 일가인 유빈기(柳斌基)는 케이블(Cable) 선교사와 함께 고향에 개신교를 전파하고자 노력했다. 1908년에는 조인원(趙仁元) 등과 함께 불타버린 지령리교회를 다시 세우기도 했다. 이후 숙부 유중무가 선교사로 교회를 이끌면서 유관순도 5~6세를 전후하여 개신교를 접하고 교회에 열심히 출석하게 되었다.

유관순은 1916년 지령리 교회에 자주 들르던 샤프(Alice Hammond Sharp, 한국명 사애리시) 선교사의 추천과 도움을 받아 교비 유학생으로 이화학당 보통과에 편입했다. 이후 서명학(徐明學), 이정수(李禎洙), 사촌 언니 유예도(柳禮道) 등과 함께 이화학당 기숙사에서 생활했다.

5인의 결사대로 3.1운동에 참여

유관순은 이화학당에서 신학문을 배우고 기독교교육을 통해 신앙의 공적 책임에 대한 인식을 깨닫는 등 새로운 변화가 일어나기 시작했다. 유관순은 학교에서 지기 싫어하고 고집이 세며 때론 또래 소녀들처럼 장난 잘 치고 웃음 많고 뜨개질을 좋아하는 소녀였다.

같은 마을에서 자란 조카 유제한의 증언에 따르면, 유관순은 이마가 넓고, 약간 큰 듯한 눈은 광채가 나며, 코는 뚜렷하고, 튼튼한 체격을 가졌다고 한다.

얼굴이 희고 복스럽고 키가 컸다는 유관순은 1919년, 만세운동 주동자로 체포되어 작성된 수형기록표에도 신장이 5척(尺) 2촌(寸), 환산하면 170cm에 가까운 큰 키로 기록되어 있다.

이화학당에서 공부하는 동안 유관순은 특별히 손정도, 박인덕으로부터 깊은 영향을 받는다. 그녀는 주일마다 근처에 있는 정동교회를 출석하며 손정도 목사의 설교를 들었다. 손 목사가 항상 주장한 하나님 사랑이 곧 나라 사랑임을 배웠던 것이다.

또 박인덕 선생으로부터 신앙을 통한 나라 사랑의 실천을 배웠다. 박인덕 선생은 1919년 3·1운동과 관련해 서대문 감옥에서 옥고를 치를 때 유관순과 함께 수감생활을 했다.

구국활동을 유관순과 함께 했던 서명학의 증언에 따르면, 유관순은 매일 밤과 새벽에 텅 빈 이화학당 채플실에서 조국 광복을 위해 눈물로 기도했다고 한다.

이처럼 깊은 유관순의 신앙심은 훗날 일제의 모진 고문에도 굴하지 않고 조국의 독립을 위하여 순국할 수 있는 정신적 바탕이 되었다.

유관순은 이화학당 보통과를 졸업한 뒤 1918년 4월1일, 고등과 1학년에 다시 진학했다. 이화학당에서는 1905년 을사늑약 이후, 이문회(以文會)를 중심으로 오후 3시만 되면 모두 수업을 중단했다. 그리고 조국 독립을 기원하는 기도회와 시국토론회 및 외부인사 초청 시국강연회 등을 개최했다. 여기에 유관순도 회원으로 활발하게 활동했다.

1919년 1월 21일, 고종이 서거하자 학생들은 자진해서 상복을 입고, 휴교에 들어갔으며, 2월 28일에는 정기모임을 통해 전교생이 적극적으로 만세를 부르기로 결의했다.

3·1운동이 일어났을 때, 유관순은 고등과 2학년을 눈 앞에 두고 있

●1919년 3·1 만세운동 당시 거리로 뛰쳐 나온 민중들.

었다. 당시 이화학당 학생들 가운데 일부는 비밀결사대를 조직하여 만세운동에 주도적으로 참여했는데, 유관순은 이 비밀결사대 일원이었다.

학생들은 학교 당국의 만류에도 불구하고 기숙사 뒷담을 넘어 탑골공원으로 달려가 만세시위운동에 동참했으며, 3월 5일 학생시위운동에도 동참해 만세를 부르다가 체포되었다. 그러나 학생 신분이라 곧 석방되었다.

고향으로 돌아가 병천시위를 준비

1919년 3월 10일 일제가 휴교령을 내렸다. 이에 학생들은 각각 고향으로 돌아갔고, 이때 유관순도 고향 병천면으로 돌아왔다. 이 때 고향으로 돌아오는 기차에서 친구들이 기차소리를 듣고, '동전 한 푼, 동전 한 푼' 하는 소리로 들린다고 하자, 유관순은 '대한 독립, 대한 독립' 하는 소리로 들린다고 했다는 일화가 전해지기도 한다.

유관순이 어떻게 병천의 만세운동을 조직했는지에 대해 여러 주장이 있으나 일제의 재판 판결문을 보면 유관순이 병천 만세운동의 중심인물이었다는 사실만은 분명히 확인할 수 있다.

재판기록에 따르면, 유관순은 3월 13일에 고향 병천으로 내려와 부친 유중권을 위시하여 조인원 등 마을 어른들과 교회당에서 병천 만세운동을 기획한 것으로 되어있다.

또 유관순은 20여 일 동안 천안, 청주, 연기, 진천 일대를 다니며 만세운동을 조직하고, 음력 2월 그믐날 밤, 동생 유관복, 조카 유제한과 매봉산 꼭대기에 올라 봉화를 올렸다고 한다. 각 마을에서도 만세운동에 동참하겠다는 봉화가 타올랐다.

1919년 4월 1일, 병천 장터로 사람들이 모여들었다. 지령리교회 교인들을 중심으로 조인원, 유관순 등이 태극기를 앞세우고 장터로 진입해 모여드는 사람들에게 태극기를 나누어 주었다. 오후 1시경 조인원이 군중 앞에서 독립선언서를 낭독한 후 유관순은 대한독립에 대한 필요성을 토로했다.

선언식을 마친 약 3000여 명의 군중은 만세시위 행진에 나섰다. 이로 인해 일제의 헌병, 수비대와 충돌이 있었고 많은 사상자가 발생했다. 선두에 있던 유관순의 아버지 유중권은 총에 맞고 어머니 이소제는 칼에 찔려 사망했다고 한다.

일제의 폭압적 진압에 격분한 군중들은 순국자의 시신을 주재소로 운반하여 일제에 항의하였고, 이 과정에서 투석전이 전개되었다. 일부 군중은 천안 병천 간 전선을 절단하여 통신을 끊고, 면사무소, 우편소 등을 점거하여 시위를 벌였다.

이 사건이 바로 유명한 아우내 독립만세운동이었다. 이날 유관순의 부모를 포함하여 19명이 시위 현장에서 순국하였으며, 30여명이 큰 부상을 당하였다.

만세운동 주모자로 공주교도소 수감

유관순은 주도자로 체포되어 공주교도소에 수감되었고, 이곳에서 공주영명학교에서 만세운동을 주도하다 구속된 친오빠 유우석을 만나기도 했다.

5월 9일, 유관순은 공주지방법원에서 5년형을 언도받았다. 중형을 받은 사람들과 경성복심법원으로 넘겨져 6월 30일 경성복심법원에서 감형되어 3년형을 언도받았다. 함께 재판 받은 사람들은 모두 고등법원에 상고하였으나, 일제의 재판권을 인정하지 않은 유관순은 상고하지 않았다.

서대문형무소에 수감된 유관순은 이신애, 어윤희 등과 함께 1920년 3월 1일 오후 2시를 기해 3·1운동 1주년 기념식을 갖고, 옥중 만세운동을 전개하였다.

이에 3000여 명의 수감자들이 크게 호응하여 만세 소리가 밖으로까지 퍼져나갔고, 만세를 외치는 함성에 형무소 주위로 인파가 몰려들어 전차 통행이 마비되고, 경찰 기마대가 출동하게 되었다. 이 사건으로 유관순은 물론, 많은 애국지사가 심한 고문을 당했다.

1920년 4월 28일 영친왕(英親王)의 결혼 기념 특사령으로 유관순의 형기도 1년 6개월로 단축되었으나, 오랫동안 계속된 고문과 영양실조로 1920년 9월28일 오전 8시 20분, 유관순은 불과 18세의 나이로 안타깝게 순국했다.

이화학당은 형무소 당국에 유관순 시신의 인도를 요구하였으나 일제는 이를 거부하였다. 그러자 이화학당 교장 월터(Miss Jeanette Walter)는 이 사실을 미국 신문에 알려 세계 여론에 호소하겠다고 강력하게 항의하였다. 결국 일제는 해외 언론에 알리지 않고, 장례는 극히 조용히 치러야 한다는 조건을 붙여 시신을 인도하였다.

1920년 10월 12일, 유관순의 시신이 이화학당으로 돌아오자 학생들은 통곡하며 맞이했다. 시신은 실로 처참한 상태였다고 한다. 시신을 인도받은 이화학당은 교사와 학생들이 만든 수의를 입히고, 가슴에 성경을 안겨 주고 입관했다. 1920년 10월14일 정동교회 김종우 목사의 집례로 장례식을 치러 이태원 공동묘지에 안장했다. 그러나 이태원 공동묘지가 일제하에서 군용기지로 전환됨에 따라 미아리 공동묘지로 이장되는 과정에서 시신이 사라지게 되었다.

행방과 행적을 알 수 없게 된 유관순은 해방을 맞이하여 이화학당에서 유관순을 가르쳤고 서대문형무소에서 함께 수감생활을 했던 박인덕에 의해 알려지기 시작했다.

순국 처녀 유관순기념사업회 발족

박인덕은 이화여고 신봉조 교장을 만나 유관순을 소개하여 이화여고를 중심으로 1947년 8월 '순국 처녀 유관순 기념 사업회'를 조직하여 유관순의 '하나님 사랑과 나라 사랑'을 기렸다.

대한민국 정부는 1962년, 유관순에게 대한민국 건국훈장 국민장을 추서하였다. 기념사업회는 1989년 10월 12일, 매봉산 기슭에 초혼묘(招魂墓)를 봉안했다. 또한 이화여고는 1967년부터 지령리와 자매결연을 맺고, 매년 성경학교와 봉사활동을 진행했다.

그러던 중 이화여고 개교 80주년을 맞아 지령리에 유관순 기념교회를 세우기로 하고 1967년 11월 11일에 유관순기념교회인 매봉교회를 준공하여 유관순의 신앙과 나라 사랑의 정신을 되새기게 되었다.

1972년에는 유관순이 생전에 살았던 천안시 병천면 탑원리에 추모각이 건립되었고, 1974년 서울 이화여자고등학교에 유관순기념관이 준공

●1920년 유관순의 장례식이 열린 정동제일교회.

231

되었다. 또 1991년 고향인 천안시 병천면 용두리에 생가가 복원되었으며, 1996년에는 이화여자고등학교 명예졸업장이 주어졌다.

　대한독립을 위해 만세운동에 모든 것을 바쳤던 유관순 열사. 18세의 아까운 나이에 세상을 떠났지만 그녀가 남긴 애국심과 신앙심, 하나님을 경외하는 믿음은 오늘도 남아 수많은 이들의 가슴에 뭉클한 감동으로 면면히 흐르고 있다.

文化藝術
문화예술

Chapter 4

천상의 언어를 노래하고 화폭에 담다

"이것을 너희에게 이르는 것은 너희로 내 안에서 평안을 누리게 하
려 함이라 세상에서는 너희가 환난을 당하나 담대하라 내가 세상
을 이기었노라"(요한복음 16:33)

우리말의 토대를 세운
'한글사랑' 신앙인

외솔 최현배(崔鉉培,1894~1970) 선생은 한글학자이자 교육자이며 유명한 조선어학회사건의 중추적 역할을 한 독립운동가였다. 그의 철저한 '나라사랑'의 바탕은 우리말과 우리글을 지키는 일이었다. 말과 글에는 그 겨레의 정신이 담겨 있다고 확고하게 믿었기 때문이다.

한글연구에 몰입한 연희전문대 교수

최현배는 경남 울산에서 아버지 최병수와 어머니 박씨의 맏아들로 태어났다. 그는 울산 병영교회에 출석하며, 일신학교(현 병영초등학교)에 다녔다. 이 병영교회는 울산 주민들이 1895년 호주선교사 아담슨(A.Adamson)을 초청하여 세운 교회였다.

호주 빅토리아청년연합회가 파송한 선교사 아담슨은 부산을 중심으로 활동하다 1910년부터 1914년까지는 마산을 중심으로 경남지역에서도 활동했는데 이 때 울산 병영교회도 세운 것이다.

최현배는 청소년 시절 이 병영교회 교회학교에서 신앙생활을 했고 1910년 경성으로 상경하여 한성고등학교(후에 경성고등보통학교)에 입학했다. 이후 김두봉의 권유로 주시경이 일요일마다 보성중학교에서 강의하는 조선어강습원에 다니며 국어학 및 문법을 듣게 되어 국어학을 깊이 연구하는 계기가 되었다.

1915년 경성고등보통학교를 졸업한 후 일본 도쿄로 건너가 히로시마고등사범학교 문과에 입학, 1919년 졸업한 뒤 중학교 교사 자격증을 받았다. 귀국해 부산 동래고등보통학교 교사로 잠시 재직했다. 이후 1922년 4월에 일본 경도제국대학(京都帝國大學) 문학부 철학과에 입학, 교육학을 전공해 '페스탈로치의 교육학설'이라는 논문으로 졸업했고 대학원까지 수학했다.

1926년 4월, 연희전문학교(현 연세대학교) 교수로 취임하여 1938년 9월 흥업구락부(興業俱樂部)사건이 일어날 때까지 재직했다. 흥업구락부는 1925년 3월23일 서울에서 조직된 기독교 및 기호파(畿湖派) 계열의 항일비밀결사로, 이승만이 이끄는 대한인동지회의 국내지부 역할을 했다. 종교인, 변호사, 교육자, 의사, 실업인들로 구성되었다.

흥업구락부 사건은 일제가 중일전쟁을 일으키며 사회불안요소를 제거하고 미국과의 전쟁을 대비, 기독교 지식인들을 전향시키기 위해 관련자들을 검거하려고 만든 사건이었다.

이 때까지 최현배는 한글맞춤법통일안 사업에 참여하여 한글 보급에 힘쓰고 있었는데 이 흥업구락부 사건이 1938년, 터지면서 일본 검찰에

●조선어학회사건으로 고초를 겪은 회원들. 앞줄 왼쪽 4번째가 최현배 선생(왼쪽)/ 함흥 형무소에 투옥된 최현배 선생의 모습을 외솔기념관에서 복원해 놓았다.(오른쪽)

검거되고 말았다. 그는 서대문 경찰서에서 3달 동안 옥고를 겪었고 이로 인해 연희전문학교 교수직에서도 파면을 당해야 했다.

조선어학회 사건으로 수난

파면됐던 최현배는 1941년 5월, 연희전문학교 도서관 직원으로 복직하였으나 이것도 오래 가지 못했다. 그해 10월, 조선어학회(朝鮮語學會)사건으로 다시 사임해야 했던 것이다.

최현배는 1945년 광복까지 무려 4년 간 옥고를 치렀다. 조선어학회 사건은 일제강점기 말기인 1942년 일본이 조선어학회를 항일독립운동 단체로 판단, 관련 인사들을 집단으로 체포하고 투옥했던 사건이다. 조선어학회가 해방 후 이름을 바꾼 한글학회에서는 '조선어학회 수난'으로 부른다.

이 일은 조선어학회가 조선어사전편찬회를 조직했는데 발기인 108명 모두 민족주의사상을 지녔다고 판단, 일제가 이중 33명을 내란죄로 기소한 사건이다. 검거된 33명 중 기독교인이 7명이었는데, 안동교회 장로 이윤재, 정동교회 장로 김윤경, 새문안교회 집사 최현배 등이 있었다. 조선어학회 사건 관련자들은 1945년 해방을 계기로 풀려났다.

최현배는 남북의 언어가 달라지는 것을 막는 한글 정착에 일조했다. 최현배와 김두봉 두 학자 덕분으로 남북이 갈라진 지 70여 년이 지났지만, 남한과 북한 사람이 한글로 서로 소통할 수 있는 것이라 보면 된다.

해방 이후 최현배는 서울로, 김두봉은 평양으로 각각 나뉘었지만 주시경 밑에서 배운 두 사람은 스승의 가르침에 따라 기틀을 닦고 조선어학회가 이어받은 언어정책을 그대로 남과 북에 전파했다. 이것이 남북한 맞춤법의 토대가 되어 남한에서는 한글맞춤법통일안, 북한에서는 조선어 신철자법을 정하여 쓰게 되었다.

이후 남한에서는 한글맞춤법으로, 북한은 조선말규범집으로 이름과 규정이 약간 바뀌었으나 같은 뿌리를 가지고 있기에 두음법칙, 사이시옷 등 세세한 조항만 빼면 서로 크게 다르지 않게 되었다.

한글정착에 일조한 최현배와 김두봉

이처럼 조선어학회는 일제에 의해 강제 해산되었다가 해방 후 조직을 정비한 뒤 1949년 9월 '한글학회'로 이름을 바꾸어 활동을 시작했다. 최현배는 1949년 한글학회 이사장에 취임하여 20년간 계속하여 한글학회를 이끌었다.

특히 1949년 한글전용촉진회 위원장, 1957년부터 세종대왕기념사업회 이사, 부회장, 대표이사 등으로 국어운동의 중심 인물로 활동해 널리 이름을 알렸다. 해방 이후 그는 미군정청과 대한민국 문교부의 편수국장이 되어 국어 교과서 행정을 담당했다.

휴전 후인 1954년 연희대학교에 복직하여 국문학과 교수가 되었고 이후 문과대학장, 부총장을 맡았다. 1961년 정년퇴임으로 연세대학교 명예교수로 추대되었다.

그는 특히 국어운동의 추진에 전념하여 그와 관련한 20권 저서와 100여편의 논문을 발표했다. 이 분야의 대표적인 저술은 〈우리말본, 1926〉과 〈한글갈, 1937〉이었다. 〈한글갈〉은 한글 연구의 체계화를 추구한 업적인데, 역사편과 이론편으로 되어 있다.

역사편은 한글제정의 동기와 경위, 한글문헌에 대한 해설, 한글 연구의 역사를 다루고, 이론편은 한글창제 이후 없어진 글자를 주로 다루어서 그 음가를 추정한 것이다. 국어정책의 수립과 국어운동에 대한 집념과 활동도 대단하여 항상 최선봉에서 그 운동을 추진하고 그에 대한 이론을 열정적으로 전개하였다.

그 외의 저술로는 〈글자의 혁명, 1947〉, 〈한글 가로글씨 독본, 1968〉등으로 한글전용과 풀어쓰기 이론에 대한 지침서가 되었다.

이 밖에 국어 정화를 주장하면서 일본어의 잔재를 없애는 등 '우리말 도로 찾기 운동'을 전개하였는데, 국어정책에 대한 그의 주장은 전후 6년에 걸친 문교부 편수국장 재직 중에 교과서에서 실천되었으며, 한글전용 가로쓰기 체제도 그가 확립한 것이다.

그의 한글사랑과 애국 정신은 광복 이후에 확대되고 발전되어 저서 〈나라 사랑의 길, 1958〉과 〈나라 건지는 교육, 1963〉에 잘 나타나 있다. 나라와 민족을 사랑하는 정신을 고취하여 부강한 자유국가와 훌륭한 자주민족으로 만들어야 한다는 주장이 담겨 있다.

기독교가 한글에 끼친 공로를 강조

최현배는 세종대왕이 백성들을 위해 만든 훈민정음의 근본 취지가 기독교로 인해 비로소 실현되었다고 보았다. 한국 선교 역사에서 서구 선교사들이 선교 언어로 한글을 택하면서 복음도 빠르게 전 계층에 확산되었다. 한글로 성경을 번역했고 한글보급과 교육에 선교사들이 앞장서 줌으로 여성들도 글을 읽고 쓸 수 있었던 것이다.

1892년 장로교선교공의회는 네비어스 선교정책의 실천방안으로 "모든 문서 활동에 있어서 한자의 구속을 벗어나 순한글을 사용하는 것이 우리의 목표가 되어야 한다"고 규정하였다. 이후 기독교의 신약성경 찬송가, 교계신문, 각종 문서들이 한글로 사용되었다.

1962년 그가 쓴 "기독교와 한글" 논문에서 한글의 민중 전파, 한글을 통한 사상 표현, 한글에 대한 존경심과 수호정신, 한글의 과학적 가치 발견, 한글의 세계 전파, 순한글쓰기운동 등의 기독교가 한글에 끼친 공헌을 주장하였다.

즉 유교가 한글을 언문이라고 무시했지만, 기독교는 한글만으로 된 성경을 가지고 한글의 우월성을 강조했다. 그리고 기독교인들이 한글의 덕택으로 인하여 하나님의 진리의 말씀을 알게 되었으며 또 많은 형제들에게 전하는 기쁨을 누린 것을 언급했다.

그는 예수 믿는 사람이 동시에 부처를 믿을 수 없음과 같이 한글의 절대은덕을 아는 기독교 신자로서 동시에 한자의 중독자 노릇을 할 수 없음은 당연한 이치라고 하며, 한글을 사랑하고 숭상하는 일은 기독교인의 당연한 의무인 동시에 또 기쁨이 아닐 수 없다고 강조했다.

최현배는 기독교인으로서 한글을 통해 자연스럽게 성경을 소개하며 복음을 간접적으로 전한 것이다. 최현배로 인해 지금 우리 모두가 한글의 우월성과 편리성을 마음껏 누리며 세계 속에서 한국문화가 빠르게 펼쳐지는 큰 몫을 하고 있다. 한글은 이제 수 많은 외국인들이 배우고 싶어하는 국제 언어로 자리매김을 하고 있다.

이제 최현배 선생의 학문과 사상은 한글학회를 중심으로 계속 계승되고 있다. 그의 사상을 기리는 모임인 외솔회가 1970년에 창립되어 기관지 '나라사랑'을 발간하고 있다. 또 한국학연구와 국어운동에 뛰어난 사람에게 외솔상을 시상하고 있다.

여러 방면에 걸친 최현배 선생의 활동과 공로로 1955년 제1회 학술원 공로상, 1967년 5·16민족상 학예부문 본상을 수상하였고, 1962년 대한민국 건국공로훈장을 받았다. 1970년 그는 노환으로 인해 향년 76세를 일기로 생을 마감했다.

최현배 선생의 헌신적인 노고와 그 이전 초기 선교사들의 한글 성경번역과 보급이 없었더라면 우리 '한글'의 우수성과 독창성은 그 빛을 발하는데 지금 보다 훨씬 시간이 더 걸렸을 것이다.

한국 서양음악의 문을 연
천재 작곡가

　우리에게 너무나도 친숙한 '봉선화'와 '고향생각'의 작곡가 홍난파(洪
蘭坡, 1897~1941) 선생. 그는 교회에서 서양음악을 처음으로 접하고
음악가의 길로 들어서 한국 근대 서양음악의 첫 단추를 끼운 기독예술
인이다.

　홍난파는 초기 선교사들이 활동을 활발히 하던 시기인 1898년 4월
10일, 경기도 화성 남양군 둔지면 활초동에서 아버지 홍준과 전주 이씨
부인 사이에서 2남 2녀 중 차남으로 태어났다. 일부에서는 홍난파 형제
들이 4남 4녀인 것으로 알려지고 있는데 이는 부친이 두 번째 부인 박씨
와 혼인하여 2남 2녀를 더 낳았기 때문이다.

　난파의 본래 이름은 영후(永厚)였다. 국악에 조예가 깊었던 부친은 장

남 석후를 금파(金波)라 불렀고, 차남은 난파(蘭坡)라 불렀는데, 이 때문에 본 이름보다 난파라는 이름으로 더 알려지게 되었다.

서울 정동에 살며 서양음악 접해

홍난파의 형인 홍석후는 선교사 알렌과 언더우드가 세운 세브란스의 학교 제1회 졸업생으로 우리나라 최초의 개업의였다. 그는 이비인후과 및 안과 의사였다. 홍난파는 시대변화에 민감하면서 외래문물을 잘 습득할 마음의 준비가 되어 있던 부친으로 인해 2살 되던 해인 1899년에 서울로 이사한다.

선교사들의 활동 본거지라고 할 수 있는 서울 정동 14번지, 외국인 밀집지역에 살면서 부친은 17년간 유명한 언더우드 선교사의 한국어 선생으로 일했다. 바로 이 시기에 홍난파는 자연스럽게 교회에 다니면서 서양음악과 접촉했다.

홍난파는 처음에는 정동감리교회에 출석했으나 후에는 새문안교회에 다니면서 14세인 1911년 7월13일에 세례를 받았다. 나중엔 집사가 되어 교회찬양대에서 봉사하는 등 교회 활동에 적극적으로 참여했다. 후

●홍난파의 청년 시절   ●홍난파의 아내와 딸

일 바이올린을 배워 연주할 수 있게 된 난파는 새문안교회를 비롯 많은 교회 음악회에 바이올린 초청연주자로 활동했다.

홍난파는 사립영신소학교를 졸업한 후 서울 YMCA의 전신인 황성기독교청년회(皇城基督敎靑年會) 중학부에 진학하고 15세인 1913년에 졸업하게 된다. 이 중학교에서 바이올린을 처음으로 접하고 당시 한국 바이올린 선구자인 김인식 선생으로부터 연주법을 배우게 된다.

홍난파가 학교 바이올린으로 연습만 하다가 7월 50전을 주고 첫 바이올린을 구입했던 날, 그는 "난생 처음 제금을 소유하던 날의 그 기쁨이란 나의 일생을 통해서도 가장 큰 감격이 아닐 수 없었다"고 후일 회고했다.

홍난파는 중학교 졸업후 전통음악과 서양음악을 함께 교육했던 조선정악전습소(朝鮮正樂傳習所) 성악과에 입학하여 이듬해 졸업했다. 1914년 기악과에 다시 입학하였는데 두 과정 모두 자신에게 바이올린을 가르쳐준 김인식 선생에게 사사받았다. 16세가 되던 1914년에는 서울 명문가의 규수이자 동갑이었던 김상운과 결혼했다.

조선정악전습소 재학 시기, 홍난파가 세브란스의 학생들의 성탄 축하식에서 바이올린을 독주한 것이 그의 첫 공연 무대였다. 이후 각 교회를 순회하면서 1년간 약 30회 정도 독주연주회를 가졌다. 그리고 1915년에는 김인식의 지도로 남성 합창단 '경성찬양회'를 조직해 활동했다.

1916년에는 부친의 간곡한 뜻을 따라 세브란스 의학전문학교에 입학했으나 1년 만에 의학공부를 중단했다. 음악을 계속 공부하겠다는 열정을 막을 수 없었기 때문이다.

일본유학을 통해 본격 음악가의 길로

이후 조선정악전습소 서양악부 교사로 부임한 홍난파는 〈악전대요〉,
〈통속창가집〉을 출간했고, 〈간이무답행진곡집〉을 편찬하는 등 서양음
악 관련 저술활동도 펼쳤다. 1917년에 교사직을 사임하고 다시 일본유
학길에 올랐다.

도쿄 우에노(上野)음악학교(동경예술대학 전신) 예과(藝科)에 입학하여
이듬해 3월, 수료했는데 '사의 찬미'로 유명한 윤심덕과 입학동기였다.

3.1운동이 일어난 해이자 22세였던 1919년 2월, 홍난파는 도쿄에서
한국인 최초의 예술전문지 〈삼광, 三光〉을 창간했다. 그가 말하는 삼
광의 3가지 빛은 음악, 미술, 문학을 의미하는데, 이를 통해 민족을 계
몽하려는 취지였다.

삼광의 창간호는 일본에서, 2호와 3호는 한국 귀국 후 국내에서 간행
되었으나 경제적 부담으로 4호를 끝으로 폐간할 수밖에 없었다. 홍난
파가 쓴 소설 〈처녀〉는 3호에 실렸는데 이는 이후 가곡 〈봉선화〉의 모
태가 되었다.

홍난파는 일본 음악학교 예과 수료 후 본과 진학을 의도했으나 진학
하지 못해 귀국해 경성악우회를 조직하는 등 국내에서 음악활동을 전개
했고 본격적인 작곡활동에 몰입한다.

1920년 봉선화의 원곡인 '애수'를 작곡했고, 그해 공식적으로 독주
회를 개최했는데, 이는 일제 강점기 조선인 최초의 독주회였다고 한다.
1921년에는 첫 소설집 〈처녀혼〉(處女魂)을 출판한다. 그가 음악 외에
문예에도 소질이 있었던 것이다. 그리고 1922년 9월, 민간음악기관인
연악회를 창립하여 바이올린, 풍금, 성악, 만돌린 등 4개과를 편성하
여 교육시켰다. 회원 중에는 수필가 피천득, 작곡가 김성태, 음악평론가

문학준 등이 있었다고 한다.

음악잡지 창간과 독주회 개최로 활발한 활동

1925년에는 국내 최초의 음악 잡지 〈음악계〉를 창간해 이 역시도 1926년 4호까지 발행했다. 또 바이올린 독주곡 '애수의 조선', '로만스' 등 동양풍의 무곡을 작곡하였고, 연악회 주최로 한국 최초의 바이올린 독주회를 개최했다.

그런데 홍난파는 바이올린 연주만으로는 생계가 어렵자 1920년, 매일신문사에 입사하여 기자생활을 하기도 했다. 1926년 5월, 지병으로 고생하던 아내와 결국 사별하는 아픔을 겪기도 했다. 불과 29세에 아내를 잃은 그는 그해 9월, 일본 동경고등음악학원에 편입학해 1929년 졸업한다.

이 시기 홍난파는 일본 도쿄교향악단(지금의 NHK 교향악단)의 제1 바이올린 연주자로 입단한 바 있었다. 홍난파는 음악을 공부할수록 더 큰 학구열이 불타 올랐다.

1931년 9월, 미국행을 결심하고 도미, 셔우드음악학교에 입학해 마리누스 파울젠(Marinus Paulsen)에게 바이올린과 관현악을 사사받는다. 그리고 1년만인 1932년 6월, 졸업했는데 이것은 그가 동경고등음악학원 본과 수학한 것을 인정받았기 때문이었다. 미국 유학 중에서도 홍난파는 안창호가 이끄는 흥사단에 가입해 활동했다.

1933년 2월, 귀국한 홍난파는 이화여자전문학교 교수를 거쳐 경성보육학교에서 음악교수로 일했다. 그리고 같은 해 10월 작곡 발표를 통해 '옛 동산에 올라', '사랑' 등을 선보였다.

또한 홍성유, 이영세와 함께 국내 최초의 실내악단인 '난파 트리오'를 결성하여 음악 활동을 본격적으로 전개했다.

1934년에 일본 빅터레코드사 경성지점 음악주임으로 근무하기도 했고, 한국 최초의 관현악단인 '경성관현악단' 지휘자로 활동하는 중 제자였던 이대형과 재혼했다. 1936년에는 박영근, 이승연과 함께 '코리아음악연구소'를 창설하여 음악을 가르쳤고, 〈특선가요곡집〉을 출간했다. 아주 왕성하게 음악활동을 펼치던 시기였다.

음악가이자 수필가로서도 활발한 활동을 계속하던 홍난파는 1937년 안창호가 미국에서 조직한 흥사단의 한국지부격인 '수양동우회' 사건 관련자로 지목, 경성부 종로경찰서에 연행되어 72일간이나 수감되었다.

모진 고문으로 젊은 나이에 세상 떠

이 기간 홍난파는 일제로부터 심한 고문을 받고 출감하는데, 이 영향으로 일제 강압에 의해 문화정책에 동조하고 만다. 이는 후일 그를 친일 음악인이라는 굴레에 갇히게 만들고 비난을 듣는 여지를 주었다. 그가 시대적 상황에 음악을 계속하기 위해선 어쩔 수 없었던 점을 이해해야 할 부분이 아닐 수 없다.

후일 그를 친일파로 몰아세운 것은 1937년, 조선문예회(朝鮮文藝會)

●경기도 화성에 있는 홍난파 선생 생가. 사라진 것을 복원해 놓았다.

에 가입한 일과 시국가요를 작곡한 것 등이 근거로 제시되었던 것이다.

내내 고문의 후유증으로 고생하던 그는 1941년 7월, 늑막염으로 경성요양원에 입원했으나 8월 30일, 증세가 악화되어 갑작스레 사망했다. 그의 나이 불과 44세로 젊은 나이였다. 홍난파는 "내가 죽거든 연미복을 입혀 화장(火葬)해 달라"고 유언했다고 한다.

음악에 빠져 물불을 가리지 않고 왕성하게 일한, 진정한 음악인이었던 홍난파는 결국 시대의 희생자였다고 할 수 있다. 그가 작곡한 가곡 '봉선화'를 위시해 '성불사의 밤', '옛동산에 올라', '고향 생각' 등은 한국인의 극진한 사랑을 받았고 오늘까지 애창가요가 되고 있다.

또 '나뭇잎', '개구리' 등 111편의 동요 또한 널리 애창되었다. 그는 천재적인 작곡가였고, 한때 음악평론가로 활동하기도 했는데, 이로 인해 '한국의 슈베르트'로 불리기도 했다.

그가 세상을 뜬 지 24년이 지난 1965년 10월25일, 대한민국 정부는 홍난파에게 문화훈장을 추서했다. 그리고 1968년 수원 팔달산에 노래비가 세워졌다.

그가 살던 종로구 홍파동 소재 가옥은 2004년, 등록문화재 90호로 지정되어 현재 홍난파기념관으로 사용되고 있다. 집 앞에는 그의 흉상이 세워져 있다.

홍난파는 음악가였지만 소설과 수필, 기자로서의 활동도 매우 활발했다. 그가 만든 곡들은 감성과 추억을 되살리는 가사와 곡조로 우리의 마음을 따뜻하게 만들고 있다.

초기 선교사들이 우리에게 전한 서양음악을 전수받아 바이올린 주자로, 작곡자로, 한국음악 발전에 크게 기여한 그의 공로는 아무리 추켜세워도 지나치지 않을 것이다.

'애국가'를 작곡한
세계적인 천재음악가

애국가를 작곡한 안익태(安益泰, 1906~1965) 선생은 유럽을 무대로 활동한 천재적인 음악가로 한국 음악 발전에 한 획을 그은 분이다.

안익태는 평양이 고향이다. 1906년, 평양시 계리 35번지에서 문무여관을 운영하는 안덕훈 선생과 김정옥 여사 사이에서 태어났다. 7형제 중에 셋째로 태어난 그는 어려움 없이 부유하게 자랐다.

교회 풍금소리 따라 교회간 소년

안익태가 6살 때의 어느 여름날, 옷이 다 젖도록 물장구를 치며 놀고 있는데 어디선가 처음 들어보는 음악 소리가 들려왔다. 서양 선교사가 풍금을 연주하고 있었던 것이다.

●유럽활동 중의 안익태

어린 안익태는 이 풍금소리가 너무나 신기하고 좋아 저절로 발걸음을 옮겼고 이후 거의 매일 교회에 찾아갔다. 늘 반겨주는 선교사와 친해진 안익태는 선교사로부터 서양음악에 대해 조금씩 배우게 되었다.

얼마 후 선교사는 안익태의 뛰어난 음악성과 음악에 대한 관심을 대견하게 생각하며 칭찬하고 격려해 주었고 안익태는 자연스레 교회에 나가게 되었다.

8살이 되던 무렵에 일본 동경에서 공부하고 있던 큰형이 돌아왔는데 이상한 악기, 바이올린을 가져왔다. 그날부터 안익태는 밤이고 낮이고 바이올린을 붙잡고 씨름하기 시작했다.

이를 기특히 여긴 형은 바이올린을 잘 켜는 친구에게 안익태를 좀 지도해 달라며 맡겼다. 이렇게 개인교습 6개월이 지나자 혼자서도 찬송가를 연주할 수 있을 정도로 안익태의 바이올린 연주 실력이 놀랍게 늘었다.

1914년 8세에 평양 종로 보통학교에 입학한 안익태는 이번에는 학교 취주악대가 부는 트럼펫 소리에 반해 아버지를 졸라 트럼펫을 사게 되었다. 그렇게 그는 아침에는 바이올린을, 저녁에는 트럼펫을 불며 맹연습을 하곤 했다.

이후 형이 일본에서 축음기를 사다 주었고 안익태는 축음기에서 흘러 나오는 음악을 따라 연주하는 것이 하루의 큰 즐거움이었다.

그 해 가을에 학교에서 학예회가 열렸다. 어린 1학년생 안익태는 바이올린과 트럼펫을 차례로 연주했다. 어린 안익태가 연주하는 아름다운 선율을 숨죽이고 듣던 사람들이 큰 박수를 아낌없이 쳐 주었다.

뿌듯함을 느낀 안익태는 커서 훌륭한 음악가가 되리라 다짐했다. 평양 보통학교에서 안익태는 모든 악기를 자유롭게 연주하는 신동이라고 소문이 자자했다.

보통학교를 졸업한 뒤 1918년, 평양 숭실중학교에 입학했다. 그의 형 안익삼은 이번엔 첼로를 사다 주었다. 1919년 3·1운동이 일어났을 때 학생들이 친일교사들을 몰아내자는 동맹휴학에 안익태도 동참하자 그는 학교에서 무기정학을 당했다.

일본으로 유학, 첼로를 전공하다

학교를 못가는 안익태는 3·1독립만세운동으로 잡혀 있는 선배들을 구출할 계획을 세우기 위해 평양 기자릉 앞의 비밀집회에 갔다가 일본경찰에 붙잡히고 말았다. 그러나 선교사 마우리 박사의 도움으로 구속을 면한 후 바로 일본유학을 떠났다.

1919년 10월, 일본에 도착해 일본어를 익히고 자리를 잡은 뒤 도쿄에 있는 세이소쿠 중학교 입학시험을 보았다. 그는 일본어를 잘 알지 못해 시험은 거의 백지로 제출했으나 교장으로부터 그의 음악실력을 특별히 인정받아 합격되었다.

이곳에서 중학교 5년 과정을 마친 안익태는 1926년 4월, 도쿄에 있는 구니다치 국립음악학교에 우수한 성적으로 합격해 첼로를 전공했다. 여기서 유명한 마이스텔 교수의 수제자가 되었다. 당시 이 학교에 재학했던 인물로는 김원복(金元福), 홍성유(洪盛裕) 등이 있었다.

1928년 여관을 운영하던 부친이 사망하자 생활에 어려움이 닥쳤다. 안익태는 송금이 끊겨 당장 수업료도 내지 못했다. 때문에 졸업시험을 우수하게 통과했지만 수업료를 내지 못해 졸업식에 참석할 수 없는 상태였다. 안타깝게 기도하고 있을 때 한 외국인 피아니스트가 안익태의 밀린 수업료 전액을 부담해 주어 무사히 졸업할 수 있었다고 한다.

안익태는 일본 명문 국립음악학교를 1930년, 졸업한 후에 도쿄의 도요(東洋)음악학교의 강사로 잠시 재직하다 미국 샌프란시스코 신시내티음악원으로 유학을 떠났다. 신시내티음악원에 그를 추천해 준 인물은 일본에 거주하던 미국인 선교사 하워드 한나포드(Howard D. Hannford)였다.

샌프란시스코에 도착한 안익태는 우선 한인교회를 찾아 예배를 드렸다. 자신의 오늘을 있게 한 분이 하나님이요 지켜주신 분도 하나님이란 믿음 안에서 깊은 감사기도를 드렸다.

미국 신시내티음악원서 템플대학 음대로

신시내티음악원에 적을 두고 공부하던 안익태는 1932년, 갑자기 불법취업 혐의로 국외 추방의 위기를 맞았다. 이 문제는 신시내티음악원의 운영 주체가 바뀌면서, 안익태가 졸업한 구니다치 국립음악원에서 수강한 과목의 학점을 인정해 주지 않은 것에서 비롯됐다.

이에 안익태는 바로 템플대학 음악대학과 접촉, 전학을 추진했고 다시 이곳 정식 학생으로 입학이 허가돼 추방의 위기에서 벗어나게 되었다.

안익태는 바로 이곳에서 윤치호 선생이나 안창호 선생이 지었을 가능성이 높은 애국가 가사를 스코틀랜드 민요 '올드 랭 사인'(이별의 노래) 멜로디에 맞춰 불렀다.

그리고 애국가 가사에 이틀간 금식기도 하면서 삼천리 반도에 하나님의 은혜가 충만하기를 기도하는 마음으로 '하나님이 보우하사' 구절을 추가했다.

안익태는 이 올드 랭 사인 멜로디에 맞추어 애국가를 부르는 것이 매우 안타까웠다. 그래서 장차 1년, 2년 아니 몇 년이 걸리더라도 우리 민족이 사랑할 수 있는 영원한 애국가를 작곡하겠다고 다짐했다. 그런데 안익태의 이런 꿈은 정말 6년 후에 정확하게 자신에 의해 이뤄졌다.

미국 유학기간인 1930년부터 1933년까지 신시내티교향악단 제1첼로 주자로 입단, 동양인 최초의 주자가 되었다. 그 뒤 필라델피아교향악단에도 입단했으며, 신시내티·필라델피아 등지에서 첼로독주회를 가졌다.

그가 남긴 자필기록에 따르면, 최초의 유럽 활동은 1937년 8월에 시작되었다. 이는 1937년 9월, 헝가리의 부다페스트교향악단을 지휘한 시기와 일치하며 헝가리에 머무는 동안 1938년, 부다페스트의 리스트페렌츠음악학교 연구원 및 교환학생으로 입학한 기록이 남아있다. 같은 해 더블린방송교향악단의 객원으로 '한국환상곡'을 초연했다.

그는 또 오스트리아 빈에서 유명한 음악가 리하르트 슈트라우스(Richard Strauss)에게서 지휘법을 배웠다. 리하르트 슈트라우스는 나라를 잃고 떠도는 안익태를 아버지와 같이 아껴주고 유럽의 무대에 설 수 있도록 앞길을 열어 주었다.

유럽을 무대로 활동하다 스페인으로

슈트라우스의 도움으로 음악계에서 안정된 자리를 잡은 안익태는 독일에서 독자적인 활동을 하다가 제2차 세계대전이 끝난 1945년, 스페인으로 갔다. 그는 스페인에서 생활하는 동안에도 조국을 알리기 위한 노력에 최선을 다했다.

안익태는 스페인에 있는 동안 평생의 반려자 로리타를 만났다. 로리타와 결혼해 스페인 국적을 얻은 안익태는 마드리드 마욜카교양악단의

●안익태의 첼로연주 모습

상임지휘자로 활동하면서 영국과 미국 등에서 객원지휘자로 활발하게 활동했다.

조국을 떠난 지 25년 만인 1955년에 귀국한 안익태는 자신의 작품인 '강천성악'(降天聖樂)과 '한국 환상곡'을 지휘했고, 1961년에 다시 귀국하여 1963년까지 서울 국제음악제를 3회 주관하는 등 조국의 음악 발전에 크게 공헌했다.

여기서 안익태가 작곡한 '코리아 환상곡'에 대해 자세히 살펴볼 필요가 있다. 이 곡은 합창단·관현악과 관악기를 위한 30여분의 웅장한 대작으로 1940년경에 작곡이 완성된 것으로 보인다.

독일 후기낭만파 양식이 기조가 되고 있다. 특히, 후반부의 합창 부분은 '애국가'의 가락이 중심을 이루며 '만세 만세'의 가사로 격앙과 고조를 이루면서 끝난다.

안익태는 태고의 민족 탄생과 유구한 역사, 그리고 외적 침략에 항거하며 독립하여 광복을 이룬다는 줄거리로 일제강점기에 민족 독립을 쟁취하겠다는 분위기를 작품 곳곳에 담았다.

이 작품은 작곡자의 일본 및 미국 유학을 거쳐 헝가리로 이어진 수학(修學)의 결과로 이루어진 작품이라고 볼 수 있으며, 첼리스트와 지휘자로 쌓은 경험을 토대로 창작 음향기능이 아주 중요시되었다.

또 부분적으로 한국민요의 멜로디를 도입하고자 하였지만, 안익태 자신의 서양음악 교육의 바탕 때문에 새로운 기법을 개척하지는 못했다.

●안익태가 오케스트라를 지휘
하는 모습

한국의 국제적 위상 높인 '코리아 환상곡'

'코리아 환상곡'의 세계 첫 연주는 1958년 할리우드에서 이루어졌으며, 국내에서는 1961년 서울시립교향악단과 KBS교향악단이 합동으로 처음 연주했다. 이 음악회는 이화여자대학교 대강당에서 열렸으며 당시 이승만(李承晩) 대통령 생일을 기념하기 위한 음악회였다.

그 뒤 국내에서는 국가의 경축기념일 등에서 자주 연주되었으며, 해외에서도 일본, 미국, 남미 등에서 연주되면서 외국인들이 한국말로 노래하는 곡이 되었고 따라서 한국 음악의 국제적 위상도 높혔다.

안익태는 사실 스페인서 돌아와 조국에 영주귀국 하려고 했으나 허락되지 않아 1965년 9월 17일, 스페인 땅에서 조국을 그리며 세상을 떠났다.

스페인 출신의 부인 로리타 안 여사는 2009년 94세의 나이로 사망했고 안익태와의 사이에 세 딸을 두었다. 로리타 여사는 애국가 저작료 문제가 발생했을 때 2005년 3월 16일, 애국가를 한국 국민에게 무상으로 양도했다.

안익태 선생의 유해는 1977년, 서울 동작동 국립현충원에 안장되었다.

이런 안익태 선생을 친일파니 나치에 협력했다는 등 폄하하는 분들이 있다. 그러나 나치는 전혀 관련이 없는 것으로 증명되었고 일제 시대엔 당시 상황으로 일부 협력할 수 있었겠지만 이는 애국가를 작곡한 음악가에 대한 평가가 너무 일방적이란 점에서 재조명이 필요하다고 여겨진다.

정부는 안익태 선생에게 1957년, 문화포상을 수여했고 1965년에는 문화훈장 대통령장을 추서했다.

유명 첼리스트이자 오케스트라지휘자로 유럽을 무대로 수많은 연주와 함께 많은 작품을 남긴, 천재음악가 안익태 선생은 모든 것을 차치하고라도 그가 우리가 현재 사용하고 있는 애국가 작곡가란 사실 하나만으로 존경을 받아야 할 인물이다.

세계 어느 나라도 자국의 국가를 만든 작곡가의 이름을 붙인 음악홀이나 박물관은 있다고 한다. 그럼에도 불구하고 지금 우리나라에는 안익태기념 음악홀이나 안익태기념박물관이 없다. 스페인 그의 생가(生家)에 자그마한 박물관이 있어 유족들이 자리를 지키고 있을 뿐이다.

향토색 짙은 서정적 작품으로
신앙을 표현하다.

국민화가 박수근(朴壽根, 1914~1965)의 유화작품 '공기놀이 하는 아이들'(43×65cm)이 2019년 10월에 가진 서울옥션 홍콩경매에서 무려 23억원에 낙찰, 미술계를 놀라게 했다.

생존시에는 가난한 화가로 살았지만 사후에 그림들을 인정받은 그의 작품은 많은 사람들에게 옛 시절과 고향의 향수를 자극한다. 그런데 이 박수근이 아내와 함께 독실한 크리스천이었으며 그의 삶 역시 진실되고 바르게 산 모범신앙인이었음을 아는 이가 많지 않다.

부친 사업실패로 독학으로 그림공부

박수근은 강원도 양구에서 아버지 박향지(朴享智)와 어머니 윤복주

●박수근과 결혼사진

(尹福珠) 사이에서 6남매 맏아들로 태어났다. 부유한 집안이었으나 양구공립보통학교를 졸업할 무렵 광산업을 하던 부친의 사업실패로 진학을 포기해야 할 정도로 가정이 어려워졌다.

그림에 남다른 재능을 보인 그는 어릴 적에 교회에 출석하게 되었고 목사의 설교에 크게 은혜받고 목사가 되기를 기도하기도 했다. 그러나 12세 때 밀레의 그림 '만종'을 보고 화가가 되어 그림으로 복음을 전하겠다고 결심했다. 그는 1963년 한 인터뷰에서 이렇게 말했다.

"보통학교에 입학했는데 미술시간이 어찌도 좋았는지 몰라요. 제일 처음 선생님께서 크레용 그림을 보여주실 때 즐거웠던 마음은 지금껏 잊혀지지 않아요. 혼자서 밀레와 같은 훌륭한 화가가 되게 해달라고 하나님께 기도드리며 그림 그리는 데 게을리 하지 않았지요."

그는 어머니가 병중이어서 상급학교 진학은 꿈도 꾸지 못하고 가족을 돌봐야 했다. 우물에 가서 물을 긷고, 맷돌에 밀을 갈아 수제비를 끓여야 하는 힘든 환경에도 좌절하지 않고 꾸준하게 그림을 그렸다.

산으로 들로 다니며 스케치하고, 농가에서 일하는 아낙과 나물 뜯는

258

소녀를 그렸다. 농촌인 양구에서 그림의 기초를 다지면서 우리의 토속적인 미감(美感)과 농촌의 정서를 몸으로 익혔다. 오랜 습작의 결과로 박수근은 1932년 18세의 나이에 조선미술전람회에서 이른 봄의 농가를 그린 수채화 '봄이 오다'로 입선을 했다. 미술학교 근처도 가지 못한 18세의 박수근이 이 어려운 등용문을 통과한 것은 엄청난 사건이었다. 그러나 감격도 잠깐이고 그는 이듬해인 1933년부터는 3회나 연속 낙선의 쓴맛을 보았다. 이것은 어려운 살림을 감당하느라 그림에 집중하지 못한 탓이었다.

조선미술전람회에 연속 입선

1935년 어머니가 별세하고 가족이 뿔뿔이 흩어지자 박수근은 거처를 춘천으로 옮기고 그림 그리기에 정진했다. 마침내 1936년 조선미술전람회에서 아기를 등에 업고 절구질하는 농촌 아낙네를 그린 수채화 '일하는 여인'으로 2번 째 입선했다.

박수근은 1940년 2월 10일 철원군 금성교회에서 한사연 목사의 주례로 이웃집 처녀 김복순과 결혼식을 올렸다. 원래 이곳 출신인 김복순은 춘천공립여학교를 졸업한 뒤 귀향해 있었는데 박수근이 바로 윗집에 사는 김복순을 운명처럼 만난 것이다.

첫 모습에 반한 박수근의 간청으로 결혼한 두 사람은 비록 가난하지만 사랑과 믿음으로 가정을 꾸렸다. 그런데 거짓말 같은 행운이 찾아왔다. 결혼 3개월 만에 평소 박수근을 후원하던 강원도청 한 일본인이 평양에 있는 평남도청 사회과장으로 전근하면서 그를 사회과 서기로 채용한 것이다.

평양으로 이사하면서 박수근에겐 새로운 세계가 열렸다. 평양의 화가

●박수근 작품 '공기놀이하는 아이들'(왼쪽). 23억원에 낙찰됐다.

들과 어울려서 스케치를 나가고, 일본 유학파 최영림, 장리석, 황유엽 등과 '주호회'를 결성하여 동인전을 열었다. 주호회는 당시 독학으로 그림공부를 한 화가들의 모임이었다. 이 무렵 아내 김복순은 당시 일을 일기에 이렇게 기록했다.

"그이는 조선미술전람회 작품을 그리기 시작했다. 나는 몇 시간씩 그이 그림의 모델이 되어 주곤 했다. 그때 내가 모델을 한 건 주로 망질(맷돌 돌리는 일)하는 여인이었다. 처음 모델을 하는 거라 참으로 힘들었으나 나는 하나님께 '이 작품이 잘 그려져서 조선미술전람회에 낙선하지 않게 해주세요' 하고 기도하곤 했다."

1941년 김복순을 모델로 한 "맷돌질하는 여인"이 조선미술전람회에 입선했다. 그녀의 기도가 응답된 것이다. 이듬해 첫아들 성소가 태어나자 아내와 아들을 모델로 '모자(母子)'를 그려 다시 조선미술전람회에 입선했고, 제22회 선전에는 아내를 그린 '실을 뽑는 여인'으로 다시 입선했다. 이렇게 그는 1944년의 마지막 회까지 선전의 공모 출품을 통하여 화가로서의 기반을 확고히 다졌다. 그의 그림의 주제는 가정을 테

마로 한 것이 대부분이었다.

월남 후 남한 미술계에서도 인정

1945년 8월 15일, 평양에서 광복을 맞은 박수근은 금성으로 돌아와 금성중학교 미술교사로 새로운 생활을 시작했다. 그러나 금성은 공산 치하여서 기독교 신자인 박수근은 요시찰 인물로 감시를 받아야 했다.

1952년, 박수근은 월남하여 대한민국미술전람회와 대한미협전(大韓美協展)을 통해 작품 활동을 계속했다. 1953년 7월 휴전이 성립되고 그해 가을 국전이 다시 열리자 두 작품을 출품하여 '집'은 특선, '노상에서'는 입선을 차지했다.

이로써 남한 미술계에서도 박수근은 실력을 인정받게 되었다. 1954년부터 국전과 함께 미전에도 출품했고 1959년 국전 추천작가가 되어 8회부터 14회까지 매년 심사를 거치지 않고 출품할 수 있었다.

그해 조선일보사가 주최한 제3회 현대작가 초대전에 선정되어 '봄', '휴녀', '노인과 유동'(뛰노는 아이들)을 출품했다. 1962년에는 제11회 국전 심사위원으로 위촉되어 서양화부 공모작을 심사했다.

박수근 예술의 전성기는 1959년부터 '국전(國展)' 심사위원으로 위촉된 1962년까지였다고 볼 수 있다. 40대 후반으로 작품 활동이 왕성했을 뿐 아니라 주제의 깊이나 표현 기법도 완숙에 이른 시기였다. 정확한 연대가 없이 60년대로 표기한 작품은 대부분 이 시기에 그린 것들로, 소재가 정감이 넘치고 화강암 같은 질감의 기법도 최상의 경지를 보이고 있다.

박수근의 화단 내 위상과 예술적 평가도 높아 갔지만 반면 그의 생활은 좀처럼 나아지지 않았다. 그림은 팔리지 않아 여전히 가난했던 것이다.

사실 박수근의 전성기는 잠깐에 불과했고 작품에 전념할 한창 나이에 그에게 병마가 엄습했다. 치료비가 없어 병세가 악화된 뒤에야 백내장 수술을 받았으나 결과가 좋지 않았다. 그래서 재수술 중에 시신경을 잘라내는 바람에 실명을 하고 말았다.

이후 짙은 안경을 끼게 됐고 한쪽 눈으로만 그림을 그려야 했다. 박수근은 한쪽 눈마저 침침해져 가는 중에도 혼신의 힘을 다해 그린 '할아버지와 손자'를 제13회 국전에 출품했다. 1965년 신장염과 간염으로 고생하던 박수근은 간경화와 응혈증이 악화되었고, 결국 5월 6일에 "천당이 가까운 줄 알았는데 멀어, 멀어~"라는 마지막 말을 남기고 하나님의 부르심을 받았다.

평범한 소시민의 일상을 담아내다

화단의 변두리에서, 평생 가난의 굴레를 벗어나지 못한 채 51세를 일기로 저 세상으로 떠난 화가 박수근의 유해는 경기도 포천군 소홀면 동신교회 묘지에 묻혔다.

이후 그의 유해는 2004년, 양구 박수근미술관으로 옮겨져 고향 동산에 안치됐다. 박수근이 세상을 떠난 1965년, 아내 김복순은 남편이 남긴 작품 79점을 어렵게 모아 10월 6일부터 10일까지 서울 소공동에 있던 중앙공보관 화랑에서 '박수근 유작전'을 열었다.

이어 마지막 운명하기 직전까지 병마에 시달리면서도 완성한 '유동'을 10월 16일, 국립미술관에서 열린 제14회 국전에 출품함으로써 고인의 뜻을 기렸다. 그의 마지막 작품이었다.

기독교 화가라고 성화(聖畵)만 그리는 것은 아니다. 고난 속에 있는 민족을 따뜻하게 품고 그들의 삶을 진솔하게 드러내고 표현하여 대중의 사랑을 받은 민족화가가 바로 박수근이다. 그는 자신의 작품세계를 인터뷰하면서 이렇게 밝혔다.

"나는 인간의 선함과 진실함을 그려야 한다는 예술에 대한 대단히 평범한 견해를 가지고 있다. 따라서 내가 그리는 인간상은 단순하고 다채롭지 않다. 나는 그들의 가정에 있는 평범한 할아버지와 할머니, 그리고 물론 어린아이들의 이미지를 가장 즐겨 그린다."

이것은 박수근의 철학이 담긴 예술론으로 그의 작품 주제와 특징의 근간을 엿볼 수 있는 부분이다. 그의 작품에 등장하는 인물은 근대사를 산 소박한 서민의 일상적인 모습이었다.

평생 가난에 시달리며 자신의 화실도 갖지 못하고, 개인전은 꿈도 꾸지 못했던 화가 박수근은 목회자의 심정으로 평생 그림을 그리며 일생을 바친 화가였다. 어렸을 적 밀레와 같은 화가가 되어 복음을 전하겠다는 서원대로 그의 그림은 지금 많은 사람들에게 잔잔한 마음의 평안과 고귀한 생명의 존엄을 오늘도 감동적으로 전하고 있다.

민족 시인의
하늘과 바람과 별과 시

　시인 윤동주(尹東柱, 1917~1945)는 일제강점기에 활동한 시인이자 독립운동가로 우리에게 너무나 잘 알려져 있다. 그가 유명한 것은 윤동주의 시가 요즘도 수많은 사람들의 감성을 깨우고 읊조리게 만드는 공감능력이 뛰어나기 때문이다.

　직접적인 무장투쟁은 하지 않았지만 자신의 뜻을 굽히지 않은 저항시, 그리고 삶의 고뇌에 대한 시로 유명하다. 윤동주는 일본 유학으로 인해 민족의 걸어가야 하는 길과 다른 길을 걷는 것처럼 보이는 자신의 행적을 반성하고 이에 대한 부끄러움을 나타낸 시로도 유명하다.

독립운동기지 명동촌에서 출생

'서시', '별 헤는 밤에' 등으로 유명한 윤동주의 짧고 힘들었던 삶 속으로 들어가 보자. 윤동주는 1917년 12월 30일, 만주국 간도성 화룡현 명동촌에서 아버지 윤영석과 어머니 김용의 3남1녀 중 맏아들로 태어났다.

일찍 복음을 받아들여 기독교 가정에서 자란 그는 당시로선 드문 유아세례를 받았다. 명동은 당시 북간도 전역에서 독립운동 기지로 유명한 곳이었다. 명동촌은 윤동주의 생애를 이해하는데 있어서 매우 중요한 장소다. 그 마을의 실질적인 정신적 리더는 목사인 김약연이었다.

김약연은 윤동주의 외삼촌이기도 했다. 윤동주는 일제에 맞서 저항하기 위해 민족의 지도자를 신앙으로 양육한 외숙부의 영향을 깊이 받고 자랐다. 항일과 통일 운동으로 유명한 민족주의자 문익환 목사도 바로 이 명동촌 출신으로 윤동주와 함께 자랐다.

참고로 하얼빈에서 이토 히로부미를 저격했던 안중근 의사도 거사 전 명동촌에서 사격 연습을 하며 마음을 가다듬었다고 알려져 있다.

윤동주는 1925년, 명동소학교에 입학했고 불과 5학년 때 급우들과 함께 '새명동'이란 등사판 문예지를 만들었다.

1931년 명동소학교를 졸업한 그는 인근 중국인 소학교 6학년에 편입

●윤동주(뒷줄 오른쪽)와 송몽규(앞줄 가운데)등 명동학교 친구들

하여 1년 동안 공부하다 1932년, 용정(龍井)에 있는 기독교계 은진중학교에 입학했다.

은진중학교 재학 시절 윤동주는 1934년 '삶과 죽음', '초한대', '내일은 없다' 등을 쓰면서 시인의 꿈을 키웠다. 윤동주는 은진중학교 4학년 재학 중 역시 미션스쿨인 평양 숭실중학교 3학년 2학기에 편입하는데 숭실중학교의 민족적이고 종교적인 분위기 속에서 공부하면서 문학에 대한 꿈을 이어 나갔다.

숭실중학교에 일제가 신사참배를 강요하자 윤동주는 이에 대한 항의 표시로 자퇴하고 용정으로 돌아왔다. 용정으로 돌아온 윤동주는 5년제인 광명학원 중학부 4학년에 편입했다. 1936년, 윤동주는 연길에서 발행되던 어린이 잡지 '카톨릭 소년'에 동시를 발표하며 시인으로 활동했다.

연희전문학교 문과에 입학해 작품활동

광명중학교 시절, 윤동주는 대학진학 문제로 아버지와 심한 불화를 겪었다. 부친은 의사가 되기를 원해 의대를 강권했지만 그는 문과대학에 가고 싶어 했던 것이다. 다행히 조부 윤하현이 나서 주어 1938년, 윤동주는 연희전문학교 문과 입학시험에 응시해 합격했다.

연희전문학교 재학 시절, 윤동주는 흥업구락부 사건으로 교수직을 박탈당하고 학교도서관 촉탁으로 일하고 있던 한글학자 최현배로부터 한글을 배웠고, 이양하에게 영시(英詩)를 배웠다.

윤동주는 여름방학 때면 고향 용정에 돌아와 북부감리교회 하계 아동 성경학교에서 아이들을 가르쳤으며 자연 속에서 시심(詩心)을 키웠다.

1939년, 22세에 그는 '조선일보' 학생란에 산문 '달을 쏘다', 시 '유언'

●윤동주 첫 시집 '하늘과 바람과 별과 시'의 1948년 정음사 초판 본 표지

등을 기고했고, '소년'지에도 동시를 발표했다.

1941년 12월 27일, 연희전문학교를 졸업한 그는 그동안 쓴 19편의 시를 모아 '하늘과 바람과 별과 시'라는 표제로 77부 한정판으로 시집을 출간하려 했다.

그러나 '슬픈 족속', '십자가', '또 다른 고향'과 같은 작품은 일제에 항거하는 내용이고 독립을 은유적으로 표현, 일제의 검열을 통과하기 어려우니 출간을 보류하라는 충고를 받게 된다. 윤동주는 할 수 없이 시집 3권을 직접 필사, 이를 이양하와 정병욱에게 각각 1부씩 증정했다.

태평양전쟁으로 물자동원령이 내려지고 수많은 사람들이 전장으로 끌려가는 현실에 윤동주는 고뇌해야 했다. 그런 상황에서 집안 어른들은 그의 일본 유학을 결정했다.

1942년, 그는 동경에 있는 릿교대학 문학부 영문과에 입학했고 유학수속을 위해 연희전문학교에 창씨 개명한 이름을 제출하지 않을 수 없었다.

이때의 굴욕감을 그는 마지막 작품인 '참회록'으로 표현했다. 그해 7월, 방학을 맞아 용정으로 돌아온 윤동주는 일제의 만행을 감지하며 동생들에게 한글 인쇄물이 앞으로 사라질 것이니 어떤 것이든 사서 모으라고 당부했다.

불과 보름 남짓 고향에서 시간을 보내고 일본으로 돌아간 그는 10월

1일 사립 기독교계 학교인 교토의 동지사대학(同知社大學) 영문학과로 전학하게 된다.

당시 윤동주는 교토제국대학에 다니던 송몽규와 가까운 거리의 하숙집에 살았는데, 송몽규는 낙양군관학교 입학 이래 일제의 요시찰 인물이었다.

이 때문에 윤동주는 송몽규와 연관된 인물로 일경의 감시망에 포함되었다. 동지사대학 야나기 무네요시 교수는 영문학을 가르치며, 조선의 전통공예를 일본에 소개하는 한편 조선 지배를 강화하는 일본을 통렬히 비판하고 조선인들에 깊은 애정을 표시했던 인물이었다.

1943년 3월1일, 일제가 징병제를 공포하고 학병제를 실시하자 윤동주는 위기의식에 사로잡혔다. 본인도 전장에 끌려갈 수 있는 데다가 치안유지법에 의거한 일제의 탄압은 갈수록 심해졌다.

여름방학 중이었던 7월14일, 귀향을 준비하던 윤동주는 갑자기 하숙집에서 체포되어 시모가모 경찰서로 이송되었다. 이듬해인 1944년 2월까지 구치소에 있던 윤동주는 그달 22일, 송몽규와 함께 정식으로 기소되었다.

일본유학 후 요시찰 인물로 낙인

1944년 3월31일 교토지방재판소 제1형사부 이시이 히라오 재판장은 판결문에서 개정치안유지법 제5조 위반(독립운동)의 혐의로 윤동주에게 징역 2년을 언도했다.

죄명은 '윤동주는 어릴 적부터 민족학교 교육을 받고 사상적 문화적으로 심독했으며 친구(송몽규)의 감화 등에 의해 대단한 민족의식을 갖고 내선(일본과 조선)의 차별 문제에 대하여 깊은 원망의 뜻을 품고 있었고, 조선 독립의 야망을 실현시키려 하는 망동을 했다'는 것이 죄명이었다. 그는 구주(九州) 동쪽에 있던 후쿠오카형무소에 투옥되었다.

전쟁이 막바지에 이르던 1945년 2월, 윤동주의 고향집에 갑자기 '16일 동주 사망, 시신을 가지러 오라'란 전보가 배달되어 가족들을 경악시켰다.

아버지와 당숙 윤영춘이 일본으로 건너가고 있는 사이에 '동주, 위독하니 보석할 수 있음. 만일 사망 시에는 시신을 가져가거나 아니면 규슈제국대학 의학부에 해부용으로 제공할 것임. 속히 답장 바람'이라는 요지의 우편통지서가 고향에 또 한번 배달되었다.

사망 전보보다 10일이나 늦게 윤동주가 위독하다는 소식이 날아온 것이다. 이 사실도 모른 채 후쿠오카형무소에 다다른 아버지와 당숙은 우선 살아 있는 송몽규를 면회했는데 초췌한 몰골의 송몽규는 매일 이름 모를 주사를 맞고 있다는 증언과 윤동주가 사망했다는 소식을 전했다.

1년 7개월 동안이나 수감생활을 견뎌오던 윤동주는 건강악화로 인해 1945년 2월 16일, 불과 28세의 나이에 뇌일혈로 사망했다. 불과 광복 6개월 전의 일이었다.

죽기 직전, 윤동주가 무언가를 말했지만 일본인 간수가 알아듣지 못했다고 하는데, 어떤 전기에서는 한국어가 아니었겠느냐고 추측하고 있고 '아'라는 외마디의 소리였을 수도 있었을 것이다.

사망 이듬해인 1946년 11월 3일, 교토지방재판소는 새 일본국 헌법 공포를 계기로 내려진 칙령 제511호에 따라 윤동주를 사면했다. 애당초 윤동주는 죄도 없었지만 사면도 윤동주가 사망한 후여서 아무런 의미 없는 판결이었다.

일제의 고문으로 사망, 용정에 묘소

형무소에서 윤동주의 시신을 받은 부친의 심정은 어떠했을까. 당시 시신은 규슈제국대학 의학부에서 방부제 처리를 해두었다고 한다. 윤동주의 장례식은 그가 사망한지 20일이 지난 3월 6일, 용정중앙감리교회 문재린 목사의 집례로 치러졌다.

그의 장례식에서 '문우'에 발표했던 그의 시 '자화상'과 '새로운 길'이 낭송되었다. 그해 단오 무렵 가족들은 묘소에 '시인윤동주지묘(詩人尹東柱之墓)'라고 새긴 비석을 세워 그를 기념하고자 했다.

윤동주가 사망한 지 7개월 후 일본이 무조건 항복함으로써 한국은 8월 15일 광복을 맞이했다. 윤동주 사후 2년이 지난 1947년, 2월 13일자 '경향신문'에 정지용의 소개문과 함께 '쉽게 씌어진 시'가 발표되었다.

그리고 이듬해 1948년 1월 30일, 윤동주 유고 31편을 모아 사후에 시집이 출판되면서 계속 증보되고 그의 시들이 교과서에 가장 많이 실리면서 한국인에게 가장 사랑받은 시가 되었다. 1990년 8월 15일, 대한민국 정부는 윤동주에게 건국훈장 독립장을 추서했다.

보통 우리가 윤동주를 시로 일제에 투쟁한 인물이라고 배우지만 2010년, 세상에 공개된 재판 관련 문서를 살펴보면 놀라운 점이 많다. 윤동주는 당시 악명 높았던 특별한 고문을 당하면서도 또 일제 재판관 앞에서도 매우 당당했다.

부끄러워하던 소극적인 이미지의 시인은 사라지고, 형사 앞에서도 조선 독립에 대한 열망과 대책을 열정적으로 토로하기를 마다하지 않은 기록이 나오기 때문이다. 일제에 저항하는 강한 독립투사의 이미지가 재판기록에서 선명히 나타나 있었던 것이다.

윤동주의 판결문에는 민족의식을 고취하여 독립을 쟁취하기 위한 구체적인 운동 방침을 논의했다는 사실이 적시돼 있었다.

윤동주는 짧은 생애를 살았지만 특유의 감수성과 삶에 대한 고뇌, 독립에 대한 소망이 서려 있는 작품들로 인해 대한민국 문학사에 큰 기여를 한 기독 문인이다.

그의 시집 '하늘과 별과 바람과 시'는 지금도 한국의 어떤 자그마한 서점에 가더라도 서가의 한 귀퉁이를 차지하며 꾸준히 팔리고 있다.

福音傳播
복음전파

Chapter **5**
삼천리 금수강산을 복음의 물결로

"끝으로 형제들아 무엇에든지 참되며 무엇에든지 경건하며 무엇에
든지 옳으며 무엇에든지 정결하며 무엇에든지 사랑 받을 만하며
무엇에든지 칭찬 받을 만하며 무슨 덕이 있든지 무슨 기림이 있든
지 이것들을 생각하라"(빌립보서 4:8)

한글로 성경을 번역한 조선 최초의
개신교 순교자

1876년, 매킨타이어 선교사에게 세례를 받고 한국 최초의 개신교 신자가 된 백홍준(白鴻俊, 1848~1893) 장로. 그는 아펜젤러와 언더우드가 인천항을 통해 한국 땅을 밟고 본격적인 조선선교가 시행되기 훨씬 전에 중국에서 성경을 번역하며 활동한 기독교인이었다.

많은 이들이 이 당시 전도활동에 대해 잘 알지 못한다. 그러나 백홍준 장로의 삶을 추적해 가다 보면 하나님께서 풍전등화 같았던 조선에 빛을 비추시고 새로운 복음전파의 역사를 준비하고 계셨음을 발견하게 된다.

중국 만주에서 만난 로스와 백홍준

●최초의 개신교 신자 백홍준

영국 스코틀랜드연합장로교회 선교사로 중국에 온 존 로스(John Ross)와 존 맥킨타이어(John MacIntyre) 선교사 두 사람은 처남, 매부지간이었다.

그들은 1863년부터 중국 내 만주지역에 파송되어 거주하며 선교를 펼치고 있었다. 그런데 현지 선교를 위해서는 현지인들의 언어로 번역된 성경이 무엇보다 필요하다는 귀츨라프 선교사의 선교보고서를 읽고 이에 동감하고 있었다.

로스는 만주에 온 조선상인들을 만나 이미 발간된 한문성경을 팔면서 전도했으나 조선인들은 그의 말에 전혀 귀 기울이지 않았다. 그들의 관심은 복음에 있는 것이 아니라 서양옷감인 영국산 양목(洋木)에 있었다.

그런데 어느 날 여관에 있는 로스에게 50대의 남자상인 한 명이 찾아왔다. 그는 조선은 대원군의 쇄국정책으로 서양종교를 받아들이기가 매우 어렵다고 했다. 이 때 로스는 그 상인에게 한문으로 된 신약성경과 번즈 목사가 번역한 '훈아진언'(訓兒眞言)이라는 기독교소개서를 전해 주었다.

이 때 로스를 직접 찾아가 성경과 소책자를 받아간 상인은 자기의 고향인 의주로 돌아가 가까운 사람들에게 이것을 전해 주어서 읽게 했다. 그리고 1879년 초, 이번엔 두 명의 한국인이 만주에 있던 맥킨타이어 선교사를 찾아와 기독교에 관심이 있다고 말했다.

하지만 매킨타이어는 한국의 첫 개종자는 공개적으로 자신의 신앙을 고백해야 하며, 또한 고향에 가서 부모의 허락을 받아야 한다고 말했다. 이 두 사람은 고향으로 돌아갔다가 얼마 후에 다시 돌아왔다. 그 중의 한 사람이 세례를 받고, 교인이 된 백홍준이었다.

로스 선교사는 조선에서 온 선비인 백홍준과 이응찬을 비롯 이성하, 김진기 등을 만나 선교 차원에서 조선말을 배우게 되었다. 특히 백홍준은 그들의 조선말 선생뿐 아니라 한문성경을 한글로 번역하는 일을 주로 맡았으며 후에 서상륜과 번역사업에 동참했다.

이렇게 의주 상인 백홍준은 26세이던 1874년, 만주에 들어갔다가 이 로스와 맥킨타이어 선교사를 만나 3년 동안 한국어를 가르쳤다. 그리고 백홍준은 친구들과 함께 1876년, 로스 선교사에게 세례를 받았다. 이로서 그는 한국 최초의 개신교 기독교인이 되었다.

최초의 세례 교인으로 성경번역에 참여

신자가 된 백홍준은 동료들과 로스 선교사의 지도를 받으면서 성경번역에 착수했다. 돈 없고 무식한 평민들은 배울 수도 없는 한자로 된 성경보다는 배우기 쉽고 인기 있는 한글로 된 성경이 복음전도에는 더 필요하다는 것을 백홍준은 너무나 잘 알고 있었다.

이 결과 1882년에 최초의 한글성경 누가복음과 요한복음을 중국 심양의 문광서원에서 발간했다. 뒤를 이어 1883년과 1884년에는 사도행전과 마가복음, 마태복음을 차례로 간행했다.

1885년에는 로마서, 고린도전후서, 갈라디아서, 에베소서가 간행되기에 이르렀다. 그리고 1887년에는 드디어 '예수성교젼서'라는 표제가 붙은 신약성서 전체가 발간되었다. 이것이야말로 한국 최초의 완역된 신약성경으로서 흔히 '로스 번역(Ross Version)'이라고 불려지고 있다.

번역에 참여한 백홍준은 신앙에 불이 붙어 평안도 일대를 다니며 복음을 전했고 서울도 가끔 방문해 언더우드 선교사와 다른 서양선교사들도 만났다.

백홍준은 처음 간행된 누가복음과 요한복음을 가지고 서간도(西間島)의 한인촌을 찾아가 복음을 전했다. 그 해 가을에는 로스 목사와 웹스터 목사를 동반해 신앙을 고백한 75명의 서간도 조선인들에게 세례를 베풀었다.

한문복음서가 한글로 번역되어 출판되자 "어떻게 이 책자들을 조선사람들에게 전하느냐?" 하는 것도 문제였다. 당시 조선에서는 쇄국정책으로 신문물을 받아들이지 않았고 배척했기에 선교사들이 직접 복음을 전하거나 성경을 가져갈 수 없었다.

이 사실을 잘 아는 로스 선교사는 백홍준을 책임자로 삼아 성경을 조선의 서민들에게 널리 보급하려는 계획을 세우고 1883년, 백홍준에게 권서인(勸書人)이란 직함을 주었다.

권서인은 쪽복음이나 전도지, 성경 등을 들고 다니며 배부하거나 파는 사람을 일컫는 직함이었다. 권서인은 전국을 다니며 성경을 나누어주고, 가르치며 복음전파에 힘썼는데 이것이 후일 한국의 권사로 이름이 바뀌어지게 된다.

백홍준은 고향 의주에 선교본거지를 세우고 복음서들을 몰래 반입하여 보급하기로 했다. 압록강을 경계로 의주 관문을 성경을 들고 통과하는 것은 쉬운 일이 아니었다. 만약 성경을 소지한 것이 발각되면 감옥에 갈 각오가 되어 있어야 했다.

의주에서 조선 최초로 예배 모임을 갖다

1887년, 처음으로 완역된 '예수성교젼서'가 출판되었을 때 백홍준은 로스 선교사에게서 10권의 성경을 받았다. 어떻게 이 책들을 안전하게 가져갈 것인가를 생각하다 성경책을 뜯어 한 장씩 말아 노끈을 만들었다. 그리고는 낡은 종이를 사서 그 노끈으로 묶고 또 묶어 마치 고지(古紙)장사로 위장해 무사히 관문을 넘었다.

의주 집에 온 그는 노끈성경을 정성껏 풀어 다시 책으로 만들어 평안도 일대를 돌며 전달했다. 당시 복음을 전하고 평민들에게 성경을 보급하는 권서인의 임무가 얼마나 위험한 사역이었는지 알 수 있다.

그 사이 백홍준은 16명의 신도들을 모아 의주 자신의 집에서 비밀히 예배를 드리게 되었다. 이 의주교회는 정식으로 조직된 교회는 아니지만 조선에서 그리스도의 이름으로 모인 개신교도들의 최초 예배모임이란 점에서 의미가 크다.

첫 번째 세례교인인 백홍준이 첫 번째 전도사가 된 이 교회는 주일에 세 번 예배를 드리고 또 수요일에 삼일 기도회를 갖기로 한 결정이 그 뒤 한국교회에서 계속되었다는 것은 아주 특기할 만한 일이다.

의주교회 신도들이 늘어나면서 그들의 세례를 위해 고민하다 1889년, 서울에 있는 언더우드 선교사를 초청했다. 신혼여행을 이유로 정부의 여행허가를 받고 의주까지 온 언더우드는 100여명 신도 가운데 세례문답을 통해 선발된 33명을 배에 싣고 압록강의 한 가운데로 가서 압록강 물로 세례예식을 베풀었다.

'조선의 요단강 세례'라고 불리는 이 세례는 서양선교사들의 종교행위를 금하는 중국과 조선 정부의 규정을 범하지 않으려는 묘책이었다. 세례자들 가운데 3명은 백홍준의 가족이었다.

의주교회 백홍준 전도사는 평안도 지역만이 아니라 서울, 평양, 심양 등지를 다니며 선교사들의 일을 돕고 통역하는 한편 신도들에게 성경을 가르치고 보급하는 일을 계속했다.

1887년 언더우드 목사는 서울에 조선 최초의 조직교회인 새문안교회를 개척하면서 그동안 사역을 눈여겨 본 백홍준과 서상륜을 장로로 장립시켰다.

한국 최초의 조선인 순교자

전 조선을 합쳐봐야 세례교인이 얼마 안되던 시절, 언더우드는 조선 전체를 하나의 교구로 보고 지금까지 복음전도에 큰 업적을 올린 두 사람을 장로로 세운 것이다.

백홍준은 조선 최초의 세례교인에서 조선 최초의 권서인이 된 데 이어 조선 최초의 전도사가 되었고 이제 조선 최초의 장로가 되는 기록도 세웠다.

1890년 백홍준은 언더우드가 서울에 개설한 신학반에서 공부하여 서상윤, 최명오와 함께 유급교역자로 조사임명을 받고 평북일대 교회개척의 임무를 맡았다.

백홍준은 맡겨진 일에 최선을 다하는 열성적인 전도자였다. 그는 로스, 마펫, 게일 선교사들을 의주로 불러 안내하는 등 선교사들의 선교사업을 열심히 도왔고 신도들을 잘 보살펴 최초의 안수목사가 된 한석진 같은 인물 등을 세례교인으로 길러냈다.

평안감사 민병석은 이러한 백홍준을 무척 싫어했다. 서양종교인 아소교(예수교)를 주민들에게 퍼뜨려 혹세무민하고 있다고 본 것이다. 기회를 엿보던 민병석은 1892년, 의주에서 그를 체포해 투옥시켰다. 백홍준 장로가 양민을 포섭해 이단사설을 전한다는 죄목이었다.

백홍준은 목에 나무로 만든 형구(形具)인 칼을 쓴 채 무려 2년 동안 옥살이를 하며 갖은 고초를 겪어야 했다. 몸이 극도로 쇠약해진 그는 견디다 못해 1893년, 옥중에서 세상을 떠났다. 당시 불과 45세의 나이였다.

백홍준 장로는 또 한번 한국교회사에 최초라는 접두어가 하나 더 붙게 된다. 한국 개신교인 최초의 순교자가 된 것이다.

백홍준 장로는 순교했지만 이후 그의 일가 가운데 20여명이 기독교 성직자가 되었다고 한다. 또 100개가 넘는 교회가 이들에 의해 설립되었다고 한다.

백홍준 장로는 주님을 믿고 조선의 영혼들을 구하기 위해 성서번역, 복음전도, 교회개척의 사역을 감당하면서 45년의 짧은 생애를 한국교회와 주님을 위해 드렸다. 오늘의 한국교회가 있기까지 한 알의 밀알이 된 백홍준 장로를 오늘의 우리 모두는 결코 잊지 말아야 할 것이다.

최초 소래교회 설립과 복음전파에
공헌한 형제 전도자

서상륜(徐相崙, 1848~1926)과 서경조(徐景祚, 1852~1938) 형제는 구한말 및 일제 강점기의 기독교인이었고 동생 서경조는 첫 개신교 목사였다. 두 사람은 한국인으론 처음 황해도 소래교회와 새문안교회, 연동교회, 승동교회를 협력해 설립하고 선교사들과 전국을 누빈 전도자들이다.

서상륜은 1848년, 서경조는 1852년, 평안도 의주에서 몰락한 양반 가문인 서석순(徐奭淳)의 아들로 태어났다. 상륜이 14세에 부모를 여의고 동생 경조와 함께 만주를 드나들며 홍삼 무역을 시작했다. 그러던 중 상륜은 1878년, 조선과 인접한 중국 항구도시 영구(營口)에서 열병에 걸려 죽을 위기를 맞는다.

선교사의 도움으로 살아난 서상륜

●서경조

●서상륜

그런데 이 때 의주 친구들이 선교사 매킨타이어(MacIntyre)와 의료선교사 헌터(Hunter)에게 도움을 요청해 치료를 받게 했고 서상륜은 극적으로 회생했다. 그가 서양의술의 도움을 받지 못했다면 죽은 목숨이나 다름이 없었다.

병중 사경을 헤맬 때 매킨타이어에게 복음을 전해 들었던 상륜은 이어 최초의 한글성경 번역자 로스(John Ross)선교사를 만나게 된다. 당시 로스는 의주에서 온 이응찬 등과 요한복음, 마가복음을 번역하였으나 이응찬이 의주로 돌아가게 되면서 번역을 중단한 상황이었다. 로스는 상륜을 한국어 선생 겸 번역인으로 채용해 누가복음 번역을 맡겼다.

누가복음 번역을 수정하고 인쇄하는 일을 도왔던 서상륜은 세례를 받고 권서로 임명된 1882년부터 본격적인 전도사역을 시작했다. 그는 영국성서공회의 첫 번째 권서로 임명되었고 인쇄된 성경을 들고 의주를 향해 떠났다. 의주의 신자들이 계속해서 성경을 요구했기 때문이었다.

당시 쇄국정책을 시행하던 조선과 청을 유일하게 잇는 곳이 고려문이었는데, 서상륜은 여기서 세관 검사관에게 지게에 지고 있던 성경을 모두 압수당하고 말았다. 그러나 얼마 지나지 않아 마음이 바뀐 세관 검사관이 의주로 서상륜을 직접 찾아와 성경을 돌려주었다. 이것은 하나님의 역사였다. 서상륜은 의주와 그 주변에서 성공적인 권서 활동을 마친 뒤 남은 성경을 들고 이번에는 서울로 가 성경을 반포했는데 많이 부족했다.

로스는 성경을 더 보내달라는 서상륜의 요청을 받고 성경을 더 보내게 되는데, 1883년, 평양 권서로 활동하게 된 류춘천 편에 한 상자를, 1884년에는 약 1000권을 전달한다. 로스는 당시 외무아문협판인 묄렌도르프의 부인에게 편지를 보내 제물포로 들어오는 성경을 서상륜에게 잘 전달해 달라는 부탁을 한다.

제물포 해관은 성경상자를 발견하고 압류했으나 아내의 부탁을 받은 묄렌도르프가 압류된 성경이 서상륜에게 전달되도록 중재를 해주어 무사히 받을 수 있었다. 이 복음서를 들고 펼친 서상륜의 권서 활동은 서울에서 많은 신자들을 만들어냈다.

첫 선교사 보다 앞서 반포된 성경

1885년에 제물포를 통해 첫 입국한 아펜젤러와 언더우드는 서울에 이미 로스 선교사의 번역 성경이 일부 퍼져 복음의 씨앗이 뿌려져 있음을 보고 놀라게 된다. 선교활동을 위한 바탕이 이미 마련되어 있었던 것이다.

서상륜이 의주에서의 권서 활동을 마감할 즈음 동생 서경조는 고향 의주를 떠났다. 서상륜은 권서 활동을 위해 서울로, 서경조는 황해도 장연군 송천동(松川洞)에 터를 잡았다. 여기에서 1883년부터 1884년 사이에 한국 최초의 '소래교회'가 시작된다.

형 서상륜과 함께 이미 매킨타이어의 전도를 받은 바 있고 성경 번역에도 간접적으로 참여한 동생 서경조가 개종하고 복음을 전하기 시작하면서 1885년 초, 세례 청원자가 20명을 넘기게 되었다.

1885년 3월, 서상륜은 만주 봉천(심양)을 방문해 로스 선교사에게

●서경조(앞줄)와 가족들

소래 20명을 포함하여 조선에 70여명의 세례 청원자가 있음을 보고하고 조선을 직접 방문해 세례를 베풀어 줄 것을 요청했다. 하지만 당시 고려문의 상황이 나빠져 로스는 조선으로 도저히 들어올 수가 없었다.

소래에 머물면서 1년 이상 그곳 교인들을 지도하던 서상륜이 이번에는 1886년, 서울로 와서 언더우드를 만나 소래에 있는 교인들에게 세례를 베풀어 달라고 요청했으나 당시는 선교사들 역시 지방 여행이 불가능한 때였다.

서상륜은 1887년 1월, 소래교회 교인 4명을 데리고 서울로 올라왔다. 적지 않은 여행경비와 숙박비 일체를 자신이 부담했는데 언더우드 선교사는 소래에서 온 서경조, 정공빈, 최명오 3명에게 23일, 역사적인 세례를 베푼다.

이어 그해 가을에는 마침내 언더우드가 직접 소래로 가서 7명에게 세례를 베풀었는데, 이때 서경조의 아들 서병호가 유아세례를 받음으로써 한국개신교 최초의 유아세례 교인이 생겨나게 되었다.

소래교회의 성장에는 동생 서경조의 공이 컸다. 서경조는 소래에서 1889년에는 게일에게 한글을 가르쳤고, 1891년에는 어학교사를 구하지 못해 어려움을 겪던 펜윅 선교사와 함께 지내며 한글을 가르쳤다.

전국을 순회하며 교회를 세우다

서경조는 한 때 베어드 선교사와 함께 밀양, 부산, 대구 등 남부 지방으로 전도여행을 하기도 했다. 그러나 다시 소래에 자리를 잡은 뒤에는 장연군에 칠곡교회, 곡산읍교회 등 10개가 넘는 교회를 차례로 개척했고, 소래로 내려온 매켄지 선교사와 협력하여 새 예배당을 세우고 학교를 설립했다.

소래교회 예배당은 과부가 예배당 터를 기증하고, 갯벌에 나가 조개를 파서 번 돈을 헌금하고, 나무·쌀을 대는 등 외국인의 도움을 받지 않고 지어진 우리나라 최초의 토착인 예배당이라는 점에서 매우 중요한 의미를 갖는다.

새문안교회는 우리나라 최초의 장로교 조직교회로 언더우드에 의해 1887년 9월 27일, '정동교회'라는 이름으로 설립되었다. 교회설립에는 14명의 세례교인이 참여했는데, 그 가운데 서상륜이 있었고 그 외 거의 전부가 '서상륜이 전도한 자'들이었다.

그동안 선교사들이 중심이 된 영어예배만 있었으나, 이제 조선인들에 의해 우리말로 예배를 드리는 조선인 교회가 조직되었으며, 더구나 장로 두 명을 선출하게 된다.

이날 교회 창립 모임에는 서상륜을 권서로 파송했던 만주의 로스 선교사가 초청받아 역사적 현장에 감격적으로 함께 하기도 했다.

서상륜은 언더우드의 전도인으로 임명 받았으며, 그래함 리 선교사를 도와 연동교회를 세우고, 사무엘 무어 선교사를 도와 승동교회를 세우고, 동생 서경조와 함께 옹진군 백령면에 중화동교회를 세웠다. 이들이 초기 한국교회의 기초를 다졌다고 해도 과언이 아니었다.

1891년에 마펫 선교사, 게일 선교사는 서울-송도-평양-의주-봉천-

자성-함흥-원산을 거쳐 서울로 돌아오는 장장 3개월 동안의 장기 전도여행을 떠났는데 이 때 서상륜은 이들을 의주까지 인도하는 역할을 맡아 함께 하기도 했다.

이렇게 남북을 오가며 왕성한 활동을 펼치던 서상륜은 1910년경 소래로 가서 복음을 전하며 여생을 보냈다. 1926년에 그가 소천하자 조선예수교장로회 총회는 서상륜의 열정적인 전도사역을 기려 총회장(總會葬)으로 장례를 치렀다.

선교사를 도와 복음 일선에 서다

동생 서경조의 전도활동도 몹시 활발했다. 그는 학교교육을 받지 못하였으나 독학으로 한문을 익혀 한서를 자유롭게 읽는 수준이었다. 형과 활동한 만주에서 처음 기독교인들을 접하면서 그는 기독교에 큰 호감을 갖게 되었는데 그것은 일반적으로 중국인들이 한국인들을 무시하는 경향이 있는데 반해 예수믿는 중국인들이 아주 겸손하고 사랑이 넘치는 모습에 크게 감동했던 것이다.

당시 기독교는 금지된 서양 종교였으므로 그는 매킨타이어 선교사의 전도에 쉽게 응하지 못하다 형 서상륜의 적극적인 전도로 신자가 되었다. 그는 처음에 의주에서 전도하다 이웃의 박해를 받았고 1883년, 6촌의 집이 있는 황해도 소래 지방으로 형을 따라 이주했었다.

그곳에서 그는 로스 선교사가 보낸 성경 '신약전서'와 '덕혜입문(德慧入門)'을 읽기 시작했다. 성경을 정독하던 중 로마서를 통해 자신의 죄를 깨닫고 복음의 진리를 깨우쳤다.

서경조는 1888년부터 본격적으로 교회 지도자로 활동하기 시작했다. 처음엔 언더우드의 조사 및 권서로 황해도 장연에서 활동했고 1890년,

캐나다 침례교 선교사 펜윅, 1893년, 윌리엄 매켄지 선교사가 내한함으로 황해도 지역 선교가 더욱 활성화되었다.

1893년에 서경조는 미국 선교사 베어드의 초청으로 약 1개월간 함께 대구, 용궁, 안동, 전의, 경주, 울산, 동래, 상주, 경주 등지를 순회하며 전도했다.

서경조는 한국어가 서툰 선교사들과 함께 여러 지역을 순회전도하면서 장연군 칠곡교회와 문화군 사평동교회, 곡산읍교회 등을 세웠다. 주로 황해도에서 성경, 찬송가, 기독교 서적을 팔면서 복음을 전파하는데 기여한 서경조는 1900년 소래교회 장로로 임직되었고, 이후 해서지방의 교회 개척을 위해 계속 노력했다.

한국 최초의 목사로 안수받다

서경조는 언더우드의 집에서 시작된 신학반 교육에 참석하다가 1904년, 평양장로회신학교 3학년에 편입한다. 평양장로회신학교 제1회로 졸업한 그는 9월 조선예수교장로회 독노회(獨老會)에서 목사임직을 받았다.

서경조는 길선주, 이기풍, 한석진, 양전백, 방기창, 송인서와 함께 한국 장로교회의 첫 번째 7인 목사가 되었다. 이후 그는 황해도의 전도목사로 파견되어 임지인 황해도 장연, 옹진 등에서 2년간 미국 샤프 선교사와 함께 전도목사로 활동했다.

1910년에 새문안교회에 초빙되어 협동목사로 시무했고 이후 경기도 고양군, 시흥군, 파주군, 양주군 등 경기도 일원에서 순회목사로 전도활동과 강연활동을 다녔다.

1913년 새문안교회 협동목사를 사임하고 목사직에서 은퇴한 뒤 고향

장연군의 소래로 내려간 서경조는 1926년, 중국 상해로 이주하여 독립운동을 후원하면서 남은 여생을 보냈다.

이후 서경조는 아들 서병호를 따라 중국으로 갔는데, 서병호의 아내 김구례의 집안은 상당수가 중국 상해를 중심으로 독립운동에 헌신했다.

서경조는 1938년 7월27일, 중국 상해에서 소천했다. 아들 서병호는 민족의 독립을 위해 '신한청년당'(新韓靑年黨)을 조직해 당수로 취임했다. 3·1운동 후 상해에 대한민국 임시정부가 조직되자 서병호는 제헌의정원 내무위원으로 일했다. 8·15 광복 후 1947년 8월에 귀국한 서병호는 새문안교회 장로로 신앙생활을 했고, 교육계에서 일했다.

서경조는 중국서 별세 후 최초에 상해외국인묘지에 안장되었으나 상해 지역개발로 안타깝게도 묘지가 사라져 버리고 말았다.

서상륜과 서경조 형제의 헌신적인 전도는 최초 성경 반포와 한국교회 설립, 발전에 결코 떼어놓고 생각할 수 없는, 특별한 사명자요 전도자들이었다. 두 형제의 헌신은 한국교회 탄생의 뿌리였다.

신사참배를 끝까지 반대하며
순교한 제주 1호 선교사

이기풍(李基豊, 1868~1942) 목사는 우리나라 최초 7인 목사 중 한 사람이다. 그에게는 최초나 처음이라는 단어가 많이 붙는데 최초의 제주도 선교사이자 평양 장로회 신학교 제1회 첫 졸업생이었다.

이기풍 목사의 삶은 마치 드라마와 같다. 평양 출생으로 26세에 세례를 받고 함경도에서 성경을 파는 매서인(賣書人)으로 활동하였다. 마펫 선교사를 돕다 신학교에 입학했고 여러 교회를 세우고 사역했으며 장로회 총회장도 지냈다. 말년에는 신사참배를 거부하다 체포되어 심한 고문을 당하고 보석되었으나 후유증으로 결국 소천했다.

이기풍 목사의 삶은 한마디로 목양일념에 성경중심의 삶이었고 그리스도의 사랑을 온 몸으로 실천한 진정한 목자였다.

어린 시절부터 총명하고 뛰어나

●제주도에 파송된 이기풍 목사

평양 순영리에서 부친 이제진(李濟鎭)과 모친 김씨 사이에서 외아들로 태어난 이기풍은 6세 때 많은 한자를 외웠고, 12세에 백일장 대회에서 붓글씨로 장원이 될 정도로 총기가 남달랐다.

주변에서 장차 큰 인물이 될 것이라고 기대할 만큼 학문과 문예에 탁월한 능력을 보였다. 어린 시절 이런 총명함에도 불구하고 당시의 정규 교육과정을 거치지 않은 것은 할아버지 이춘배(李春培)가 '홍경래의 난'에 연루된 것과 관련이 있다고 볼 수 있다.

이기풍의 부친 이제진은 정3품 무관 출신인 이춘배의 둘째 아들이었는데, 이춘배가 홍경래의 난에 가담한 후 역적으로 몰리면서 구월산으로 피신하자, 이제진은 평양 동대문 밖에서 조용히 농민으로 살았다. 그 때부터 가정 재정이 매우 어렵게 되었던 것으로 보인다.

재미있게도 이기풍이 기독교 신앙으로 개심하기 전의 직업은 포졸이었다. 석전 패거리의 우두머리니 깡패였다느니 하는 여러 가지 설들이 있지만 실제는 그렇지 않았다.

이기풍의 성격이 괄괄한 편이었고, 당시 조선은 서구사회와 서양종교(기독교)에 대해 편견이 있었다. 선교사들이 아이들을 잡아다 삶아 먹는다는 이른바 '영아소동(baby riots)' 소문이 있어 선교사들의 활동이 크게 위축되고 있던 시기였다.

이런 영향으로 반감을 가진 이기풍이 마펫(Moffett, 마포삼열) 선교사에게 돌을 던졌다고 하는데 정작 마펫은 "내 턱 아래 흉터 있는 것을 보고 돌에 맞았다고 하나 사실이 아니다"라고 했다고 한다.

선교사와 순회시역에 동참

이기풍은 1894년 청일전쟁이 일어나자 평양에 거주할 수 없어서 원산으로 피난을 가게 된다. 그곳에서 담뱃대 등에 그림을 그려 판매하여 생계를 유지하던 중 스왈렌(Swallen) 선교사를 만나 예수를 믿고 28세인 1896년, 세례를 받는다.

그리고 스왈렌 선교사의 조사(助師, helper)가 되어 원산과 함흥 등을 순회하면서 신앙서적도 팔면서 복음을 전하기 시작했다.

1899년 스왈렌 선교사가 평양으로 사역지를 옮기자 이기풍도 함께 평양으로 돌아와 황해도와 충청도 지역을 조사 신분으로 순회하면서 복음을 함께 전했다. 선교사를 도운 것이다.

그러다 선교사들의 추천으로 1902년, 평양신학교 제1회 입학생이 된다. 이기풍은 평양신학교에서 공부하면서도 6개월간의 방학 기간을 이용해 조사 신분으로 스왈렌 선교사와 여러 지역을 순회하면서 복음을 전하고 교회를 세웠다. 신학생들이 방학기간에 복음을 전하는 것은 당시 평양신학교의 실천신학 수업의 하나였다.

평양신학교는 1907년 7월, 장로회신학교로 교명을 변경하고, 7명의 첫 졸업생을 배출했다. 잘 알려진대로 이기풍을 비롯 길선주, 한석진, 송인서, 양전백, 방기창, 서경조 목사였다. 이들에 대한 목사 임직식은 평양 장대현교회에서 개최된 제1회 독노회 기간에 열렸다.

이기풍은 제주도에 가서 복음을 전할 내지 선교사가 필요하다는 것을 알고, 목사안수를 받기 전에 이미 자신이 가겠다고 지원한 상태였다. 그래서 독노회는 목사 안수식이 끝나자 이기풍 목사를 제주도 선교사로 파송하기로 결정해 놓고 있었다.

이기풍은 조사 1명과 아내(윤함애), 그리고 어린 자녀(이사은)과 함께

1908년 1월17일, 평양역을 출발해 서울역에 내린 뒤 남대문에 도착, 승동교회에서 7일 동안 머문 후 목포를 향해 출발했다. 그는 목포에서 2월 중순까지 머물며 부흥회와 신학훈련반 강의를 했다.

●길선주 목사(아래)와 함께 한 이기풍 목사(왼쪽)

제주 1호 총회 파송 선교사

드디어 선교지 제주도에 도착한 이기풍은 말을 타고 부지런히 복음을 전하여 1908년 한 해 동안에만 서문통(성내)교회, 성읍교회, 금성리교회 세 곳을 설립하는 데 앞장섰다. 그러던 중 성대(聲帶)에 이상이 발생하여 치료차 1915년, 육지로 철수했다.

당시 재한 선교사들은 제주도를 '퀠파트'(Quelpart)로 불렀다. 이는 '하멜 표류기'에서 하멜이 가파도를 퀠파트라 한 것을 유럽인들이 제주도로 이해했기 때문이다.

신병 치료차 제주도에서 철수한 이기풍은 건강을 회복하자 1916년 8월 25일 전라노회의 허락으로 광주 북문안교회에서 사역했으나 병이 재발하자 휴직 청원서를 제출했다. 1920년 건강을 완전하게 회복한 이기풍은 광주제중병원과 순천읍교회(1920~1924)에서 사역하다가 고흥읍교회(1924~1927)를 담임했다.

고흥읍교회를 담임하던 중 제주도 성내교회가 이기풍을 담임목사로 급하게 요청하자 이에 응하여 제2차 제주도 사역을 시작했다.

이기풍은 1930년까지 제주 성내교회를 담임목사로 섬기면서 제주의 여러 교회를 살피는 일을 겸했다. 1931년 이기풍은 성내교회를 후임자에게 맡기고 육지로 나와 벌교지방 교회들을 담당하다가 1933년부터는 벌교리교회를 중심으로 주변 교회들을 담당했다.

이후 여수 남면 우학리교회로 부임하였고 개교회뿐만 아니라 노회와 총회를 섬기는 일에도 적극적이었다. 이미 1920년 9월 4일, 목포 양동 예배당에서 개최된 제6회 전남노회는 이기풍 목사를 노회장으로 선출했고, 1921년에는 총회장에 피선되었다. 그리고 1933년 6월 6일 순천읍 예배당에서 개최된 제17회 순천노회에서 노회장이 되었다.

이기풍 목사는 우학리교회에서 목회하던 1940년 11월 15일, 신사참배를 거부한다는 이유로 일제 경찰에 체포되어 여수경찰서에서 수감되었다. 경찰의 고문이 이어졌는데 이는 72세 고령인 이 목사에겐 견디기 힘든 고통이었다.

일경도 이 목사의 건강상태가 심상치 않자 자칫 경찰서에서 사망할 수 있다고 판단, 1941년 4월에 병보석으로 석방했다. 이기풍은 석방되어 우학리교회로 돌아와 몸을 회복하면서 목회를 계속했으나 고문의 후유증은 계속 남아 괴롭혔고 결국 1942년 6월 20일, 하나님의 부르심을 받았다.

윤함애 사모의 유언도 감동

이기풍 목사가 석방되어 소천했으나 일경의 고문이 죽음의 직접적인 원인이 되었으므로 그의 죽음은 신앙을 지키기 위한 순교였다. 이로 인해 기독교계에서는 이기풍 목사를 신사참배를 끝까지 반대하다가 순교한 목회자로 기억한다.

이기풍 목사의 유해는 우학리에 안장되었다가 1953년 광주기독묘지에 이장되었고, 1988년 4월 1일 광주제일교회가 관리하는 제일동산 당회장 구역으로 이장되었다.

　지금까지 이기풍 목사의 삶을 짚어 보았지만 사모인 윤함애 사모의 신앙도 오늘까지 많은 이들에게 믿음의 귀감이 되고 있다.

　1879년 12월 8일, 황해도 안악에서 출생한 윤 사모는 평생 이기풍 목사를 내조하며 목회를 도왔는데 이래와 같은 유언을 남겼다. 윤함애 사모의 막내딸 이사례 권사가 받아적은 유언으로 알려져 있다.

윤함애 사모 유언

세상과 짝하지 마라
5분 이상 예수님을 잊지 마라
열심히 교회봉사를 하라
주의 종은 하나님 다음 가는 분이시다
주의 종의 가슴을 아프게 하지마라
목사님의 가슴을 아프게 하면 미리암과 같이 벌을 받게 될 것이다
상대방이 네 인격을 어떠한 방법으로 무자비하게 짓밟고 천대와 멸시를 하더라도 십자가에 매달리신 예수님만 바라보며 끝까지 참아라
네가 세상을 떠난 후에 심판대에서 예수님께서 판가름을 해 주실 것이다
그러므로 날마다 참으며 네가 네 자신을 죽여라
네가 죽어지지 않을 때 남을 미워하게 될 것이다
남을 용서하지 못할 때 예수님도 너를 용서하지 않을 것이다
나를 제일 미워하는 사람을 용서할 수 있는 사람이 참 그리스도인이다
신자의 무기는 감사와 인내와 사랑과 겸손이다

감사는 축복을 열고 닫는 자물쇠이기 때문이다
성령충만하지 못하면 겸손할 수가 없다
겸손하지 못할 때 성령님은 너를 외면하실 것이다
제일 무서운 것은 신앙의 교만이다

신앙유산으로 계승되는 제주순교기념관

제주도를 여행하면 이기풍 선교사가 사역해 이룬 흔적을 곳곳에서 만날 수 있다. 우선 제주에서 큰 교회로 손꼽히는 성안교회는 이기풍 목사가 목회한 성내교회에서 출발해 기념비가 세워져 있다. 이기풍순교기념관도 따로 설립되었다. 이 기념관은 1998년 이기풍의 신앙심과 애국정신을 전승하고자 제주시 조천읍 와흘리 산 14-3번지에 세운 것이다. 이기풍 목사의 사역을 한눈에 볼 수 있도록 그 유품 등이 잘 전시되어 있다.

일제의 압제를 신앙으로 지켜내고 온 몸으로 막아 순교한 이기풍 목사는 그리스도의 복음을 전하는 사명자로 전국을 목회지 삼아 동분서주했던 하나님의 일꾼이었다. 그나마 다행인 것은 이기풍 목사의 사역은 그를 통해 은혜받고 변화받은 많은 성도들에 의해 신앙의 역경들이 잘 남겨져 귀한 믿음의 유산으로 계승되고 있다는 점이다.

●제주에 있는 이기풍 목사 선교기념비.

한국 기독교 신앙부흥을 일으킨 견인차

초창기 한국 기독교는 월남 이상재 선생이나 백범 김구 선생 처럼 우리 민족의 자주독립을 위한 문화적 동기로 장려된 측면이 강하다고 할 수 있다. 이는 서양(西洋)이 부강해진 원인이 기독교에 있으니 우리도 하나님을 믿어 민족 자주독립을 이루자는 것이 그 핵심이었다.

이런 맥락에서 길선주(吉善宙, 1869~1935)목사는 뜨거운 성령체험을 통해 기독교가 단순한 정신무장 운동이 아니라 '생명의 진리'요 '진정한 복음'이라는 점을 깨닫도록 깨우쳐준 목회자다. 길선주 목사야말로 한국 기독교 발전의 진정한 공로자라고 할 수 있다.

60여 곳 교회설립과 사명자 800명 배출

●평양대부흥운동을 일으킨 길선주 목사.

1952년 발간된 '신앙생활(信仰生活)'이란 잡지에서 김인서는 길선주 목사가 "전도를 통하여 목사, 장로, 교사 800명이 배출되었고, 설교 2만 번 이상, 청강자 500만 명 이상"이며, 그에게 "세례 받은 자 3000명 이상, 연보시킨 전액이 30만원 이상, 설립한 교회 60여 곳, 구도자 7만 명"이라고 기록하고 있다. 참으로 놀라운 통계라고 할 수 있다.

길선주의 영향력이 당시 한국교회 전반에 엄청난 파급을 미치고 있었음을 보여주는 부분이다. 이러한 그의 삶은 단지 교회 안에만 머물지 않았다. 1897년 안창호가 독립협회 평양지부를 설립할 때 발기인이 되어 기독교 민족주의자들과 함께 활동하였고, 1919년 3·1만세운동 때에는 민족대표 33인 중 한 사람이 되어 일제 강점기에 민족 독립운동에 앞장섰다.

길선주 목사는 교회 지도자이면서 동시에 민족과 나라의 아픔에 동참하고 시련을 이겨내려고 시도한 민족 지도자였던 것이다.

1869년 3월 25일, 평안도 안주에서 출생한 길선주는 어려서부터 한학을 연마하며 무(武)와 선도(禪道)에 심취, 입산수도하며 성장했다. 그러나 성장 중에 시력이 약해지는 시련을 겪게 되었다. 친구 김종섭이 시력이 약화된 그를 찾아와 존 번연의 '천로역정'과 성경을 전달했고, 그 책과 성경을 읽기 시작하면서 길선주는 신앙을 가지게 되었다.

친구 김종섭은 길선주가 회심해 주를 영접하자 당시 평양 널다리골교회(후에 장대현교회로 개칭)에서 시무하던 그래함 리(Graham Lee, 이길함) 선교사를 소개했다. 그래함 리 선교사에게 신앙 훈련을 받던 길선주는 1897년 8월에 세례를 받는다.

이듬해인 1898년, 길선주는 마펫(마포삼열) 선교사에 의해 평양 장대현교회 영수(領袖)로 임명되었고, 1901년에 개교한 평양장로회신학교에 1902년 입학하게 된다. 길선주는 당시 평양신학교 교수였던 선교사 마펫과 그래함 리, 베어드(배위량) 등에게 기독교신앙에 대해 체계적으로 배우며 청교도적 신학에 기초한 복음주의, 경건주의 신학을 기초로 한 영성을 갖게 되었다.

한 주간 매일 다른 제목으로 기도해

이 시기에 길선주는 매일 기도제목을 정하고 그 일정표에 따라 체계적으로 기도하며 신앙훈련을 했다. 그의 기도제목은 기록으로 지금까지 남아 있다.

월요일: 오전 7:30, 식구를 위하여
화요일: 친족(신자, 불신자)을 위하여
수요일: 친구(신자, 불신자)를 위하여
목요일: 나라와 민족을 위하여
금요일: 교육기관, 자선사업기관을 위하여
토요일: 해외에 있는 동포와 혁명 유지들을 위하여
일요일: 국내교회, 국외교회, 세계교회를 위하여

이렇게 매일 기도제목에서 보듯 길선주는 '나라와 민족', '혁명 유지들', '세계교회'를 위한 기도를 이어갔다. 길선주의 신앙은 민족, 특히 억압당하고 있는 민족과 온 인류, 온 세계를 위해 기도함으로 개인의 신앙을 넘어 하나님 나라의 가치를 보편적으로 적용하고 실현하고자 하는 믿음을 갖고 있었다.

길선주는 이러한 기도를 '매일 한 시간의 보통기도, 매주 사흘씩 금식기도, 매년 일주일간 금식기도'를 세상 떠날 때까지 계속했다. '성경을 매일 한 시간씩 읽음과 동시에 암송, 성경 연구와 집필을 하루에 3시간, 하루에 2시간 독서'를 통해 지성적 신앙인으로서의 면모를 이어갔다. 아들 길진경은 아버지 길선주가 '일생을 구약 전권을 30회, 이중 창세기와 에스더, 이사야서는 540회, 신약 전권은 100회, 묵시록은 만 독, 요한서신은 500회를 독파' 했다고 전해준다.

1903년 원산의 부흥운동이 1906년 8월 재령으로, 그리고 1907년 평양으로 이어져 1월 6일 장대현교회에서 2주간 개최된 남자사경회에서 개회 첫날 1,500여 명이 모인 가운데 뜨거운 회개운동이 일어났다.

새벽기도를 한국교회 전통으로 정착시켜

이 때 길선주는 박치록 장로와 함께 사경회를 위한 새벽기도회를 실

●1905년 2월 평양 사경회 사진. 앞줄 왼쪽 다섯 번째부터 길선주 김종섭 이기풍 목사. 가장 뒷줄 중앙 화살표가 마포삼열 선교사

시했다. 로드스(H.A. Rhodes, 노해리) 선교사의 기록에 의하면, "1907년 남자들 반에서 길선주 조사가 설교하는 기간 중에 2,200명의 결신자를 얻었다"고 한다. 이후 길선주는 1909년 장대현교회에서 박치록 장로와 함께 새벽기도회를 이어감으로 이를 한국교회의 전통으로 정착시켰다.

길선주는 평양 장로회신학교 제1회 졸업생으로 한국 최초 장로교 7명 목사 가운데 한 명으로 가장 역동적으로 사역한 부흥사였다.

길선주는 1910년 9월 제4회 조선예수교장로회 독노회 부회장으로, 1912년 조선예수교장로회 창립총회 때에는 부총회장으로 선임되어 한국교회를 섬겼다.

총회장을 역임하지 못했지만 그는 전도자로, 성경학자로, 교수로, 부흥운동가로 한국교회를 위해 최선을 다해 기여했다. 또한 길선주는 평양의 숭실학교와 숭덕학교 경영에 참여하며 기독교 교육사업도 이끌어 나갔다.

특히 지도자 양성을 위한 주간, 야간학교를 설립하고 한글교육을 적극 추진하는 등 문맹퇴치운동을 전개하였으며, 이러한 교육사업을 위해 교회를 개방할 것을 주장하고 실행했다.

길선주 목사의 생애가 더욱 빛나는 것은 한반도에 대한 일제의 식민화 시기와 맞물려 있다. 청일전쟁, 러일전쟁을 거쳐 조선에 대한 주도권을 쟁취한 일제는 1905년 을사보호조약, 1907년 정미7조약, 그리고 마침내 1910년 8월 22일, 한일합방으로 한반도를 식민지로 만든다.

이러한 상황을 목격하고 경험한 길선주는 위정자들의 회개를 촉구하는 한편 신앙을 통한 민족독립운동에 직접 관여하게 된다.

●장대현교회 부흥사경회에 참석
한 성도들 모습

독립운동에도 적극 참여한 민족주의자

1911년 길선주는 105인 사건에 연루되어 체포된다. 105인 사건은 일제가 한반도 식민지배의 걸림돌이라고 판단한 이른바 서북지방에 있는 기독교 지도자들과 민족주의자들을 일거에 제거하고 일제에 협조하지 않는 선교사들을 추방하기 위해 조작한 '데라우치 총독 암살음모사건'이다.

이 사건과 관련하여 일제는 1911년 10월부터 약 600명 이상을 예비 검속했고, 72종류의 잔혹한 고문을 통해 자백을 받아 사건을 날조했다. 389명의 혐의자 가운데 123명을 기소했다. 1912년 첫 공판에서 105명에 대해 유죄판결을 했다.

길선주와 신민회 회원인 그의 장남 길진형은 일제의 예비 검속 때 체포되었고, 길진형은 이때 받은 고문 후유증으로 1917년, 사망한다. 장남을 먼저 하늘나라로 보내는 아픔을 겪었지만 길선주는 여기서 멈추지 않고, 1919년 3·1운동 때 민족대표 33인으로 참가하여 기미 독립선언문에 서명했다가 체포되었다.

길선주는 3월 1일 당일에 태화관 독립선언서 낭독행사에는 참가하지 못하고 지방에서 부흥회를 인도했다. 이로 인해 33인 중 유일하게 무죄

판결을 받았지만, 자진하여 체포된 후 1년 7개월 동안 미결수로 옥고를 치렀다.

3·1운동으로 독립을 이루지 못한 절망감에 빠진 민중과 교인들을 위해 그는 부흥회마다 종말론적 희망을 선포하며 일제의 압제로 고난당하는 민족에게 내세적 소망을 끊임없이 제시했다.

1907년 평양대부흥운동의 구심점이 되다

길선주는 처음 장대현교회에서 영수(장로)가 되어 먼저 사역했다. 이때 첫 월급을 6원을 받았다고 한다. 이전에 자신이 운영해 오던 한약방의 수입이 월 80원이었으니 상당한 차이가 났지만, 그는 모든 일을 하나님께 맡기고 한약방을 처분하고 장대현교회만 열심히 섬겼다. 1905년엔 장대현교회 대표로 평남대리회에도 참석하는 등 장대현교회 대표자 역할을 하였다. 한편 가는 곳마다 국가와 민족을 위해 애국을 외치며 회개운동을 부르짖었다.

"여러분, 지금 우리가 일본에 의해 나라를 빼앗길 위기에 놓여있습니다. 이 일에 대해서 우리 백성들은 각성하고 회개하며 정신 차려, 나라를 사랑해야 합니다."

신학교를 졸업하고 장대현교회 담임목사가 된 길선주는 매주 설교시간마다 민족애를 부르짖었다. 아울러 1907년 1월 6일부터 부흥사경회를 준비하면서 처음으로 새벽기도를 시작했다. 한국교회의 새벽기도와 통성기도는 바로 이때부터. 길선주 목사로부터 시작된 것으로 교회사학자들은 전하고 있다.

이 부흥사경회 중에 한 건장한 남자가 손을 들고 앞으로 나와 "저는 이 사경회에서 강도들이 회개한다고 해서 쉽게 잡으려고 찾아온 순검입니다. 강도를 잡으면 한 계급 특진할 수 있어 왔다가 제가 먼저 회개합니다. 용서해 주십시오."라고 고백하며 통회한 일화는 유명하다.

이 때 길선주 목사도 큰 소리로 "저는 아간과 같은 사람입니다. 제 친구가 병으로 삶을 마감하며 부인과 아이들을 돌봐 주라고 100원을 맡겼는데 그 돈을 제가 써 버렸습니다. 이제야 회개합니다. 하나님 용서해 주세요. 여러분 제가 죽일 놈이었습니다."라고 큰 소리로 통곡하며 회개를 하였다.

마침내 예배당은 갑자기 통회의 눈물바다가 되고 말았다. 길선주 목사로부터 앞장서서 복음을 전하면서 회개하고 통회 자복하는 기도를 드리니 참석한 교인들이 자신의 죄를 고백하기 시작했던 것이다. 이런 가슴치는 회개운동이 이어진 장대현교회 사경회는 1월 13일, 월요일까지 8일간이나 계속되었고 이것이 1907년 유명한 '평양대부흥운동'의 불을 지폈다. 그리고 이 운동은 한국에 국한되지 않고 서방세계까지 번져나갔다.

소박 청렴하고 물질에 후한 목회자

길선주 목사는 교회는 성도들의 모임이므로 교회가 존재하는 그 사회에 사랑을 보여야 한다고 믿었다. 길선주의 차남 길진경 목사는 "아버지 길선주 목사는 소박하고 청렴하였고, 민족과 교회를 위하는 마음에서 물질에 인색하지 않았으며, 맡은 일에 성심을 다하셨다"고 회고한다. 교회의 지도자이자 민족의 지도자 길선주 목사는 오늘 우리에게 이 사회에서 그리스도인으로 사는 것이 어떤 것인지를 삶으로, 설교로 보여준, 귀한 영적 성품을 소유한 한국교회의 아버지로 불리어도 손색이 없다.

길선주는 세 아들을 두었는데 그중 장남 길진형은 105인 사건으로 투옥되었다가 1913년 상해를 거쳐 미국으로 망명, 로스엔젤레스에 국어강습소를 개설해서 한국어를 가르치다가 일제 고문 후유증으로 지병을 얻어 귀국한 뒤 얼마 되지 않은 1917년 사망했다. 나이 30세도 되기 전이었다.

차남인 길진경 역시 3.1운동 이후 1년간 옥살이를 했고, 아버지를 이어 평양신학교를 마친 뒤 목사가 되었다. 아버지에 대한 자료를 정리해서 '영계 길선주 전집'을 편찬했다. 길진경은 기독교 장로교 소속이라는 점에서 특이하다. 아버지를 생각하면 예수교 장로교를 택할 법도 한데 그는 '기장'을 택했다. 1960년 기독교장로회 총회장, 1961년 한국기독교연합회 총무로 활동했다.

3남 길진섭은 일본 도교미술학교 출신이다. 유학시절 '조선미술전람회'에 출품한 적이 있으나 1932년부터 일제가 이 전람회를 주관하게 되자 출품을 거부, 화가 김용준 등과 '목일회'를 결성했다. 1937년 고향 평양에서 첫 개인미술전을 열었고 그의 작품들은 일제의 억압에 신음하는 조선 민중의 생활상을 화폭에 잘 담아낸 것으로 평가받았다. 이렇듯 길선주 목사의 세 아들 모두 항일 기개가 대단했다.

1935년 11월20일, 평남 강서군 고창교회 부흥집회에서 폐회 축도를 마친 길선주 목사는 그 자리에서 쓰러져 소천했다. 뇌일혈이었다. 길목사의 장례식에서는 평소에 그가 즐겨 불렀던 '내 주를 가까이 하게 함은'(찬송가 364장)이 울려 퍼졌다. 2009년, 정부는 광복절 기념식에서 길선주 목사에게 건국훈장 독립장을 추서했다.

일생을 복음을 증거하며 하늘나라 확장에 힘썼고 조국의 해방을 위한 독립운동에 아들들과 함께 온 몸을 던졌던 길선주 목사. 오늘의 한국교회와 성도들, 특히 모든 목회자들이 그의 헌신적이고 열정적인 삶을 반드시 기억하고 또 배워야 할 것이다.

섬마을 누비며 1년에 아홉 컬레의 고무신을 바꾼 전도자

문준경(文俊卿, 1891~1950) 전도사는 '천사 섬의 어머니'로 불리며 전남지역 복음화의 초석이 된 전도자이자 순교자이다. 그녀의 삶은 비록 고단하고 힘들었으나 평생 복음을 전하고 그리스도의 사랑을 나눈 헌신적인 삶은 수많은 기독교인들에게 오늘도 큰 감동과 은혜를 주고 있다.

떠나버린 남편으로 외롭게 지내

문준경은 1891년 2월 2일, 전라남도 신안군 암태면 수곡리에서 아버지 문재경 씨의 3남4녀 중 셋째 딸로 태어났다. 집안은 할아버지가 진사를 지냈기 때문에 비교적 부유한 가정이었다.

●섬 전도사 문준경

그녀는 어려서부터 유순하고, 총명하여 부모의 귀여움을 독차지 했다. 눈에 넣어도 아프지 않을 사랑스럽고 예쁜딸이었다. 문준경은 사람들에게 친절했고, 집안에서 부리는 하인들에게조차도 함부로 대하지 않았기에 누구나 그녀를 좋아했다.

당시 여자들이 배우고 익혔던 바느질과 집안일을 어머니로부터 배웠으나 그녀는 글을 배우고 싶어 했다. 하지만 남자들만 서당에 다닐 수 있었던 탓에 글을 배울 수가 없는 것이 늘 불만이었다. 한번은 용기를 내어 아버지께 글을 배우게 해달라고 말씀드렸다가 불호령만 듣고 말았다. 딸을 예뻐하셨던 아버지였지만 그 소원만은 들어주지 않았던 것이다.

당시만 해도 여자들은 살림 잘 배워 시집이나 가면 되지 무슨 글을 배우느냐는 것이 일반적인 인식이었다.

문준경은 주변에 곱고 참하다는 소문이 났기에 여기저기에서 혼담이 들어왔고 그 중에서도 아버지는 지도면 등선리에 사는 정기운 씨의 셋째 정근택을 마음에 두고 결혼 시키기로 결정했다.

1908년, 17살의 문준경은 얼굴 한 번 보지 못한 사람과 결혼식을 올렸으나 결혼식이 끝나자 신랑이 훌쩍 떠나 버렸다. 나중에 알았지만 이미 남편에게 다른 여자가 있었던 것이다.

남편의 무관심에도 불구하고 문준경은 시부모님께 지극 정성을 다했다. 이런 막내 며느리를 몹시 아끼고 사랑해 준 시아버지의 마음이 그나마 위안이 되었다. 시아버지는 아들 때문에 고생하는 며느리 문준경에게 그토록 원하는 글을 배울 수 있는 기회를 제공했다. 미안한 마음에 더욱 그랬을 것이다.

그런데 어느 날, 남편은 만삭이 된 소실을 데리고 집으로 들어왔다. 소실은 집에서 딸을 낳았고, 문준경은 이 아이를 애지중지 마음을 쏟으며 사랑해 주었다. 그런데 소실은 어느 날, 고맙다는 말조차 없이 아이와 떠나 버렸다.

그 와중에 시아버지가 돌아가시자 그녀는 더 이상 시댁에 머무를 필요가 없어졌고 목포로 나가 북교동에 셋방을 얻어 재봉틀로 삯바느질을 하며, 외로운 시간을 보내며 살았다.

방문 전도로 복음을 영접하다

어느 날, 재봉틀을 돌리고 있는데 밖에서 문 두드리는 소리가 들렸다. 문을 여니 하얀 저고리에 검정치마를 단정하게 차려입은 여인이 서 있었다. 옆구리에는 까만 책을 끼고 있었는데 문준경은 모르는 사람이지만 손님이라 여기고 맞아 주었다.

이 때 그녀는 문준경에게 예수님을 전해 주었다. 당시 마음이 곤고해 있었고 인생에 대해 깊이 생각하고 있던 문준경이었기에 이 복음을 전해 듣고 기쁘게 예수님을 영접했다. 36세인 1927년 3월 5일이었다.

문준경은 다음 주일부터 장석초 목사가 시무하는 목포교회에 출석하기 시작했다. 얼마 후엔 새벽기도도 시작했다. 새벽예배로 하루를 시작하고 하나님께 기도하며 성경을 본격적으로 읽기 시작했다.

주일예배와 수요예배 등 모든 예배에 빠짐없이 참석했던 문준경은 1928년 6월, 세례를 받았다. 그녀는 이 때부터 자신이 받은 이 복음을 주변에 나누어야 한다는 복음열정이 불타 올랐다.

● 문준경 전도사의 삶을 그린 다큐멘타리영화 '남도의 백합화'의 한 장면

예수님을 알고 '구원의 기쁨'을 알게 되니 성령이 충만해졌고 제일 먼저 고향의 친지들이 생각났다. 그리스도를 모르고 있는 친지들에게 복음을 전해야겠다는 사명이 솟구쳤다.

곧바로 친정 마을인 암태면 수곡리를 찾아가 자신이 만난 하나님, 그리스도의 복음을 전하기 시작했다. 그러나 당시 기독교에 대해 잘 모르던 주변 친지들은 문준경이 뜨겁게 복음을 전하자 수근거렸다.

시집 잘못 가서 생과부처럼 살더니 이제는 예수쟁이로 미쳐 제정신이 아닌 모양이라고들 했다. 그러나 그녀는 이 사실에 조금도 개의치 않았다. 오히려 예수님을 전하면서 고난 받는 것을 당연하게 여겼고 기뻐했다.

가족과 친척들의 구원을 위해 기도하며 복음을 전하였는데 당시 증도면 증동리에서 살던 조카딸이 문준경의 전도로 예수님을 믿어 믿음의 결실이 온 가족에 서서히 맺어지게 되었다.

문준경은 신학을 공부하고 싶었다. 그러나 1930년 당시는 결혼한 여인은 아예 신학교에 입학할 수 없었다. 남편은 이혼을 허락하지 않았고, 그래서 어찌할 바를 모르고 있을 때 목포 북교동교회에서 시무하고 있던 이성봉 목사의 도움으로 경성성서학원에 원입생으로 입학할 수 있었다.

시댁의 모든 재산은 남편이 가져가고 삯바느질로 어렵게 생계를 이어가던 문 전도사는 학교에 다니면서는 삯바느질을 할 수 없는 상황이라 경제적인 어려움이 극심했다.

당시 신학교의 수업은 6개월 공부하면 나머지 6개월은 실습 기간이었다. 6개월은 혼자서 교회를 개척하여 단독 목회를 해야 했다. 문 전도사는 이 기간에 신안군의 섬으로 내려가서 단신으로 마을사람들 일을 도와주며 복음을 전하곤 했다.

전도사가 되어 교회들을 개척하다

문준경은 1932년 3월, 임자면 진리에 첫 번째 진리교회를 설립했다. 그곳은 남편이 소실과 자식들과 살고 있는 지역이었다. 이는 남편을 포기하고 그들에게도 복음을 전하여 구원받기를 원하는 마음에서였다.

반면 남편과 소실은 온갖 핍박으로 문 전도사를 괴롭혔다. 하지만 묵묵히 영혼 구원에만 전념하자 그들도 잠잠해졌다. 진리교회가 어느 정도 성장하자 문 전도사는 1933년 9월, 지도면 증동리에 두 번째 교회를 개척했다.

1935년 2월, 문전도사는 마지막 실습기간 중 대초리에 세 번째로 교회를 개척했다. 대초리교회는 개척할 때 사탄의 방해가 유독 많았다. 마을에 교회가 들어오는 것을 반대한 사람들이 술을 먹고 시비를 걸고 예배를 방해하였지만 문 전도사는 하나님께 기도하면서 그 모든 어려움을 이겨나갔고 교회도 든든히 세워지고 있었다.

신학교 졸업식을 마치고 문 전도사는 복음이 전혀 들어가지 않은 지역인 섬마을을 다니면서 말씀을 전했다. 순회선교를 한 것이다. 이 때 1년 동안 닳은 고무신이 아홉 켤레나 되었다는 일화는 아주 유명하다.

신사참배 거부하고 창씨 개명 반대

1940년대 2차 세계대전으로 국제 정세가 어수선하고 일제의 핍박과 수탈은 이 땅의 백성들을 고통 속에 몰아 넣으며 더욱 암울하게 만들었다. 창씨 개명을 실시하고, 우리말을 못 쓰도록 하며, 신사참배를 강요했다.

이를 거부한 선교사들이 추방을 당했으며 많은 신사참배 거부 기독교인들이 잡혀 갔다. 교회를 향한 핍박도 심해져 1943년 일제는 강제로 성결교 교단을 해산시켜 버렸다.

문준경 전도사도 신사참배를 거부하여 수차례 일본 경찰에 끌려가 탄압을 받았다. 중생, 성결, 신유, 재림을 강조한 사중복음의 성결교단에 일제는 2년 동안 예배도 드리지 못하게 하였으며, 증동리도 일제가 교회를 빼앗아 친일 앞잡이 단체 경방단(警防團) 사무실로 사용했다.

1945년 8월 15일, 드디어 지긋지긋한 일제로부터 광복을 맞이하게 되었다. 그러나 증동리교회를 개척할 때부터 어려움을 주었던 마을의 좌익 불한당들은 일본인들보다 더 심하게 기독교인을 괴롭히고 광복 후에도 마을의 유지라는 사람들은 교회를 돌려주지 않아 법정에까지

●문준경 전도사 순교기념관(왼쪽)/ 문준경 순교기념관 근처에 있는 묘지와 기념비(오른쪽)

가는 어려움을 겪어야 했다.

그러는 중에 문 전도사는 건강이 많이 악화되었고, 다행히 법원을 통해 교회는 되찾을 수 있었다. 하지만 민족의 시련은 또 한 차례 매섭게 불어왔다. 1950년 6월 25일 주일 새벽녘에 북한 공산군이 남한에 쳐들어온 것이다.

순식간에 서울이 점령되었고, 수많은 교회들이 다시 공산군에 의해 핍박을 당했다. 증동리 섬도 예외가 아니었다. 교회를 핍박하고 괴롭혔던 자들이 인민군과 함께 날뛰며 위협과 구타를 일삼았다.

문 전도사도 온갖 고문을 겪고 수모를 당했다. 목포로 끌려왔던 문 전도사는 국군이 도착하자 공산군이 도망간 목포의 교회를 지키고자 다시 증동리로 되돌아갔다. 그러나 증동리는 아직 국군이 도착하지 않아 공산당들이 점령하고 있었다.

60세의 나이로 공산당에 의해 순교

1950년 10월 4일, 국군이 증동리 섬으로 들어온다는 소식이 알려지자 공산폭도들은 우익들을 모두 처단할 생각을 했다. 동네의 주민들 수십 명과 함께 문 전도사도 사형장으로 끌려가고 있었다.

10월 5일 새벽 2시, 증동리의 하얀 모래 백사장에 사형장을 설치해 놓고서 문 전도사를 향하여 "새끼를 많이 깐 씨암탉"이라는 죄명을 씌웠다.

그리고 한 빨갱이가 단도로 문 전도사를 내려쳤고 여러 명이 달려들어 죽창으로 찌르고 총대로 내려쳤다. 죽어가면서도 문전도사는 다른 사람들과 함께 사역하던 백정희 전도사만은 살려달라고 외쳤다.

그리고 "하나님 아버지여 ! 내 영혼을 받아주소서!"라고 외치고 순교하였다고 전해진다. 공산 폭도들은 백 전도사를 살려 주었고, 그로 인해 백 전도사는 그날의 순교를 생생히 증언하는 삶을 살 수 있었다.

이렇게 예수님의 이름을 증거하며 많은 사람들을 구원으로 인도하였던 문준경은 1950년 10월 5일 59세의 나이로 순교, 하나님의 품에 안겼다.

현재 문준경의 유적지가 조성되어 있는데, 신안군 증도면사무소 옆 증동리교회에 문 전도사의 추모비가 있다. 그녀의 무덤도 증동리교회 뒷산에 있었지만, 2005년 그의 순교터인 증동리교회 앞바다로 이전했다. 2013년 문준경전도사순교기념관이 신안군 증도면에서 개관되어 이곳을 찾는 많은 이들에게 신앙의 귀감을 보여주고 있다.

부흥사로 40년간 전국을 누빈
'한국의 무디'

'한국의 무디'로 불리는 이성봉(李聖鳳, 1900~1965) 목사는 이 책에 등장하는 역사 인물과 달리 소천한 지 60년이 되지 않는다. 따라서 현재 생존자 중에서도 이성봉 목사를 직접 만났거나 이성봉 목사의 설교를 들었고 이로 인해 기독교인이 되고 목회자가 된 분도 꽤 있다.

이성봉 목사는 1919년 3·1운동 당시 대동단이라는 독립단체에서 활동하다가 발각되어 유치장에 구속되기도 했으며 1925년 경성성서학원(현 서울신학대학교)에 입학, 3년 동안 수학하면서 성결교 신학의 큰 어른인 이명직 목사의 영향을 많이 받은 것으로 알려져 있다.

어머니의 철저한 신앙지도로 성장

이성봉은 1900년 7월4일, 평안남도 강동군 간리에서 아버지 이인실 씨와 어머니 김진실 씨 사이에 장남으로 태어났다. 그의 어머니는 지독한 가난으로 인해 생활이 너무 힘들어 두 번이나 자살을 시도할 만큼 삶의 의미를 느끼지 못하며 괴롭게 살고 있었다.

그러다 성봉이 6살 되던 해에 부모님이 예수를 영접하고 나서 갑자기 집안에 활기가 돌았다. 어머니와 아버지는 열심히 신앙생활을 했고 어린 성봉을 데리고 산 기도를 다니기도 했다.

특히 어머니는 주일이면 새벽에 일어나 밥을 준비하고 평양 선교리감리교회까지 왕복 40리 길을 걸어 교회에 다닐 만큼 믿음이 뜨거웠다.

어린 시절부터 영특했던 성봉에게 어머니의 신앙교육은 엄격했다. 부모의 명을 거역하면 어머니는 종아리에 피멍이 들 정도로 때리거나 쥐가 우글거리는 광에 갇혀 있게 했다.

이성봉은 일찍부터 순종하는 훈련을 받은 셈이었다. 어머니는 중화장로교회에서 세운 학교의 교사로 일했는데 성봉에게 "기도가 그리스도인이 살아가는 데 숨 쉬는 것이자 하나님과 대화하는 것"이라고 가르쳤다. 이런 신앙교육 결과로 7살 때 신약성경을 일독(一讀)했다고 한다.

●군부대를 방문해 설교한 뒤 관계자들과 함께한 이성봉 목사(왼쪽 세번째)/ 전국 방방곡곡에서 수천회의 부흥회를 인도한 이성봉 목사(앞줄 왼쪽 세번째)

어린 성봉은 예배시간에 나와 찬송가도 잘 불렀는데 부흥사로서의 기질이 이 때부터 있었다는 것을 엿볼 수 있다. 12살이 되어 중화경의학교에 입학, 신학문을 배우던 그는 황해도 신천장로교회에서 시무하던 김익두 목사의 설교를 듣고 신앙적 감화와 큰 은혜를 받았다.

그런데 성봉의 가정형편이 어려워지자 가족들이 평안남도 대동군 시종면으로 이사했고 따라서 학업도 지속할 수 없었다. 이런 영향으로 그는 18세부터 21세 때까지 열심히 해오던 신앙생활을 접게 된다.

그리고 술과 담배를 하며 기분이 내키는 대로 생활했다. 그러다 골막염이 와서 선교사가 세운 평양 기홀병원에 6개월 동안이나 입원을 해야 했다.

병원에서 하나님을 뜨겁게 만나다

이성봉은 병원에 입원해 있으면서 죽음을 고민하다가 성경을 읽기 시작했는데, 잃었던 신앙을 찾으며 진정한 중생을 체험하게 된다. 이후에도 성봉의 병은 3년 동안이나 자신을 괴롭혔다.

이 가운데 목사가 되고자 결심하고 기도하던 중 동양선교회에서 세운 성결교 계통의 경성성서학원에 입학했다.

신학교를 다니는 동안 이성봉은 갑자기 14살 때의 일이 생각났다고 한다. 작은 키를 이용하여 12살이라고 속이고 반표로 기차를 탔던 일이었다. 그는 중화역장에게 자신의 잘못을 고백하고 요금의 4배를 넣은 편지를 보냈다. 그러자 얼마 후 총독부 철도국장으로부터 이성봉에게 이렇게 편지가 왔다고 한다.

"사람들은 모두 남을 속이려고 애쓰는데 너는 착하게도 10년 전의 죄를 회개하느냐? 네가 믿는 종교는 참 귀한 종교구나! 너 같은 사람만 있으면 이 세상은 경찰서가 필요치 않겠구나! 다시 돌려보내는 차비는 학비에 보태어 쓰거라."

경성성서학원을 졸업하고 전도사가 된 후 첫 사역지가 경기도 수원 신풍리였다. 1928년 3월 28일, 일본인의 셋집을 얻어 개척예배를 드렸다. 그의 교회는 많은 사람들이 와서 회개했고 특히 술과 담배, 도박을 청산하고 결신하는 성도가 많았다.

7년 동안 앓아누워 있던 무당 할머니가 이성봉의 기도로 회복되자 교회는 더욱 부흥했다. 미국의 한 크리스천이 사역에 쓰라고 큰 돈을 보내와 교회를 건축했다.

그런데 어느 주일 이성봉은 오후에 갑자기 쓰러진다. 비몽사몽간에 십자가를 붙잡았고, 지은 모든 죄를 자복하며 회개하자 주님은 자신을 어루만져 주시고 천국으로 이끌어 가셨다고 한다.

수정 같은 요단강 강물 저편에 화려한 천성, 천국이 보였다고 한다. 정신을 차리고 보니 식구들과 교회의 성도들이 죽은 자신을 위해 간절히 기도하고 있었다. 이후 정신을 차린 이성봉은 건강이 급속히 회복되었다고 한다.

수원을 거쳐 목포에서 이룬 교회부흥

전도사임에도 신풍리교회는 유년과 장년을 합하여 400명 가까이 되는 큰 교회로 성장했다. 그런데 이성봉은 아직 목사 안수도 받지 못한 상태였는데 임지를 떠나 전라남도 목포로 사역지를 옮기라는 총회의 통보를 받았다.

●이성봉 목사가 사용한 성경책과 설교노트. 직접 만든 성가집

　1931년 3월 25일, 순종하여 목포로 내려간 이성봉은 셋방에서 40여명의 성도와 함께 예배드리면서 '청신기도단'이란 기도모임을 조직했다. 청신기도단은 날이 밝기 전에 유달산에 올라가 예배당 건축을 위해 기도하곤 했는데 건축헌금이 서서히 모이기 시작했다.

　교회건축이 시작되어 성도들이 새벽마다 앉아 기도하던 유달산 바위를 깨뜨려 예배당을 건축했고 이성봉은 32세에 목사 안수를 받았다. 목포교회를 부흥시킨 후 파송된 다음 목회지는 신의주 동부교회였다.

　35세에 신의주 동부교회에 부임하여 벽돌로 2층, 220평으로 교회를 다시 건축했다. 그는 가는 곳마다 교회를 건축했다. 37세 때는 평양 경창문 밖에 대형 천막을 치고 수천 명의 사람을 상대로 천막부흥회를 인도했다.

　이렇게 이성봉 목사가 가는 교회마다 부흥하고 교회가 일어났다. 특히 그가 담임했던 신의주교회는 1,000여명의 신자를 가진 큰교회로 부흥했다. 그러자 교단총회는 갑자기 그를 전국 부흥사로 임명했다.

　이성봉 목사가 황해도 송화읍교회에서 부흥집회를 인도하던 중이었다. 갑자기 일본경찰이 찾아와 참석자 모두가 신사참배를 하지 않으면

집회를 중지시키겠다고 협박한 적이 있었다.

이성봉은 그 즉시 '신사(神社)가 망하도록' 기도하자면서 몇몇 신자를 데리고 올라가 신사 앞에서 하나님께 기도했던 일화는 유명하다.

이성봉 목사가 전국 각지를 돌며 부흥회를 인도하던 중 뜻밖에도 총회에서 당신은 성결교 소속 부흥사이니 성결교가 아닌 다른 장로교나 감리교 교단에는 가지 말라는 명령을 내렸다.

이것이 부당하다고 느낀 이성봉 목사는 한창 활동하던 39세에 교단 부흥사 휴직 청원을 내고 40세에 훌쩍 일본으로 건너갔다. 일본서 신학을 더 공부한 이성봉 목사는 한국으로 귀국 해 이번엔 한반도가 아닌 만주에 있는 교회로 가서 사역했다. 이곳에도 한인들이 많아 그의 사역은 가는 곳마다 큰 교회부흥을 이루었다.

1945년, 해방이 되자 이성봉은 만주서 즉시 귀국했다. 그리고 북한에서부터 교회 재건활동을 전개했다. 하지만 공산주의 치하에서는 신앙생활을 할 수 없다고 판단해 1946년 3월, 월남했다.

전국을 돌며 부흥집회를 인도

이성봉 목사가 전국적으로 부흥회를 다니는 동안 월남한 그의 가족들은 목포의 북교동에 작은 초가집 한 채를 얻어 생활했다.

1950년 한국전쟁이 일어난 그해 8월 2일, 목포에 공산당 치안서원들이 들이닥쳐 이성봉 목사를 체포했다. 체포사유가 특이했다. 이성봉의 주동으로 연합군 비행기 12대가 목포를 폭격했다는 것이 이유였다.

소문을 듣고 빨치산 대원 20여명이 붙잡힌 사람들을 숙청하러 달려왔다. 이때 심한 매질로 몸을 움직이기도 힘들었던 이성봉은 그들을 대상으로 '천국의 본점과 지점'이란 제목으로 이야기 설교를 했다.

이 때 이성봉 목사의 설교를 들은 빨치산 두목은 크게 감동받고 바로 이 목사를 풀어주었다고 한다. 이성봉 목사의 목회일생 신앙좌우명은 다음과 같았다.

"임마누엘 하나님 제일주의, 예수 중심주의, 성결과 사랑, 순간순간 주로 호흡하고 일보 일보(一步 一步) 주와 동행하라."

그는 이 좌우명을 1962년 5월 8일, 친필로 직접 써서 남겼다. 이성봉 목사의 신앙은 하나님 제일주의 신앙이었다. 그는 어떤 상황에서도 인간적인 동기에 따라 행동하지 않았고, 또 인간적인 방법을 동원하여 상황을 자신에게 유리하게 끌어 가려고 하지도 않았다. 오직 하나님의 뜻이 무엇인가를 순종하는 마음으로 기다릴 뿐이었다.

이성봉 목사는 6·25 한국전쟁 이후 부흥사로서 고아원, 나환자촌을 돌아다녔고, 경찰서와 군대를 순회하면서 부흥회를 열었다. 그 외에도 1954년부터 임마누엘 특공대를 조직해 전국의 어려운 교회를 찾아다니며 순회 부흥집회를 인도했다.

1957년에는 전국의 대형교회를 중심으로 전도대회를 개최해 새로운 교회를 개척하도록 했다. 아울러 1961년 성결교회가 이념의 차이로 인해 분열하자 분열된 양측 교회들을 계속 순회하며 서로 합동할 것을 권유했다.

나의 믿음의 부족함을 도우소서

이성봉 목사가 교회를 크게 부흥시키고 사랑하는 성도들이 있는 신의주교회를 떠나 교단에서 지시한 순회부흥사로 떠나면서 쓴 글의 내용이

다음과 같다. 하나님의 주권에 전적으로 순복하는 헌신의 글이었다.

"일을 일으키시는 이도 여호와요 일을 그대로 이루게 하시는 이도 여호와시니라. 창세 전에 나를 아시고 모태로부터 나를 택하시고 출생 후 지금까지 거룩하신 품안에 영육을 보존하시고 전지전능의 손에 붙잡으사 작은 일에서 큰 일에 이르기까지 만사 합동하여 거룩한 뜻이 이루어지게 하심을 감사할 뿐이로소이다.

금번에 귀중한 사명은 벌써 만세 전에 예정하신 주님의 계획이요, 4년 전에 보여 주신 이상의 감동이 오늘에 성취될 때 일희일비의 정을 금할 길 어렵도다.

주님의 거룩한 뜻은 언제든지 이루어지는 것을 생각할 때 한번 더 기뻐하고 감사하며, 중대한 책임을 생각할 때 황송하고 떨리지 않을 수 없노라.

나는 벌레요 사람이 아니며 티끌 같은 미말의 자신을 돌아볼 때 이 사명의 말씀이 참으로 어려워 미디안 광야의 모세가 내게 거울이 되도다. 오, 주의 권능으로 없던 내가 이 시대에 생겨나서 주의 영광 다 뵈옵고, 필요한 일을 알리어 주시는 그 사랑의 품에 있는 것은 웬일인가.

물질이나 정신이나 영이나 육이나 우리 전부가 주께로 오고, 주로 말미암고, 주께로 돌아가는 도상에 순간순간 최후 숨결까지 그 안에서 사라짐을 나타내겠노라.

어제나 오늘이나 영원토록 변함없는 불타는 주님의 사랑, 그의 가슴을 내가 알고 나를 불러 세우신 그 뜻을 알려 주시는 힘, 임하는 말씀, 인도하시는 성령에 끌리어 순종하고 복종하리니 그 앞길에 장애와 사탄의 오묘도 무수할 터이나 그 염려와 불신앙의 죄악을 다 태워버리고 힘써 매진하겠도다.

각처에 한 핏줄 한몸으로 지음 받은 형제 자매여, 한순간이라도 이 그림자, 이 질그릇을 기억하시사 합심 동정의 기도를 드려 주소서. 주여 나의 믿음의 부족함을 도우소서."

이성봉 목사는 1965년 8월2일, 65세를 일기로 40년 부흥강사 사역을 마치고 소천했다. 이 목사는 천국에 있지만 그의 메시지는 한국의 수많은 성도들을 변화시키고 목회자를 만들었으며 오늘의 선교한국이 되는데 기여했다. 유튜브를 통하면 이성봉 목사의 설교를 요즘도 들을 수 있다.

한 시대를 풍미하며 복음의 나팔 수가 되었던 이성봉 목사! 그는 성결교단의 부흥사를 넘어 한국교회 전체의 부흥사였으며 '한국의 무디'라고 해도 과언이 아닌, 존경할 만한 하나님의 일꾼이었다.

教育
교육

Chapter 6

하나님의 공의와 법을 이 땅에 세우다

"하나님이 세상을 이처럼 사랑하사 독생자를 주셨으니 이는 그를
믿는 자마다 멸망하지 않고 영생을 얻게 하려 하심이라"
(요한복음 3:16)

기독교 정신으로 대한민국을
탄생시킨 애국자

대한민국 초대 대통령 우남(雩南) 이승만(李承晚, 1875~1965)은 기독교적 가치관으로 평생을 독립운동과 건국, 사회 발전을 위해 혼신을 다한 정치인이다.

그는 미국유학과 해외에서의 독립운동을 통해 서구문명의 기초가 기독교에서 파생되었고 기독교 정신이 우리의 삶에 얼마나 중요하고 필요한지를 정확히 알고 있었다.

비록 망명한 하와이에서 세상을 떠나 유종의 미를 거두지는 못했지만 이승만이 대한민국 건국과 미국식 헌법제정을 통해 나라의 기초석을 놓은 공로는 지대하다고 할 수 있다. 특별히 기독교적 가치를 중시했고 기독교적 건국 이상을 지닌 정치지도자였던 그의 90년 삶은 실로 파란만장했다.

배재학당 출신의 영어능통 학생

●1921년 중국인으로 변장한 이승만

이승만은 1875년 3월 26일, 황해도 평산군 마산면의 능내동에서 이경선과 김해 김씨 사이에서 6대 독자로 출생했다. 세종대왕의 맏형 양녕대군의 16대 손이었다.

1877년, 서울로 이사해 남대문 근처 낙동과 도동에 있는 서당에서 한학과 유학(儒學)을 배웠다. 1894년 7월 갑오경장으로 과거제도가 폐지되자 감리교가 설립한 배재학당에 입학했다.

이곳에서 기독교와 서구 사상을 접한 그는 1897년 7월, 배재학당 졸업식에서 '조선의 독립'이라는 주제로 영어연설을 했을 만큼 영어실력이 탁월했다.

이 기간 이승만은 서재필을 만나게 된다. 서재필이 조직한 청년단체 협성회에 참여하면서 주간신문인 '협성회 회보'를 창간하고 주필을 맡았다. 협성회는 1896년 6월 7일, 독립협회로 이름을 바꾼다.

1898년, 러시아의 이권침탈을 규탄하기 위해 열린 만민공동회에 참여하면서 독립협회에 적극적으로 참여하고, 이 무렵 창간된 일간 '매일신문', 그해 8월 창간된 '제국신문'에 기자, 편집 혹은 주필로 관여하면서 자유, 평등, 민권, 국권 등 민주적 가치를 고양시키는 일에 앞장섰다.

1898년 11월 28일, 이승만은 고종 황제가 개원한 일종의 국회와 같은 기구인 중추원 의관에 임명되었다. 그러나 이듬해 1월, 박영효(朴泳孝)와 관련된 고종 황제 폐위 음모 사건에 연루돼 한성감옥에 투옥되고 말았다.

한성감옥에서 '독립정신' 집필

이승만은 투옥 기간 중 온전한 기독교인으로 거듭나게 된다. 그리고 동료인 이원근, 이상재, 김정식 등도 기독교로 개종하도록 전도까지 했다. 이승만은 옥중에서 저서 '독립정신'을 저술했는데, 이 책은 한참이나 지난 1910년에 출판되었다.

무려 5년 7개월이나 한성감옥에 투옥되었던 이승만은 1904년 8월, 특별 사면령을 받고 석방되었다. 같은 해 11월에는 민영환과 한규설의 주선으로 한국의 독립청원을 위해 미국으로 떠나게 된다. 그가 미국에 갈 수 있었던 것은 유창한 영어실력 때문이었을 것이다.

미국에서 국무장관 존 헤이(John Hay)를 만났고 1905년 8월에는 태프트(Taft) 국무장관의 주선으로 루스벨트(Roosevelt) 대통령과도 면담해 한국 독립을 청원했지만 성과는 거두지 못했다.

이승만은 미국에서 대학교육을 받았다. 30세인 1905년에 조지 워싱턴대학 2학년 장학생으로 입학한 이후 하버드대학에서 석사학위를, 프

●이승만(왼쪽 위)의 하버드대 재학시절.

린스턴 대학에서 박사학위(Ph.D.)를 받았다. 불과 5년 미만의 기간에 명문대에서 학사, 석사, 박사학위를 받은 탁월한 국제 정치학자가 된 것이다. 이 역시 이승만의 명석함을 엿볼 수 있는 부분이다.

하와이를 거점으로 독립운동에 매진

미국에서 학위를 마친 이승만은 1910년 10월 귀국했다. 선교사가 운영했던 황성기독교청년회(YMCA)에서 일하던 중 '105인 사건'으로 체포의 위협을 받게 되자, 미국 미네소타에서 열리는 국제감리교대회 참석을 빌미로 1912년 3월 26일, 다시 미국으로 떠났다.

이후 이승만은 해방 후인 1945년 10월, 조국에 귀국할 때까지 무려 33년간을 해외 곳곳을 체류하며 불철주야 독립운동에 관여하며 자신의 모든 역량을 쏟아 부었다. 특히 네브라스카에 갔다가 한성감옥에서 만나 의형제를 맺은 박용만의 도움으로 1913년 2월, 하와이 호놀룰루로 거처를 옮기게 된다. 이후 이승만은 이곳을 거점으로 독립운동에 전념했다.

호놀룰루에서 한인기독학교 교장에 취임해 민족교육을 실시했고, '태평양잡지'를 창간했다. 그는 독립운동에 무력투쟁을 시도하던 박용만과는 달리 교육을 통한 한인들의 실력양성을 주장했다. 이후 재미동포 사회의 가장 큰 조직인 '국민회'를 주도했다.

1차 세계대전 후 미국의 윌슨 대통령이 '민족자결주의'를 주창하며 국제연맹을 구상할 때 이승만은 한국의 독립을 보장한다면 국제연맹의 위임통치를 받는 것이 일제의 식민지배로부터 벗어날 수 있는 길이라고 주장하기도 했다.

1919년 3·1 독립운동은 이승만이 해외를 돌며 펼친 독립운동에도 커

●이승만(왼쪽)이 하와이에 1918년 설립한 한인기독학원 학생들

다란 전환점이 되었다. 이 해 4월 11일, 상해에서 수립된 임시정부에서 이승만은 국무총리가 되었고 4월 23일, 서울에서 수립된 임시정부에서는 집정관 총재로 추대되었다.

상해 임시정부에서는 이 해 9월 6일자로 임시대통령이 되었다. 미국 워싱턴에도 구미위원부를 설치하고 임시정부 대표로서 독립운동을 폭넓게 전개했다.

1921년 5월, 워싱턴에서 군비축소회의가 개최되자 이승만은 한국의 독립문제를 의제로 상정하려 했으나 뜻을 이루지 못하고 하와이로 돌아왔다. 교육과 종교 활동에 전념하던 중 1924년 11월, 호놀룰루에서 조직된 대한인동지회 종신총재에 취임했다. 구미위원부의 활동은 1929년까지 계속되는데, 그는 여러 외교적 활동을 통해 한국의 독립을 다각적으로 청원했다.

제네바서 만난 프란체스카와 결혼

이승만은 16세 때인 1891년, 박승선과 결혼했으나 1934년 10월, 뉴욕에서 오스트리아인 프란체스카 도너(Francesca Donner)와 중혼했다.

프란체스카는 프랑스 중소기업가의 막내딸로 어머니와 함께 제네바 여행 중 이승만을 만났다. 호텔 식당에서 자리가 모자라 합석을 했고 다음날, 이승만 인터뷰 기사가 게재된 신문을 프란체스카가 건네준 것이 계기가 되었다. 결혼 당시 이승만은 58세, 그녀는 33세였다.

결혼 후 프란체스카는 한국의 독립을 위해 이승만의 곁을 한 시도 떠나지 않은 독립운동의 반려자가 되었다. 이승만이 망명 생활의 외로움을 견디지 못하고 슬픔에 잠겨 있었을 때 큰 위로가 되었으며 이승만이 하와이 퀸즈병원에서 숨을 거둘 때까지 옆자리를 지켰다.

독립운동, 건국운동, 호국운동으로 전 생애를 불태웠던 한 남자의 동반자로서 품위를 잃지 않고 견디어 낸 프렌체스카는 비록 국적이 다른 외국인이었지만 퍼스트 레이디로서 손색이 없었다는 것이 주변인들의 평가였다.

이승만은 국제연맹에서도 외교활동을 전개했다. 1939년에는 일본에 의한 태평양전쟁을 예견하고 '일본의 내막(Japan Inside Out)'이란 책을 출판해 화제가 되었다. 이승만은 미국 정부와 대화를 위해 '한미협회'를 조직하기도 했다.

남한만의 단독 정부를 주장

1942년 6월부터는 '미국의 소리(Voice of America)'방송을 통해 독립운동을 고취하고 대동단결을 호소했다. 이렇듯 이승만은 여러 기구를 통해 임시정부의 국제적 승인을 위해 노력하는 한편 다양한 외교적 채널을 동원해 한국의 독립을 위해 쉴 틈 없이 노력했다.

이처럼 해외에서 독립운동에 투신했던 이승만은 해방 직후, 33년간의 망명생활을 청산하고 국민들의 대대적인 환영 속에 귀국했고 이번엔 건국운동에 투신하게 된다.

1945년 10월 23일, '독립촉성중앙협의회'를 조직해 회장에 추대되었는데 이듬해 2월에 이를 '대한독립촉성국민회'로 확대, 개편했다. 또 미군정이 조직한 '남조선 대한국민대표 민주의원'에 참여해 의장에 선출되었으나 미군정이 한반도 문제에 대해 소련군과 타협을 시도하자 의장직을 사퇴했다.

이승만은 미국과 소련의 개입으로 협상이 진전되지 않자 38선 이남에서라도 단독정부를 세워야 한다고 판단했다. 그러나 한반도 문제가 유엔으로 이관되고, 유엔 감시 하에서 1948년 5월 10일 국회의원 총선거가 실시되었다.

이 때 이승만은 동대문구 갑 지역구에 단독 출마, 무투표 당선되었다. 5월 31일 국회가 소집되자 이승만이 최연장자로 의장에 선출되었다. 이 때 대한민국 국회는 목사이기도 한 이윤영 의원의 기도로 첫 출발했다.

대한민국 초대 대통령으로 선출

7월 17일 헌법이 제정되었고, 7월 20일, 이승만은 180표의 압도적 다수로 대한민국 초대 대통령에 선출되었다. 그래서 1948년 8월 15일에 역사적인 대한민국 정부 수립을 국내외에 선포했다.

초대 대통령으로 그는 기독교적 가치를 매우 중시했다. 그래서 기독교국가인 미국헌법을 주로 참고해 새헌법을 제정했다. 초기에 정치적인 혼란이 있었지만 1952년 8월 5일, 제2대 대통령 선거가 실시됐고 이승만은 74.6%의 지지로 재선되었다.

1956년 5월 15일 실시된 제3대 대통령선거에서도 56%의 득표로 이승만은 3선 대통령이 되었다. 이승만은 여기에 더 나아가 1960년 3월 15일, 제4대 대통령 선거에도 이기붕을 부통령 후보로 해서 동반 출마했다.

그런데 민주당 대통령 후보 조병옥 박사가 선거 중 사망하자 이승만은 무투표 당선되었다. 그러나 '3·15부정선거'로 시민들이 대대적으로 일어났고 이로 인해 4.19 학생혁명이 발발했다. 결국 4월 26일, 이승만은 하야를 선언, 대통령직에서 물러나 하와이로 망명했다.

이후 5년간 하와이 호놀룰루 요양병원에서 지내다 1965년 7월 19일, 별세했다. 이승만의 유해는 하와이서 운구돼 서울 동작구 국립서울현충원에 안장되었다.

자유민주주의 원칙에 입각해 대한민국을 건국하고 한민족의 독립과 번영의 기초를 놓은 국부(國父), 이승만은 한편으로는 분단을 고착화하고 민주주의 발달을 억압한 독재자로 한동안 매도되기도 했었다.

그러나 이승만의 자유민주주의와 반공주의는 긍정적인 평가를 받아왔고, 1991년 구 소련연방의 붕괴 이후 공산권의 현대사 관련 사료가 공개됨으로 이승만에게 전가됐던 남북 분단, 6·25전쟁 발발 책임론이 영향력을 상실, 그에 대한 재평가가 시도되었다.

이승만의 생애는 크게 세 시기로 구분할 수 있다. 첫째는 한말의 선각자적 활동, 둘째는 해외에서의 독립운동, 셋째는 해방 후 귀국하여 건국과 대통령으로서의 활동이다.

이승만의 업적에 따른 다양한 평가 중 우리가 다시 한 번 기억하고 감사를 해야 할 내용들이 적지 않다.

이승만 대통령이 남긴 귀한 업적들

먼저 그는 전 삶을 독립운동에 던져 사적 자치(私的 自治)의 주체로서 자유 민주주의와 시장경제를 국시로 하는 나라를 건국하는데 결정적인 역할을 했다.

우리나라 5000년 역사상 농노(農奴)를 해방한 대통령이었다. 1950년 3월 대통령이 단행한 농지개혁은 연 소작료(소출의 50%) 3년 납부 조건만 충족하면 소작농이 자작농이 될 수 있었고 이로써 단 3년 만에 전 농지의 95.7%를 자작농이 소유하게 된 세계적인 성공사례였다.

1953년 7월, 한미상호방위조약 체결로 국방을 튼튼히 할 수 있는 토대를 마련했다. 한미 동맹은 60여 년 넘게 전쟁이 없는 평화 위에 세계 오늘날 대한민국이 10대 경제대국으로 성장하는 든든한 울타리가 되어 주었다.

1949년 6년제 의무교육제와 문명 퇴치운동을 정착시킴으로 이승만 정부가 길러낸 인재들은 1960년대 본격적으로 진행된 근대화와 공업화의 주역이 되었다.

산업과 기술 입국을 주창, 시장경제체제 하에 1차 및 제2차 산업부흥 7개년 계획을 수립해 향후 경제개발 5개년 계획의 밑그림을 그렸다. 1959년에 원자력 연구소와 서울대학교 원자력공학과를 설치, 원자력 강국의 초석을 다지는 첫 문을 열었다.

이승만이 가장 비난받는 '3.15 부정선거'가 실상 본인은 부정선거임을 뒤늦게 알게 되었다고 한다. 당시 85세의 고령이던 그가 인의 장막에 의해 눈과 귀가 가려졌던 것이다. 부정선거와 유혈사태의 진상을 보고받고 "국민이 원한다면 하야 한다"란 성명서를 발표했던 것이다.

이승만은 대통령으로 재임하며 여러 장소에서 또 각종 저서를 통해 많은 명언을 남겼다. 그가 남긴 어록을 통해 그의 가치관과 삶을 되짚어 볼 수 있고 기독교 신앙관이 어떠했는지도 알 수 있다.

이승만이 남긴 어록

"자유의 권리만 알고 자유의 한계를 모르는 이들은 자유의 권리를 누릴 자격이 없다. 사람을 두 가지 부류로 구별할 수 있으니 하나는 스스로 자기 문제를 해결하는 사람이고 다른 하나는 남에게 다스림을 받는 사람이다."

"공산주의는 콜레라와 같다. 인간은 콜레라와 같이 살 수 없다."

"이젠 천하 근본이 농사가 아니라 상업이다."

"선원들이 술에 취해있거나, 잠들어 있거나, 눈이 멀고 팔이 부러져서 배를 움직일수록 위태롭게 만들어 물이 사방에서 쏟아져 들어오고 있는데 이 배의 선객들은 구조하는 일을 남에게 미뤄두고 무심히 앉아서 죽기만을 기다리는 것이 지혜로운 일이라고 하겠는가. 선객들은 남이 건져주기를 바라지 말고 선원들에게 버려두지도 말고 각자 자기 일로 생각하고 자기 힘을 다해야 한다. 우리 대한 삼천리 강산은 곧 2천만 생명을 싣고 세찬 바람과 험한 물결이 몰아치는 큰 바다를 외로이 나가는 배와 같다. 우리는 지금 당장 물에 빠져가는 배 안에 앉아 있으니 정신을 차리고 보아야 한다."

"전국을 통틀어 양반은 1000분의 1도 못된다. 나머지 999는 모두 그 양반들을 위해 사는 사람들이다. 그러니 실로 나라에서는 1000분의 999는 다 잃어버리고 앉아있는 것이나 마찬가지다."

"지금 이 시대에 노예의 풍속을 가진 나라는 대한과 청국밖에 없다. 슬프다, 대한의 형제들이여. 어찌하여 옛 법에 익숙하여 내 나라 내 동포를 소나 말 같이 대접하며 짐승처럼 사고파는가. 미국 사람들은 저들과 생김

새가 다른 흑인 노예를 해방하기 위해 동포끼리 전쟁까지 벌이지 않았던가. 어찌하여 이 나라는 동포를 노예로 부림을 당연하게 여겨 노예법을 여태껏 폐지하지 못하고 있단 말인가."

"하나님은 모든 사람에게 다 같이 권리를 주셨으므로 생명과 자유의 안락한 복을 추구하는 것은 다 남이 빼앗을 수 없는 권리이다. 한 사람이나 한 나라가 자기가 제 일을 하는 것을 자주라 이르며, 따로 서서 남에게 의지하지 않은 것을 독립이라 이르는데, 이는 인류로 태어난 자에게 부여된 천품으로서 인간이라면 모두 다 같이 타고난 것이다."

"공산주의는 반드시 실패한다. 다음과 같은 다섯 가지 이유 때문이다.
1. 재산을 나누면 근로의욕이 꺾인다.
2. 기업가를 없애면 혁신이 이루어지지 못한다.
3. 지식인을 없애면 모든 사람이 우매해진다.
4. 종교를 없애면 도덕이 타락한다.
5. 소련을 조국으로 믿으면 배반당한다."

이승만의 마지막 기도

이승만은 하와이 퀸즈병원에서 병세가 위독해졌고 소천하기 직전 잠시 정신이 명료해졌을 때 다음과 같은 마지막 기도를 드렸다고 한다.

"하나님 아버지. 이제 저의 천명이 다하여 감에 아버지께서 저에게 주셨던 사명을 감당치 못하겠나이다. 몸과 마음이 너무 늙어 버겁습니다. 바라옵건대 우리 민족의 앞날에 주님의 은총과 축복이 함께 하시옵소서. 우리 민족을 오직 주님께 맡기고 가겠습니다. 다시는 종의 멍에를 메지 않게 하여 주시옵소서."

　최근 몇 년간 한국사회는 이승만 초대 대통령에 대한 재평가가 활발하게 이뤄졌다. 이승만 관련 유튜브 강연이 많은 이들에게 보급되고 언론사에서 이승만 특집을 다각적으로 다룸으로 평생을 조국독립을 위해 헌신하고 기독교정신이 함축된 대한민국 정부가 정식으로 수립되기까지 그의 공로가 상당했음을 인지하게 되었다.

　물론 과도 있다고 할 수 있지만 그가 이룬 결실들에 비하면 실로 작은 것으로 우리는 역사를 좀 더 넓게 큰 틀에서 바라보아야 할 것이다.

　구한말과 일제강점기, 조국의 해방과 한국전쟁, 4.19혁명 등 파란만장한 근대 역사의 중심에 서서 세찬 바람들을 온 몸으로 부딪쳤던 이승만 박사. 그의 역동적 삶을 후세들은 늘 기억하고 감사한 마음을 가져야 할 것이다.

소신있는 목회자, 법조인, 정치인,
독립운동가로 살다

함태영(咸台永, 1873~1964) 목사는 대한민국 부통령을 지낸 정치인이자 3.1운동 33인 중의 한 분인 독립운동가요, 소신 있는 법조인이었다. 또 한 사람의 신앙인으로 하나님을 경외하며 성도를 사랑하고 섬기는 하나님의 종이었다.

한국 최초 법관양성소 수석 졸업

호가 송암(松岩)인 함태영은 1873년 10월 22일, 함경북도 무산에서 아버지 함우택(咸遇澤)과 원주 변씨의 아들로 태어났다. 무산은 그의 외가가 살았다.

함태영의 조상들은 대대로 전라북도 김제 진봉면 정당리에서 살았기

●부통령을 지낸 함태영 목사

에 그를 김제 출신이라고도 한다. 그는 조선 말기 격동하는 내외정세에서 사숙(書堂)을 전전하며 한문을 배웠고 과거(科擧)를 준비해 관리가 되고자 했다.

그러나 1894년 갑오경장으로 과거제도가 폐지되는 바람에 목표가 사라졌고 실의에 빠졌으나 새로운 길이 열렸다. 1895년 4월 16일, 한국 최초의 근대식 법조인 교육기관인 법관양성소가 생긴 것이다.

함태영은 23세에 이곳 과정 제1기로 입학하여 그해 11월에 과정을 마쳤는데 총 졸업생 47명 중 수석으로 졸업했다. 이듬해 법관양성소 동기였던 이준(李儁)의 뒤를 이어 한성재판소 검사시보로 임명되면서 본격적인 법관생활을 시작했다.

1898년 8월 22일, 함태영은 고등재판소 검사로 전임되어 독립협회 사건을 심리하던 중 체포된 이상재 등 17명에 대해 내란죄를 적용하지 않고 경미한 처벌을 판결했다. 같은 국민으로서 애국심의 발로로 행한 일로 중한 벌을 주기 힘들었을 것이다.

그러나 경미하게 처리한 이 판결의 후폭풍은 컸다. 함태영이 제대로 재판을 심리하지 않고 봐준 것에 대한 문제를 물어 그를 파면 시켜버린 것이다. 그러나 막상 파면시키니 검사가 부족했던 탓에 다시 고등재판소 검사로 복직을 시켜 주었다. 그래서 법부 법률기초위원, 대심원 판사, 복심법원 판사를 차례로 역임했다.

1907년, 공소원 검사로 부임했으나 소신판결을 내려 집권층으로부터 외면 당했고 1910년 8월, 결국 공직에서 물러났다. 일제가 1912년 4월

1일, 경성복심법원 판사로 임명하려고 했으나 함태영이 이를 거부했다. 그에겐 또 다른 길이 예비되어 있었다.

3.1 독립만세운동 발기인으로 참여

1918년에 호서은행 설립 발기인으로 참여한 그는 1919년, 3·1독립만세운동의 발기인으로도 관여, 결국 체포되었다. 경성복심법원에서 3년 징역형을 선고받았으나 1921년 12월22일, 최린, 이세창, 한용운 등과 함께 가석방되었다.

법관을 떠나 목회자가 되고자 했던 그는 1915년, 경충노회 추천을 이미 받았던 터라 평양신학교에 입학해 1922년 12월 20일, 제16회로 졸업했다. 그는 신학교 재학 중인 1918년, 조선예수교장로회 총회 헌법기초위원으로 봉사함으로 자신이 가진 재능을 총회 발전에 쓰일 수 있도록 도움을 주었다.

함태영은 20대 초반에 기독교로 종교를 개종한 것으로 알려진다. 선교사 제임스 게일 목사가 시무하던 연동교회에 출석했는데, 1911년에는 이 교회 장로가 되었다.

그 후 불치의 부종으로 고생하던 중 기도로 고침 받았는데, 이것이 신

●함태영의 일제 주요감시대상 카드. 서대문형무소에 수감되었었다

학교에 입학한 동기였다. 1922년 12월, 경충노회에서 목사 안수를 받고 청주읍교회 위임목사가 되었다.

이듬해인 1923년 제12회 총회에서 총회장이 되었고 1926년 충청노회장, 1928년 경남노회장, 1929년 경기노회장, 1932년 경성노회장, 1946년에는 경기노회장을 한번 더 역임했다.

함태영 목사가 시무한 교회는 남대문교회(1918-1919), 청주읍교회(1922-1927), 마산문창교회(1927-1929), 연동교회(1929-1942) 등 지금도 유명한 교회들이다. 또 경성 송파교회(1945), 경기도 광주군 둔전교회(1945), 초동교회(1945-1946)에서도 목회했다.

목회 활동 외에도 평양 숭실전문학교 이사(1929), 조선예수교서회이사(1930) 등을 거쳐 1933년에는 조선기독교연합공의회(Korea National Christian Council) 회장을 역임했다.

1934년 박용희, 권영식, 전필순 등 중부지역 기독교 지도자들과 YMCA 신흥우가 주도한 '적극신앙단'에 동참했다. 적극신앙단은 토착적인 한국적 교회 수립을 목표로 결성된 조직이었다.

1937년에는 신사참배를 거부하여 요시찰 인물로 감시를 받았고, 1940년엔 창씨개명을 거부했다. 1939년 조선신학교 설립 기성회에 참여했고, 1940년 조선신학교 이사장으로 추대되었다. 1941년에는 전필순을 연동교회 후임으로 세우고 은퇴하여 원로목사가 되었다.

정치인으로 적극 참여, 부통령 맡기도

해방 이후에는 정계에 투신하는데, 대한독립촉성국민회(大韓獨立促成國民會)의 고문을 지냈다. 1945년 12월 23일에는 김구가 주관하는 순국선열추념대회의 부대회장으로 선출되었다. 또 신탁통치 반대 국민총

●함태영 부통령과 한인기독교회
교인들. 1953년 하와이 한인이
민 50주년 기념행사 모습

동원위원으로 활동했다.

1946년 2월 14일에는 이승만, 김구 등에 의한 비상국민회의 최고정
무위원 28명 중 한 사람으로 선출되었다. 동년 6월 12일 조선예수교장
로회 남부총회가 조직되었을 때 부회장으로 피선되었다.

1948년 민족주의 우파 진영이 단독정부 수립론과 반대론으로 양분되
었을 때 이승만, 이시영을 따라 단독정부 수립론을 지지했다. 그 후 이승
만 정부에 참여하여 1949년 제2대 심계원장(현 감사원장)에 취임했다.

또 6·25전쟁 중인 1952년 5월 16일, 제2대 부통령 선거에 출마하여
낙선했다. 그러나 1952년 8월 제2대 부통령 김성수가 사퇴하자 이승만
대통령의 권유에 따라 제3대 부통령에 출마하여 당선, 1956년까지 부
통령으로 재임했다.

기독교장로회 총회장으로도 선출

1953년 김재준 목사를 중심으로 기독교장로회가 조직될 때 합류하였
고, 1955년에는 기독교장로회 제41회 총회장으로 피선되었다. 또 이때
이승만의 제안으로 삼일정신선양회를 조직하여 총재로 활동했다.

이듬해인 1956년 캐나다연합교회의 초청으로 캐나다를 방문하고, 캐나다 마운트 엘리슨(Mount Ellison) 대학에서 명예법학박사 학위를 수여받았다.

1960년 4·19혁명에 의해 자유당 정권이 무너지자 목회자로 활동하며 이승만 환국운동을 펼쳤고 1963년 1월 환국추진위원회 회장으로 선출되었다.

함태영 목사는 대한제국기, 일제강점기, 해방과 분단, 6·25전쟁, 이승만 정권, 4·19혁명, 그리고 박정희 정권으로 이어지는 한국 근현대사의 중요한 시기에 법조계와 교계, 그리고 정계에 굵직한 일들을 하며 큰 영향을 끼친 인물이었다.

함태영은 정부 전복 혐의로 한성감옥에 투옥된 이승만이 1898년 사형 선고를 받았을 때 이를 종신형으로 감형시키고 1904년, 6년 만에 석방되는데 도움을 준 것으로 보인다. 당시 법원 판사였던 함태영이 이 감형에 기여했다고 보는 것이다.

법관으로서 그는 왕에 충성하면서도 근대적 법 정신에 따라 양심적이며 인도적이고 공평무사하게 법을 집행하고자 애썼던 것이다.

교파간 연합과 일치, 화합을 이끈 지도자

독립운동가인 그는 3·1독립만세운동 당시 민족대표 48인 가운데 한 사람이었다. 그의 활약이 없었다면 기독교 각 교파간의 연합 및 기독교, 천도교, 불교와의 연대가 불가능했다고 한다. 그가 33인에 속한 인물이 아님에도 최고형을 언도받은 것은 3·1독립만세운동에서 그의 역할이 매우 중대했기 때문이다.

목회자이자 교육자였던 그는 중병에 걸렸을 때, 언더우드의 도움으로

344

회생하고 목회자의 길을 갔고, 여러 교회에서 시무했다. 특히 문창교회와 연동교회의 내분을 종식시키는 데 지도력을 발휘했다.

함태영은 법조인으로 출발하여 목회자로, 3·1독립운동가로, 교육자로, 정치가로, 다시 목회자로 생을 마감했다. 그는 한국 현대사에 있어서 민족과 국가, 교회와 신학교육을 위해 소중한 역할을 감당한 하나님의 귀한 종이었다.

1962년에는 건국공로훈장 국민장(건국훈장 독립장)을 수여받았고, 1964년 1월에는 중앙대학교에서 명예법학박사 학위를 받았다.

1964년 10월 24일, 함태영 목사는 고혈압과 노환 등의 합병증으로 91세를 일기로 세상을 떠났다. 장례는 국민장으로 치러졌다.

파리와 워싱턴에서 자주독립을
외치다

우사(尤史) 김규식 (金奎植,1881~1950) 선생은 개신교인으로 교회 장로였으며 독립운동가로 해방 이후엔 남북 협상을 주도하며 한 시대 를 열정적으로 풍미한 정치가였다.

부친의 유배로 고아원에 들어가다

김규식의 삶은 실로 파란만장했다. 1881년 2월28일, 부산 동래구에 서 관직에 있던 아버지 김지성의 셋째 아들로 태어났다.

당시 부산 개항장을 관할하던 동래부에서 무역업무를 담당한 아버지 는 1884년, 일본 상인들의 횡포가 날로 늘어나자 불평등조약의 부당성 을 비판하며 이를 시정할 것을 요구하는 상소문을 올렸다. 그런데 오히

●김규식. 오른쪽 사진은 이승만(왼쪽)과 함께.

려 이것이 빌미가 되어 유배형에 처해졌다. 바른 소리가 통하지 않던 시절이었다.

당시 4살이었던 김규식은 어머니와 함께 서울로 상경해 생활하게 되었는데 2년 후에 어머니가 병을 얻어 사망했다. 6살의 어린 나이에 서울 큰아버지 집에 맡겨졌지만 큰아버지 역시 형편이 어려워 그를 언더우드 선교사가 정동에 설립한 고아원 겸 학교에 보내게 되었다.

김규식의 세례명은 요한(Johan)이었다. 언더우드 부인 릴리어스 홀튼(Lillias S. Horton)은 유달리 총명한 김규식을 양자로 삼고 돌보았다. 하루는 김규식이 열병에 걸려 사경을 헤매고 있을 때, 언더우드 부부는 친히 약과 우유를 타주며 극진히 간호함으로 생명을 건지기도 했다.

부친이 유배에서 풀려나 부자상봉하게 된 김규식은 시설을 나와 아버지와 함께 고향 홍천으로 내려갔지만 도움 주던 할머니가 세상을 떠난데 이어 1892년에 아버지도 세상을 등졌다.

2년 후에는 할아버지와 큰 형 마저 죽음을 맞아 김규식은 13살 어린 나이에 천애 고아가 되었다.

김규식은 1894년 3월, 한성 관립영어학교(官立英語學校) 1기생으로 입학하여 제1반 수석으로 졸업했다. 그는 생계 때문에 식품점에서 영업 점원으로 일하다 독립신문사에 입사했다. 그는 이곳에서 영어사무원 겸 회계, 그리고 취재기자로 잠시 근무했다.

당시 유학파 서재필이 유능한 한국 젊은이들이 미국에서 공부해 선진 학문을 공부해야 한다며 재능을 보인 김규식에 유학을 권유했고 그는 언더우드 선교사의 후원을 받아 미국 유학길에 올랐다.

미국 로아노크 대학에서 전체 3등으로 졸업

김규식은 1897년에 9월, 미국 동부 버지니아주(州)에 있는 루터교 계통의 인문대학인 로아노크 대학(Roanoke College) 예과에 들어가 영어를 익히고 1년 후인 1898년 가을에 정식으로 본과에 입학했다.

당시 로아노크 대학에는 고종황제 아들인 의친왕(義親王) 이강(李堈)을 비롯 여러 한국 젊은이들도 공부 중이었다. 김규식은 영어를 빠르게 습득, 대학잡지 1900년 5월호에 '한국과 한국어'(Korean and Korean Language)라는 칼럼과 '동방의 아침'(The Dawn in the East)이라는 제목의 논설을 기고하기도 했다.

학내 강연대회에서 1등을 하고 웅변토론클럽인 데모스테니언 문학회 (Demosthenean Literary Society) 부회장으로 활약했던 김규식은 영어는 물론 프랑스어, 독일어, 라틴어 등 어학 과목에서 뛰어난 성적을 나타냈다.

재학 중 92.2점이란 놀라운 평점을 유지하고 전체 3등의 우수한 성적으로 6년 만인 1903년 6월에 대학을 졸업했다. 그리고 이어 프린스턴 대학교 대학원 석사과정에 입학해 1년 만에 영문학 석사학위를 받았다. 박사학위 장학생으로도 선발되었으나 러일전쟁 발발 소식을 들은 김규식은 귀국을 결심한다.

귀국하자마자 언더우드 선교사의 비서로 있으면서 황성기독교청년회
(Y MCA) 교육부 간사에 임명되었다. 1905년 8월에는 미국 포츠머스
에서 개최되는 러시아와 일본간의 강화회의에 참석해 한국 문제를 변론
하고자 했다.

그래서 미국으로 가기 위해 상해(上海)까지 갔으나 여의치 못해 귀국
하고 말았고 결국 을사조약이 늑결(勒結)되었다. 나라의 주권이 일제에
강탈당하는 것을 지켜볼 수 밖에 없었던 김규식은 상동청년회 애국지사
들과 교류하며 민족의 나갈 길을 의논하고 1906년 대한자강회 회원이
되어 여러 강연을 통한 구국운동을 전개했다.

이와함께 흥화학교, 광화신숙, 상업전문학교 등 여러 학교에서 영어
과 강사로 활동하며 교육구국운동을 전개했다.

1906년, 과거 군수였던 조순환(趙淳煥)의 딸인 조은수(趙恩受, 당시
16세)와 새문안교회에서 결혼했다. 그녀는 정신여학교를 졸업한 새문안
교회 교인이었다. 그는 1913년, 중국으로 망명하기 전까지 YMCA 이
사회 이사 겸 서기를 거쳐 YMCA 학관의 교사 겸 학감, 경신학교 교사,
기독교 주일학교 교장, 배재전문학교 영어강사, 연희전문학교 영어강

●파리강화회의에 참석한 김규식
아래 오른쪽과 아인슈타인(아
래 왼쪽 두번째)

사, 조선기독교 대학교 교수 등 여러 가지를 역임했다.

독립운동에 본격적으로 투입되다

1907년 일본 도쿄에서 개최된 제7회 세계기독학생연맹세계대회에 한국대표로 참석했으며 새문안교회 건축위원회 위원이 되어 교회건축을 추진했다. 1910년 5월29일, 헌당식을 거행할 때, 교인을 대표해 봉헌사를 낭독했던 기록이 있다.

1910년 8월 29일, 일제가 한국을 강제로 병합한 가운데 1910년 10월에 새문안교회의 두 번째 장로로 장립되었고 YMCA 학생부 담당 간사로도 활약했다.

1911년 9월, 조선총독부가 '105인 사건'을 일으키고 한국의 독립운동가와 기독교 지도자들을 대거 구속, 투옥했을 때, 김규식은 투옥은 모면했으나 그에 대한 일제의 감시와 탄압은 더해졌다.

1913년 봄, 조선총독부 학무국은 김규식에게 일본 도쿄 외국어대학교 영어교수직을 제안하고 도쿄제국대학 동양학과 장학생으로 특별 입학할 것을 제의한 바 있다. 그러나 이를 거절했다.

대신 망명을 준비했다. 오스트레일리아로 유학을 간다는 소문을 퍼뜨리고 1913년, 중국 상해로 망명했다. 중국에서 신규식(申圭植)과 함께 박달학원(博達學院)을 설립하고 한인들에게 영어를 가르치며 중국에서 독립운동에 본격적으로 나섰다.

1914년 6월 제1차 세계대전이 발발하자 김규식은 가을에 군사학교를 설립할 목적으로 류동렬, 이태준, 서왈보 등과 함께 외몽골 우르가(울란바토르)로 건너갔다. 군관학교 설립 자금을 모금하기 위해 동분서주했으나 자금조달이 쉽지 않자 직접 피혁 장사를 하기도 하고 러시아

상업학교에서 영어를 가르치고 러시아인들에게 개인교수를 하며 독립자금을 모았다.

화북성(華北省)에서는 성경과 기독교 용품을, 상해에서는 발동기계를 판매하는 등 2년간 화북과 몽골지방을 오가며 독립운동가들과 접촉했다. 또 미국과 스칸디나비아계의 물산회사인 앤더슨 앤드 마이어회사(Anderson & Meyer Company)에 입사해 회계 겸 비서로 일하고 1916년에는 장자커우(张家口) 지점의 부지배인으로 임명되어 근무하기도 했다.

1918년 파리강화회의 한국대표단 수석대표로 임명된 김규식은 15일 만에 중국인 여권을 발급받아 1919년 2월1일, 상해를 출발해 3월 13일에 프랑스 파리에 도착했다.

3월 20일부터 김규식 일행은 파리 근교 뇌이쉬르센의 한 아파트에 세 들어 살던 중국인의 집에서 한 달 가량 머물렀다. 그 사이 4월에 상해임시정부가 수립됐고, 임시정부는 파리에 있는 김규식을 외무총장 겸 파리강화회의 대한민국 대표로 임명해 신임장을 보냈다.

1919년 4월 14일, 파리 9구 샤토덩가 38번지에 임시정부 파리위원부 사무실을 얻어 김규식이 정식으로 활동을 개시했다.

파리에서 펼치는 김규식의 대일(對日) 항전은 사실 무모해 보였다. 이미 1차대전 승전국이었던 일본은 '세계 5강'을 자처하며 68명의 대규모 사절단을 파리에 파견한 상태였다.

일본 대표들은 파리의 호화호텔인 브리스톨 호텔(Hôtel Bristol)을 통채로 빌리고 30여대의 자동차를 렌트해 움직였는데 이 모습이 장관이었다고 한다.

유럽 181개 신문에 걸쳐 517건에 소개

김규식은 파리에서 소식지 '자유 대한(La Corée libre)'을 내면서 자신이 독립국가 대한민국의 대표라는 점을 알리려 애썼다. 파리강화회의에 온 각국 대표에게 독립을 원한다는 청원서도 보냈다.

그때 김규식이 로베르 브뤼셀 프랑스 교육부 국장에게 프랑스어로 쓴 편지에는 "우리의 독립 요구가 '계란으로 바위 치기'와 같은 어려운 항쟁이지만 폴란드·체코슬로바키아·크로아티아가 주권을 회복한 것처럼 한국도 일본으로부터 독립할 수 있기를 소망한다"고 기록이 되어 있다. 그의 열성적인 활동을 다룬 기사는 유럽 181개 신문에 게재되었는데 총 517건에 달한 것으로 알려져 있다.

김규식은 이렇게 필사적인 활동을 펼쳤지만 당시 파리강화회의는 정식 국가의 대표가 아니라는 이유로 김규식의 입장을 거부했고 또 일본의 부탁을 받은 프랑스 경찰은 김규식의 일거수일투족을 감시했다.

김규식은 우드로 윌슨 미 대통령의 프랑스어 통역이었던 스티븐 본잘(Bonsal)이라는 미국 외교관과 접촉했다. 본잘은 김규식에게 "코리아 문제는 파리강화회의에서 다룰 만큼의 세계적인 이슈는 아니다"는 냉정한 이야기를 전했다고 한다.

파리에 온 목적이 자주독립을 알리려는 것인데 여기에 대한 열강들의 호응을 이끌어내지 못한 김규식은 극심한 스트레스를 받아 두통에 시달렸고 시력도 급격히 나빠졌다. 강대국들의 무반응에 실망한 그는 그해 8월, 파리를 빠져나와 배를 타고 미국으로 건너가며 활동 무대를 바꿨다.

미국 워싱턴 DC에 도착한 후 김규식은 1920년 10월 3일, 다시 미국을 떠날 때까지 미국 서부지역을 순회하면서 한국 독립의 필요성을 역설했다.

이후 1922년 1월 21일부터 2월 2일까지 모스크바 크레믈린궁에서 열린 극동민족대회에도 참석했다. 한국대표 56명의 단장 자격으로 "한국은 농민을 주력으로 일본제국주의에 항쟁하는 민주주의 혁명을 해야 한다"고 강조했다. 1933년 1월, 대일전선통일동맹과 중한민중대동맹의 대표로 도미하여 대학과 각종 단체 등을 순회하며 극동상황을 설명하면서 독립운동에 함께해 줄 것을 호소하기도 했다.

32년만에 고국으로 돌아와 정치활동

김규식은 1943년 2월 22일에 결성된 조선민족해방을 주장하는 정치연맹의 중앙집행위원회 의장(주석)이 되었다. 해방 후 1945년 11월 23일, 무려 32년 만에 고국 땅을 밟았다.

1945년 12월 16일, 모스크바삼상회의를 개최하여 3상회의국(미국, 소련, 영국)과 중국이 대한민국 건국을 돕기 위해 임시정부를 최대 5년 동안 신탁통치가 필요하다고 결정했다.

이 때 김규식은 신탁통치가 시행되면 자주적인 정부 수립이 신속하게 이루어지지 못한다고 판단, 초기에는 반탁운동에 적극 나섰다. 김규식은 친일파 청산에도 적극적으로 활동했다.

김규식은 한반도 단일국가 건설을 위한 남북협상에 적극적으로 활동했다. 1948년 남한 단독정부 수립을 위한 총선거가 실시되자 이에 반대하여 김구와 동행, 북한에서 남북협상을 시도했으나 이 또한 실패로 돌아가자 정계를 떠났다.

김규식은 1950년 6.25 한국전쟁 중 9.28 서울 수복 직전인 9월 26일 밤, 조선인민군에 납북되었다. 그는 평양을 거쳐 북쪽으로 계속 끌려가던 중 그 해 12월 10일, 자강도 만포군 만포면 별오동에 있던 군병원에서 지병인 천식을 비롯 뇌출혈, 동상 등 이런저런 병명으로 세상을 떠났다.

한 시대를 풍미한 정치인으론 외롭고 쓸쓸한 죽음이었다. 수백만 명이 슬퍼하며 장례가 치뤄진 김구의 죽음이나 여운형의 죽음에 비교하면 그의 죽음은 한참 억울하고 비참한 죽음이 아닐 수 없었다.

김규식은 이승만 정부와 이후의 군사 정권에서는 그의 공적이 외면 받아 오다가 1989년에야 대한민국 정부로부터 '건국훈장 대한민국장'이 추서되었다.

마치 풍운아처럼 동에 번쩍, 서에 번쩍하며 숱한 직업과 직책을 가지고 한국이 독립국가로 발전해 가길 소원했던 김규식 선생. 그의 나라사랑과 헌신된 삶이 그 업적 만큼 후세들에게 기억되지 못하고 있는 것 같아 안타까운 마음이다.

건국정신을 강조한
민주화 운동의 대부

　대한민국 제4대 대통령을 역임한 윤보선(尹潽善, 1897~1990)은
1897년 8월26일, 충청남도 아산 둔포면 신항리에서 태어났다. 사업가
이자 개화파 기독교인인 아버지 윤치소와 어머니 이범숙의 9남매 중 장
남이었다.

　윤보선 집안은 조선과 대한제국 시기에 여러 고관대작을 지낸 부유한
집안이었다. 부친 윤치소는 경성직류주식회사를 운영한 실업인이었고
중추원 의관을 지냈다.

근대화에 앞장선 기독교 가문에서 출생
　윤보선은 일제하에서 국채보상운동, 국산품장려운동을 펼쳤고 임시

●윤보선 대통령과 부인 공덕귀 여사, 가족들.

●부인 공덕귀 여사와의 결혼식 사진과 영국 에딘버러 대학 유학 시절의 모습.

정부 후원단체에 참여하는 등 민족운동에도 가담했던 인물이자 서울 안국동 안동교회 장로였다. 윤치소의 사촌 형이자 윤보선의 당숙이 우리나라 최초의 남감리교 신자인 윤치호(尹致昊)였다.

정치인 윤치영은 윤보선의 숙부였기에 윤보선은 근대화된 분위기의 기독교적 환경에서 성장했다. 그 결과 자연스럽게 선교사들과의 접촉도 잦았다. 그의 '기독교적 구국론'은 이런 가풍에서 형성된 것이라 할 수 있다.

윤보선은 처음에는 조부 윤영렬과 한학자들로부터 한문(漢文)을 배웠으나 10세 때인 1907년, 서울에 관립 한성고등학교(현 교동초등학교)에 입학해 신학문을 배웠다.

13세가 되던 1910년에 일본인거류민이 충무로에 설립한 일출(日出)소학교 5학년에 편입, 2년간 수학하고 졸업했다. 이 시기에 YMCA 간사로 있던 이승만을 여러 차례 만났고 월남 이상재로부터도 많은 영향을 받았다.

소학교를 졸업한 그는 일본 유학길에 올라 동경의 게이오의숙(慶應義塾) 의학부에 입학했으나 두 학기를 마친 후 중퇴하고 세이소쿠영어학교(正則英語學校)에 입학해 2년간 수학하고 귀국했다.

1915년에는 민영환의 6촌 민영철의 딸과 결혼하고 딸을 얻었다. 20세가 되던 1917년에는 여운형을 따라 상해로 떠났다가 그곳에서 독립운동가 신규식을 만나 큰 영향을 받는다. '바다 갈대'라는 의미의 '해위(海葦)'라는 아호는 신규식이 지어 준 것이다.

1919년 4월에는 23세의 나이로 최연소 임시정부의정원 의원에 선출되었다. 상해에서 3년을 체류하고 1921년에는 신익희의 권유로 영국으로 유학해 우드블록 대학(Woodbrooke College)에서 영문학을 공부했다.

영국 옥스퍼드대학에서 짧은 기간 고전어를 공부한 후 에든버러대학교에서 선사고고학의 권위자인 고든 차일드(Vere Gordon Childe)교수 밑에서 고고학을 공부하고 1930년 졸업했다. 1932년 귀국했는데 이 때 부인과는 헤어졌다.

이승만의 파트너로 정계에 몸담아

해방 후 윤보선은 정치계에 투신하게 되는데, 기독교 민족주의계가 중심이 되어 만들었던 한민당 창당에 깊이 개입했고, 미군정으로부터 군정청 농산국과 경기도지사 고문으로 위촉 받았다.

1948년 12월 대한민국 초대 대통령이었던 이승만으로부터 2대 서울시장에 발탁되었다. 당시 내무부 장관은 숙부 윤치영이었다. 서울시장 재임 중이던 1949년 1월 6일, 안국동 자택에서 여성 신학자 공덕귀(孔德貴)와 재혼했다.

이 해에 상공부 장관에 임명되었으나 1952년 5월에 발생한 부산정치파동을 계기로 이승만과 결별하게 되었다. 이승만이 건국의 이상, 곧 자유민주주의를 훼손했다고 보았기 때문이다.

이승만과 결별 후 1954년 5월 30일, 종로 갑구에서 출마하여 제3대 민의원에 당선된 그는, 이후 민국당의 후신인 민주당의 주요 당직을 맡다가, 조병옥이 제3대 대통령선거를 앞두고 사망하자 민족주의계의 영수가 되어 민주당을 이끌었다.

학생혁명으로 이승만 정권이 붕괴된 이후 1960년 8월 12일 실시된 양원 합동회의에서 윤보선은 재적 259석 중 208표를 얻는 압도적 득표로 제4대 대통령에 선출되었다.

윤보선은 신파인 장면(張勉)을 총리로 지명하고, 장면 정부에 몇 가지 제안을 했다. 그것은 자유민주주의에 대한 확고한 확립, 경제 제일주의, 한일문제의 해결과 강력한 행정체제의 확립이었다. 그리고 민주당 구파와 신파 모두를 아우르는 협치를 강조했다.

구파와 신파는 서울과 평양을 중심으로 별도로 활동했던 기독교 민

●대통령 취임식날 윤보선 대통령과 부인 공덕귀 여사

족주의자들이었다. 그러나 장면은 윤보선을 정치파트너로 인정하지 않았고 그의 말을 경청하지 않았다. 이것이 군사 쿠데타의 빌미를 주게 된 것으로 보인다.

5·16 군사 쿠데타 직후 대통령 윤보선은 하야를 선언했으나 번복한 일이 있다. "대한민국의 유일한 헌법기관인 대통령이 공석이 되면 우리의 대외관계는 법적으로 중단된다"는 외무부 차관 김용식의 설득 때문이었다. 그리고 9개월 동안 대통령직을 수행했다.

이 일로 그는 무수한 억측과 비난에 휩싸였다. 그러나 국가 전체를 보호해야 한다는 그의 신념과 책임의식은 고지식하다 할 정도로 확고했다. 그것이 하나님으로부터 자신이 부여받은 사명이라는 생각이 뚜렷했다.

성경책 한권만 들고 안국동 사저로

윤보선은 대통령직에서 물러나 안국동 사저로 돌아올 때, 그의 가방에는 성경책 한 권만 들어 있었다고 한다. 이후 1990년 7월 18일, 삶을 마칠 때까지 자유민주주의를 위한 저항을 계속했다. 그는 5대(1963)와 6대(1967) 대통령 후보로 출마했으나 실패했다.

이 후에는 야인으로 모든 비판적 세력을 결집시켜 반민주주의와 반독재 저항을 주도했다.

1971년 국민당(國民黨)을 창당해 총재에 선출되었고, 1973년에는 '헌법개정 청원운동본부'를 구성하고 '개헌청원 100만 인 서명운동'을 주도했다. 같은 해 민주구국 헌장 발표 사건을 비롯해 1974년 민청학련(民靑學聯) 사건으로 징역 15년을 구형받기도 했다.

1976년에는 김대중, 함석헌 등 재야 지도자들과 민주구국선언을 발표한 이른바 명동사건(明洞事件), 1977년 3·1민주구국선언, 그리고 1979년 YWCA 위장결혼 사건에 이르기까지 중요한 민주화운동의 현장엔 항상 윤보선이 있었다.

이 과정에서 부인 공덕귀도 민주화관련 구속자 석방운동, 여성노동자 생존권투쟁, 빈민선교활동 등을 통해 남편을 옆에서 도왔다.

1979년 윤보선은 야당인 신민당(新民黨) 총재상임고문에 취임한 이후부터 정치일선에서 서서히 물러났다. 10.26 직후 선포된 비상계엄령 아래서도 쉴 새 없이 한국의 민주화와 유신체제하에서 희생된 사람들의 복귀와 복권을 위해 노력함으로 인권운동가로도 알려져 있다.

1980년, '서울의 봄' 때 윤보선은 김영삼, 김대중 두 사람을 안국동 자택으로 불러 후보 단일화를 주선했으나 실패하고, 이후 사실상 정계를 은퇴했다.

대한민국 건국정신 지키려 노력

정치인 윤보선은 하나님의 형상을 가진 인간은 인간으로서의 의무를 가져야 한다고 믿었다. 그래서 정치적 자유와 경제적 권리, 일정 수준의 문화생활까지 누려야 한다고 믿었다.

그러므로 한 사람의 독재나 한 계급의 일방독주가 허용될 수 없었기에 정치적 동지였던 이승만과 또 박정희 정권에 저항했다. 그리고 자유, 정의, 질서, 공정성, 윤리적 품격, 노블레스 오블리주의 정신, 인간사랑, 이런 것들이 당연한 '상식'이 되는 한국을 정치에서 실현하려고 노력했던 것을 엿볼 수 있다.

이것을 이루기 위해서 잘못된 것에 저항했고, 온갖 비난을 감수하며 공정과 공평의 한국사회를 만들려 했다. 높은 품격의 민주 시민사회의 이상을 지키려 했던 것이다.

윤보선은 독립운동가, 민족주의자, 건국의 참여자, 관료 혹은 정치인, 대한민국 제4대 대통령, 야당의 당수였고, 그리고 민주회복운동에 앞장섰다.

'조국의 민주화'를 위한 저항을 계속했을 때 윤보선은 자유민주주의를 열망하는 국민들의 선도자가 되었고, '민주화운동의 지렛대요 버팀목'이 되었다. 그래서 민주화운동의 대부로도 불리고 있다.

한국 정치사를 온 몸으로 견뎌내

만약 윤보선이 조국 사랑에 대한 열정을 거부했다면 어땠을까. 아마 우리는 지금도 정치 민주화를 이만큼 누리지 못했을 것이라는 대답도 나온다.

당시 개화파 윤씨 문중은 기독교가 자신들뿐만 아니라 한국을 구원시키고, 복음이 근대 민주주의를 가져올 것이라 확신했다. 그리고 그런 사명이 자신들에게 있다고 생각했다. 그 중심에 윤보선이 자리하고 있는 셈이다.

윤보선은 한국 현대 정치사에서 민주주의 발전에 기여하였다는 긍정적 평가와 함께, 엘리트 정치와 유약한 리더십의 한계를 보였다는 비판적 평가도 공존한다.

윤보선은 1990년 7월18일, 안국동 자택에서 노환으로 사망, 하나님 품에 안겼다. 가족장을 치른 뒤 고향인 충청남도 아산의 가족묘지에 안장되었다.

94세까지 살면서 한국 정치사를 온 몸으로 겪어온 윤보선의 삶은 비록 굴곡지긴 했어도 기독교라는 큰 울타리와 신앙을 삶의 지표로 삼은 그의 행보와 어우러져 어떤 상황에서도 자족할 수 있었기에 그 긴 시간을 평온하게 견디었을 것으로 보인다.

윤보선 선생은 1960년 8월, 무궁화대훈장을 수훈했으며 사후인 1990년 7월, 인촌문화상을 수상했다.

經濟 경제
社會公憲
사회문화

Chapter **7**

나눔과 섬김, 사랑의 본을 보이다

"너희는 이 세대를 본받지 말고 오직 마음을 새롭게 함으로 변화
를 받아 하나님의 선하시고 기뻐하시고 온전하신 뜻이 무엇인지
분별하도록 하라"(로마서 12:2)

민족교육의 요람,
오산학교를 통해 인재를 양성하다

   남강(南岡) 이승훈(李昇薰, 1864~1930) 선생은 교육자요 독립운동
가로 잘 알려진 분이다. 신민회 발기에 참여했고, 유명한 미션스쿨 오
산학교를 세웠다. 105인 사건에 연루, 옥고를 치렀으며 3·1운동 민족
대표 33인의 한 사람이었다. 동아일보사 사장에 취임, 물산장려운동과
민립대학 설립을 추진한 애국자이다. 교육자이자 독립운동가였지만 이
승훈 선생을 경제인으로 분류한 것은 그만큼 남강 선생이 사업으로 부
(富)를 쌓았고 이 물질로 교육과 독립운동에 헌신했기 때문이다.

   자수성가한 유기상인으로 출발
   평안북도 정주 출신의 이승훈은 아버지는 이석주(李碩柱) 어머니는

●사업가, 교육가인 이승훈
선생

홍주 김씨(洪州 金氏)였다. 가난한 선비 집안에서 태어나 불과 2세 때 어머니를 여의었다. 6세 때에는 고향 정주를 떠나 납청정(納淸亭)으로 이사했고 부친마저 사망해 고아로 4년간 서당에서 한문을 익혔다.

1874년, 10세에 학업을 중단하고 그 곳의 이름난 유기상(鍮器商)인 임권일상점(林權逸商店)의 사환으로 들어가 불과 3년 만에 외교원 겸 수금원이 되었다.

이승훈의 정확한 업무처리와 성실성이 인근에까지 알려져 1878년, 이도제(李道濟)의 딸 이경선(李敬善)과 결혼했으며 이 때부터 점원을 그만두고 본격적인 상인의 길을 걷기 시작했다.

보부상으로 평안도 및 황해도 각 지역을 전전하면서 자본을 모아 납청정에 유기점을 차리고 평양에 지점을 설치했다. 여기에 만족하지 않고 1887년 직접 유기공장을 세워 민족기업가로서의 면모를 유감없이 보여주었다.

이승훈은 당시로선 드물게 획기적인 공장경영방법을 시도했다. 첫째 노동환경을 개선했고, 둘째 근로조건을 편리하게 바꾸었으며, 셋째 근로자의 신분이나 계급에 구애됨이 없이 평등하게 임금을 주고 대우했다.

러일전쟁으로 사업실패의 쓴맛 경험

이와 같이, 근로자들의 작업 의욕을 북돋아 생산능률이 향상되고 품질도 좋아져 그의 사업이 날로 번창했다. 그러나 1894년, 동학농민운동이 일어나고, 이어 청일전쟁이 발발해 한반도가 전장화(戰場化)되자

●남강 이승훈 선생이 제주에서 유배생활하던 조천의 김시황 집

납청정의 이승훈 상점과 공장은 폭격에 따른 화재로 잿더미가 되고 말았다. 그동안의 노력이 순식간에 물거품이 되고 말았다.

덕천으로 가족과 함께 피란갔다 돌아온 이승훈은 재기를 위해 팔을 걷었다. 철산 오희순(吳熙淳)의 자본을 얻어 상점과 공장을 다시 열었다. 1901년, 평양에 진출해 본격적으로 무역업에 손을 대 진남포에 지점을 설치하고, 서울과 인천을 왕래하며 사업을 재개했고 이것이 결국 성공해 국내 굴지의 부호가 되었다.

그런데 이것도 잠깐이었다. 1904년, 러일전쟁으로 다시 사업에 실패하자 고향으로 낙향했다. 1907년 7월, 평양에서 우연히 도산 안창호의 '교육진흥론' 강연을 들은 그는 인생관이 송두리째 바뀌는 체험을 하는 동시에 중대한 결심을 하게 된다.

그가 안창호로부터 들은 강연은 "나라가 없이는 집도 몸도 있을 수 없고, 민족이 천대받을 때에 나 혼자만 영광을 누릴 수는 없다"라는 내용이었다.

이 때 이승훈 스스로도 금주 금연과 단발을 단행한 후에 바로 안창호 선생을 찾아갔다. 두 사람은 곧장 의기투합했고, 이승훈은 안창호의 권유로 항일 비밀결사 신민회(新民會)에 가입하고 평북 총관을 맡았다.

민족교육기관 오산학교 설립

이승훈은 평양에서 용동으로 돌아와 서당을 개편해 신식교육을 가르치기 위한 강명의숙(講明義塾)을 설립했다. 승천재를 개축하여 연 강명의숙을 연 것이다.

다시 이 해 11월24일, 중등교육기관으로 민족운동의 요람인 오산학교(五山學校)를 개교해 교장이 되었다. 그는 오산학교의 교육목표를 그리스도교 정신에 입각해 세운 만큼 학생들이 기독교 신앙을 갖도록 노력했다.

이승훈 선생이 기독교인이 되고 자신이 세운 오산학교를 미션스쿨로 만든 과정을 자세히 알 필요가 있다.

1910년 9월, 경술국치(庚戌國恥) 직후라 그가 울적한 마음으로 평양에 나갔다가 산정현교회에서 한석진 목사의 설교를 들었다. 십자가의 고난을 주제로 설교했는데, 목사의 설교 한 마디 한 마디가 괴로워하는 그의 심령에 놀라운 감명을 주었다.

이승훈은 그 순간 예수를 믿기로 작정했다. 그날의 한석진 목사가 한 설교의 내용은 이러했다.

"지금 우리나라의 형편을 생각하면 얼마나 민망하고 답답한지 모르겠습니다. 이에 많은 애국지사들도 낙심해서 쓰러지고 눈물과 탄식 속에 나날을 보내고 있는 지경에 있습니다. 그렇다고 우리 민족의 지도자들이 다 낙심하고 다 맥이 풀려서 주저앉으면 우리 민족의 장래는 어떻게 되겠습니까? 이 세상은 땅에만 있는 것이 아니라 하늘에도 있습니다. 이럴 때는 하늘을 바라보아야 합니다. 용기를 잃지 말고 하나님에게 소망을 두고 살아야 합니다."

●1936년 오산학교 학생들 모습과 1915년, 설립 당시의 강명의숙(오른쪽)

오산교회 설립과 이상향 운동

이승훈은 그다음 주일부터 곧장 정주교회에 출석했으며, 오산학교의 교육이념을 기독교로 바꾸고 정주교회를 담임하던 로버츠(S.L. Robert) 선교사를 교장으로 초빙했다. 46세 장년이던 그에게 찾아온 이런 변화는 실로 극적인 것으로 그를 존경하던 마을 주민에게도 큰 영향을 미쳤다.

오산학교는 이승훈의 열성과 성의를 바탕으로 하고 이종성(李鍾聲)·이광수(李光洙)·조만식(曺晚植) 등의 노력이 더해짐으로 많은 인재를 배출해 민족교육사상을 고취하는 대표적 학교로 자리잡게 되었다.

그는 오산학교 안에 오산교회를 설립하고 용동 주민들을 교회에 출석하도록 했는데, 교회를 중심으로 학교와 농장을 연결하는 이상향운동이 자연스럽게 시작되었다.

그는 1911년 2월, 안명근 사건에 연루된 혐의로 제주도로 유형을 당했다. 곧이어 105인 사건이 발생했고 이중으로 혐의를 받고 서울로 압송되어 다시 징역 6년을 언도받고 복역을 시작했다. 이로인해 교회생활은 할 수가 없었기에 맥큔(McCune) 선교사와 로버츠(Roberts) 선교사 등이 그를 수시로 심방하여 신앙생활에 도움을 주었다.

옥중에서 성경을 100독 하기도

이승훈의 신앙성장은 옥중생활과 그 맥을 함께 한다. 그가 한석진 목사의 설교를 듣고 처음 기독교에 귀의할 때는 독립운동의 역량을 축적할 목적이었는데, 입교한 지 얼마 되지 않아 105인 사건으로 4년의 옥고를 겪을 때 성경을 무려 100번이나 읽었다고 한다.

성경에서 당시 상황을 이스라엘 구원사와 비교하면서 모세가 이스라엘 백성을 이끌고 애굽에서 백성을 인도하는 장면과 예레미야가 날카로운 목소리로 요시아 왕과 백성들의 불의를 꾸짖는 장면을 읽으며 자신의 사명을 다졌다고 한다.

1915년 2월, 4년 만에 출옥하자 정주교회 정기정 목사에게 세례받고 평양신학교에 입학했다. 비록 오산학교의 과다한 업무 때문에 세 학기만에 중퇴했지만 그때 배운 지식과 인간관계는 후일 그가 교계에서 활동하는 데 중요한 기반이 되었다.

그로부터 1년 뒤인 1917년 8월 21일, 이승훈은 선천북교회에서 열린 평북노회에서 장로로 장립되어 오산교회를 이끌었다. 따라서 이승훈은 기업인으로서의 활동과 신민회와 오산학교를 통해 알려진 명망에다가 교계 활동까지 더해지면서 기독교세가 강성하던 서북지방의 지도적 인물이 되었다.

3.1운동의 주역이자 기독교 대표로

이승훈의 이런 다양한 활동은 서울까지 영역을 넓히게 되어 경향 각지에 이름이 널리 알려졌다. 1919년 2월 10일, 이승훈은 선천에서 열린 평북노회에 참석하던 중에 최남선의 연락을 받고 상경한다. 그날부터 28일까지 19일 동안 3·1운동을 성사시키기 위해 서울과 평양, 선천을 오르내리며 24회의 회합을 갖고 민족대표들을 규합했다.

그뿐 아니라 천도교, 불교와의 합작도 이승훈의 역할이 절대적이었다. 3·1운동 민족대표 33인의 한 사람인 이승훈은 기독교 대표였다.

2월 27일, 정동교회에서 모인 준비 모임에서 선언서에 서명할 순서를 놓고 언쟁하자 그가 나서서 "순서가 무슨 순서입니까. 이것은 죽는 순서입니다. 누굴 먼저 쓰면 어떤가요, 손병희 선생을 먼저 쓰시도록 하지요"라는 말로 분위기를 정리하고 순서를 마무리했다는 일화가 전해진다.

33인 중 기독교인 인원수가 많다고 기독교를 앞서 세울 것이 아니라 가장 연장자인 천도교 지도자를 먼저 앞세운 것이다.

이승훈은 이 3·1운동으로 결국 종로서에 구속되어 다른 47인과 함께 1920년, 경성지방법원에서 징역 3년형을 선고받는다. 다시 옥고를 치르게 되자 이제는 신학공부까지 하고 다시 맞은 옥중생활 중이라 이번엔 각종 신앙서적을 독파했다.

그는 "하나님이 그리스도의 은혜를 알게 하려고 나를 감옥에 보내신 것이다"라고 고백하면서 자신에게 닥친 고난을 감사의 조건으로 여기는 은혜의 삶을 살았다. 그의 문하에서 순교자 주기철 목사와 한경직 목사를 비롯 수많은 교회지도자와 민족지도자가 배출된 것은 어쩌면 당연한 일이라고 할 것이다.

죽음 전 하나님께 감사와 영광 돌려

마포형무소에서 복역하다가 1922년, 가출옥 허락이 되었다. 직접 세운 오산학교로 돌아온 그는 일본 시찰로 견문을 넓히기도 했는데 1924년, 김성수(金性洙)의 간청으로 동아일보사 사장에 취임해 1년 동안 경영을 맡기도 하였다.

동아일보 사장으로 있던 이 때 물산장려운동을 펼치며 민립대학설립 운동 등에 앞장섰으며, 조선교육협회에도 관여하는 등 활동 범위가 매우 넓었다.

동아일보 사장에서 물러난 뒤 다시 오산학교로 돌아와 학교 운영에 심혈을 기울였다. 1930년 5월 9일, 소천 직전 자기의 유골을 해부해 생리학 표본으로 만들어 학생들의 학습에 이용하라는 유언을 남겼으나 일제의 금지로 실행되지 못하고 오산에 안장되었다.

그의 생전에 졸업생들의 발기로 오산학교 교정에 동상이 건립되었다. 1930년 5월 3일, 제자들이 그의 동상을 세웠는데, 그가 오랜 교도소 생활로 얻은 지병으로 사망하기 닷새 전이었다. 그날 제막식에서 자기의 삶을 회고하며 하나님께 감사와 영광을 돌렸다.

"내가 오늘날까지 온 것은 내가 한 것은 조금도 없습니다. 주변 모두가 나를 그렇게 만들었습니다. 나는 본래 불학무식한 사람입니다. 아무것도 아는 것이 없으나 이 나를 이끌어서 여기까지 왔습니다. 과연 하나님(神)이 나를 지시하시며 도우실 뿐입니다. 이후로도 그럴 줄 믿습니다."

이승훈 선생에게 대한민국 정부는 1962년, 건국훈장 대한민국장을 추서했다. 오산학교는 오늘날도 전통과 역사를 자랑스럽게 생각하며 서울에서 운영되고 있다. 1991년부터 남강교육상이 제정돼 운영되고 있고, 1999년 남강기념관도 개관되었다. 2007년 개교 100주년 기념식을 거행했다.

정직한 삶을 통해 보여준 기독 기업인의 표상

지금도 활발하게 운영되는 제약회사 유한양행을 창업한 유일한(柳一
韓, 1895~1971) 선생은 독실한 기독교인으로서 기업가이자 교육자였
다. 일제강점기 독립운동에도 헌신한 그는 OSS(미국전략정보국)요원으
로도 활동했다.

그는 투명하고 정직한 기업경영의 표상으로 상징되며 전 재산을 사회
에 환원했다. 기업경영의 목표를 이윤추구에 두지 않고 건전한 경영을
통한 사회헌신을 평생 신념으로 생각했던 그는 오늘까지 많은 기업인들
에게 도전과 영향을 주고 있다.

9살에 미국으로 떠난 재력가 장남

●유한양행 설립자 유일한 선생

그는 1895년 1월 15일, 아버지 유기연과 어머니 김기복 사이의 6남 3녀 중 장남으로 평양에서 출생했다. 출생시 이름은 유일형(柳一馨)이었다가 미국 유학 중 신문배급소에서 일하다 그의 발음을 잘못 알아듣는 바람에 이름을 바꾸게 되었다. 대한제국 또는 세계 제1의 대한제국이라는 의미로 해석할 수 있는 '일한(一韓)'으로 아예 개명한 것이다.

그의 부친은 교회를 통해 신앙은 물론 근대화의 움직임에 접하게 되었으며, 평양을 중심으로 싹트기 시작한 산업 경제에도 관심을 가져 농수산물 도매상과 미국에서 생산되는 '싱거(Singer)' 미싱 대리점을 경영한 재력가였다.

유일한의 가족은 창동교회를 다녔는데, 부친이 선교사에게 당시 9살짜리 아들인 유일한의 미국유학을 부탁했으니 참으로 앞서가는 인물이었다.

1904년, 부친은 대한제국 순회공사 박장현이 미국으로 가는 배편에 아들을 동승할 수 있도록 주선했고, 유일한은 그들을 따라 샌프란시스코에 정착했다.

샌프란시스코에서 초등 교육을 받던 유일한이 부친의 사업이 어려워지면서 재정적인 지원이 끊어졌고 이 때부터 그는 힘겹게 생활해야 했다. 더구나 1906년 4월, 샌프란시스코에 대규모 지진이 일어나 도시가 황폐화되자 어린 나이의 유일한으로서는 더더욱 어려운 생활을 해야 했다.

이후 유일한은 1909년, 네브래스카 주 커니라는 도시로 이주해 미국인 자매의 도움으로 생활할 수 있었다. 또 미국에 거주하는 한인 교포들이 이곳에 한인소년병학교를 설립하자 그곳에서 소년병 교육을 받기도 했다.

대학재학 중 독립운동에 관여

1911년 16세 때 헤스팅스 고등학교에 입학했고 이때부터 유일한(柳一韓)이라는 이름을 사용했다. 여전히 생활은 어려웠고 신문배달과 구두닦이 등의 아르바이트로 생활비를 조달했다.

고등학교에서는 미식축구부에 가입하여 주장을 맡을 정도로 스포츠에도 재능이 있었다. 고등학교를 졸업하고 대학에 입학할 학비를 벌기 위해 디트로이트 변전소에서 1년간 근무하기도 했다.

1916년 21세 때 미국 미시건 주에 있는 미시건대학교 상과에 입학하였으며 필라델피아 한인대회에서 '한국 국민의 목적과 열망을 표방하는 결의문'을 작성하는 일에도 동참해 도왔다.

당시 미국 주재 한인총대표 회의는 서재필에 의해 주도되었는데 대학생이었던 유일한은 이승만, 서재필 등 민족 독립지도자들과 교재했다. 대학을 졸업하자 미시건 중앙철도회사, 제너럴 일렉트로닉 등 미국회사에 취업했으며 서서히 자신의 사업을 구상했다.

드디어 유일한은 다니던 회사를 사직하고 당시 미국에서 인기가 높았던 숙주나물을 통조림에 저장할 수 있는 방법을 개발, 이를 시판하기 시작했다.

라초이 통조림 식품회사 설립

1922년, 미국인 대학동창이자 식품사업을 하던 웰리스 스미스와 동업하여 숙주나물 통조림을 생산하는 라초이(La Choy)식품회사를 설립했던 것인데 이 식품회사는 미국 내에서 단시간에 큰 성공을 거두었다.

1925년, 라초이 식품회사의 원료를 구입하기 위해 중국 상하이를 방문했고 다시 일본을 거쳐 조선으로 건너온 그는 자신의 고향인 평양을 거쳐 북간도로 넘어가 21년 만에 가족들과 감격적으로 상봉했다.

미국으로 돌아온 그는 미국에서 아시아지역에서 생산되는 토산품을 취급하는 유한주식회사(New-han Company)를 설립했고 서재필을 사장으로 영입했다.

당시 30세를 넘긴 그는 대학동창이자 호미리(胡美利)라는 중국계 여성과 결혼했다. 그녀는 미국에서 의사면허(소아과)를 취득한 최초의 동양인이었다.

결혼한 그 해 한국에서 세브란스 의전을 운영하고 있던 선교사 에비이슨(Avision)은 유일한의 활발한 미국활동 소식을 듣고 연희전문학교(延禧專門學校) 상과 교수로 그를 초청했다. 아울러 그의 부인 호미리 여사도 세브란스 의전 의학교수로 함께 부임해 달라고 요청했다.

귀국해 제약회사 유한양행 설립

유일한은 1927년 미국에서 운영하던 라초이 식품회사를 청산하고 귀국했지만 연희전문학교 교수가 되는 것을 포기하고 서울 종로 2가 덕원빌딩에 유한양행을 창립했다. 부인 호미리 여사도 세브란스 의전으로 가지 않고 개인병원을 설립할 계획을 세웠다.

유일한은 미국에서 귀국하면서 많은 의약품을 가지고 왔는데 이는 2년전 한국을 방문했을 때 한국에 가장 필요한 사업은 의료분야이며, 의약품 사업을 통해 조국에 도움이 될 것이라는 결론을 내렸기 때문이다.

●유일한 선생과 펄벅 여사(왼쪽)/ 유일한과 딸 유재라(오른쪽)

특히 유한양행에서 직접 제조해서 판매한 안티푸라민은 가정상비약으로 많은 인기를 얻었다. 유한양행은 중국, 대만에도 지점을 개설해 판매망을 넓혀나갔고 점점 그 규모가 커졌다.

사업이 확장되는 중에 유일한은 43세이던 1938년, 미국으로 다시 건너가 서던캘리포니아대학교(남가주대학교)에서 경영학을 공부했으며 1941년, 석사학위를 받았다.

2차 세계대전이 일어나자 일본의 감시가 심해졌고 유일한은 사장직에서 물러났다. 미국 육군의 OSS(Office of Strategic Services) 산하 한국담당 고문으로 일했는데 이 때 노벨 문학상 수상자인 펄벅이 중국 고문으로 있어 유일한과 친분을 가지게 되었다.

로스앤젤레스에서 한인 국방경위대를 창설, 맹호군으로 이름을 지었다. 맹호군은 한국 침투를 위해 조직된 특수공작원으로 군사훈련을 받도록 했다. 하지만 그해 8월 15일 광복을 맞아 국내로 침투하는 냅코(NAPKO)작전은 실행되지 못했다.

철저한 세금납부와 투명경영

해방 후 1946년, 유한양행 사장으로 복귀하여 회사를 다시 돌보았지만 남북으로 분단되면서 중국과 북한에 남아있는 모든 자산을 상실하게 되었다. 대한상공회의소가 창설되자 초대회장에 되었고 유한양행 사장직에서 물러났다.

이승만 정권이 들어서면서 초대 상공부 장관으로 추대되었다가 이를 거절하였는데 나중에는 견제와 감시의 대상이 되었다. 1948년 다시 미국으로 건너가 스탠퍼드 대학에서 국제법을 공부하였고 이후 국내로 입국하려다 번번이 거절돼 입국하지 못했다.

1950년 한국전쟁이 일어나자 유한양행은 다시 한번 어려움에 처했는데, 직원들은 회사를 헌신적으로 지켜냈다. 1953년 귀국해 전쟁으로 파괴된 회사를 재건했고 이때 소사 공장 부지에 고려공과기술학원을 설립하여 교육사업을 시작했지만 재정적인 부담으로 1957년에 폐교되었다.

1962년에는 국내 민간기업으로는 두번째로 기업을 공개하여 투명경영을 실현했고 정직한 세금납부로 산업훈장을 받았다. 유일한은 국가에 내는 세금이야 말로 나라를 위하는 일이라고 했으며 세금을 차질없이 납부하도록 엄격하게 관리했다.

국가는 세금에 의해서 운영되는 것이므로 부강한 국가를 만들기 위해서는 납세의 의무를 성실히 해야된다는 것이 그의 신념이었던 것이다.

인재양성과 교육사업에도 투자

유일한은 인재 양성에도 힘써 1963년 개인소유 주식 1만 2000주를 연세대학교에 장학기금으로 기부했고 보건 장학회에도 5000주를 기부했다. 1965년에는 개인 주식 5만 6000주를 팔아 학교법인 유한재단을 설

●1925년 유일한 선생이 독립운동자금으로 대한인국민회에 기증한 수표

립하고 영등포구에 유한공업고등학교를 건립하여 교육사업을 시작했다.

학교법인 유한재단은 전교생에게 전액 장학금을 주며 산업보국을 위한 인재를 양성하고, 1966년에는 유한중학교를 개교해 중고과정의 무상교육을 실시했다.

평소 그의 신념인 '국민에게 좋은 상품을', '나라에는 정직한 납세를', '사회에서 얻은 이윤은 사회로 환원한다'는 기업정신을 철저하게 지킨 결과물이었다.

미국에 있는 아들 유일선이 귀국하여 부사장직을 맡았으나 기업경영에 대한 신념이 자신과 다르자 미국으로 돌려보내고 전문경영인에게 회사 운영을 맡겼다.

유일한은 1971년 3월 11일, 세브란스병원에서 하나님의 부르심을 받았다. 공개된 유언장은 그가 살아온 인생을 어떻게 정리했는지를 보여주고 있다.

유언장 내용은 "손녀 유일링(당시 7세)에게는 대학 졸업 시까지 학자금으로 1만 달러를 주고, 딸 유재라에게는 유한공고 안의 내 묘소와 주변 땅 5000평을 주어 유한동산으로 꾸미게 하며, 아들 유일선은 대학까지 졸업시켰으니 앞으로는 자립해서 살아라. 모든 재산(유한양행 주식) 14만 961주는 전부 한국 사회 및 교육원조신탁기금(현 유한재단)에 기증한다"는 것이었다.

전재산을 기부한 존경받는 기업인

정부에서는 유일한의 업적을 기려 국민훈장 무궁화장을 추서했고, 1995년에는 그가 독립운동을 지원한 것도 알려져 건국훈장 독립장이 추가로 추서되었다.

이렇듯이 유일한은 '노블레스 오블리주'를 보여준 크리스천 기업인의 표상으로 존경받고 있다. 그가 각종 공익재단에 기증한 유한양행 주식의 40%는 현 시가로 2조 원이 넘는 천문학적 액수였다.

어떻게 이런 결단을 내릴 수 있었을까. 그것은 두말할 나위 없이 그의 독실한 신앙심이 가져온 결과였다. 그런 의미에서 유일한이 남긴 기도문은 매우 감동적이고 우리의 신앙과 삶에도 도전을 준다.

"만물을 창조하시고 전지전능하신 주님.…저희들이 이 땅에서 살아가는 동안 과거의 잘못을 통하여 더욱 성장할 수 있도록 도우시고, 슬픔과 후회를 저희 마음속에서 떠나게 하시고 대신 어제의 편견이나 내일의 두려움 없이 정해진 사람의 길을 걸어갈 수 있도록 성령과 용기와 의지를 저희들 마음속에 심어 주소서.

저희에게 유혹을 이겨내고 탐욕과 부러워함을 정복하게 하시고 증오와 고통을 극복할 수 있는 힘을 허락하소서.…무엇보다 온 인류 모두가 참된 목적을 위하여 일하고 평화로운 마음으로 이 세상을 살아갈 수 있도록 저희의 마음을 겸손함과 이웃을 아끼고 사랑하는 마음으로 가득 채워 주소서. 아멘."

평생을 독립운동과 전도로 헌신한
'고아의 어머니'

우리에게 잘 알려지지 않은 독립운동가이자 '고아의 어머니'로 불린 여
성이 있다. 바로 어윤희((魚允姬, 1880~1961) 선생이다.

어윤희는 1880년 6월 30일, 충북 충주에서 아버지 어현중의 무남독
녀로 태어났다. 어려서부터 부친에게 한문을 배웠는데 '언충신행독경'(言
忠信行篤敬) 말은 충성되고 미쁘게 하며 행실은 착실하고 남을 공경하
라'란 글귀를 평생의 좌우명으로 삼았다.

16세가 되던 해 결혼을 했지만 동학군에 참여한 남편이 3일 만에 전
사하자 친정으로 돌아온다. 1896년 아버지마저 별세하여 고아나 다름
없는 신세가 되었다.

29세에 신앙인으로 거듭나고 세례받아

고향에 머물 처지가 되지 않은 어윤희는 황해도 해주를 거쳐 경기도 개성에 안착하게 된다. 그런데 이곳에서 우연히 개성북부교회 예배에 참석하게 되는데 당시 이곳의 전춘수 전도사의 설교에 감명받아 기독교 신앙을 받아들인다. 그리고 1909년, 갬블(Gamble) 선교사에게 세례를 받고 신앙인으로 거듭난다.

갬블 선교사는 미국의 남감리교에서 운영하던 미리흠여학교에 어윤희를 추천했다. 어린 시절 한학을 공부해 학문적 소양이 깊었던 어윤희는 미리흠에 다니면서 개성동부교회 부속학교 교사로 활동했다.

미리흠을 졸업한 어윤희는 호수돈여학교에 다시 진학해 1915년 졸업과 동시에 남감리회 전도부인으로 파송받는다. 어윤희는 개성동부교회와 황해도 금천군 매동교회를 거쳐 토산교회, 구난리교회 등 주로 농어촌 산간벽지를 돌며 복음을 전했다. 교인들에게 신앙을 지도하는 한편 문맹을 퇴치하고 민족의식을 고취하는 것에도 주력했다.

개성 북부교회는 당시 남감리회 전도사업의 중요한 본부였으며 이후 독립운동의 근거지가 되었다. 정춘수를 비롯 신석구, 오화영 등 3·1운동 민족대표 33인 중 3명이 이 개성북부교회 출신이었다.

1918년 가을 개성북부교회에서 서울 종교교회로 목회지를 옮긴 오화영 목사는 자연스럽게 개성 연락책을 맡는다. 오화영 목사로부터 '독립

●어윤희와 그녀가 돌보던 개성의
고아원생들(오른쪽)

선언서' 100매를 전달받은 당시 개성북부교회 담임 강조원 목사는 선 뜻 이를 배포하지 못하고 호수돈여학교 직원인 신공량을 시켜 석탄창고에 갖다 두도록 했다.

신공량에게서 독립선언서 이야기를 들은 권애라는 그것을 찾아내 어 윤희에게 다시 전달했다. 당시 호수돈여학교 교사와 학생들이 남감리 교 북감리교라는 두 개의 교파 모두가 독립운동을 이끌 지도자로 어윤 희를 꼽던 터였다. 개성의 거사일은 3월 3일. 서울에서는 고종황제의 상 여가 나가고 있었다.

개성의 3월3일 독립운동을 주도하다

조용하던 개성의 거리거리에 우렁찬 만세 소리가 터져 나왔다. 개성 만세운동은 어윤희가 이끄는 호수돈여학교의 학생 시위가 일반 시민들 이 참여하는 만세운동으로 이어져 이후 한 달 이상 계속됐다.

3월 3일, 1500명의 시위대를 이끌고 만세 운동을 한 뒤 집에 와 저녁 을 먹던 어윤희는 형사들이 들이닥치자 "잠깐만 준비할 것이 있으니 기 다리오." 하며 저녁을 마저 먹고, 두꺼운 솜옷으로 갈아입고 나왔다.

또, 형사들이 수갑을 채우려 하자, "여자에게 수갑을 채우는 나라가 일본 말고 또 어디에 있는지 물어 보세요. 당신들이 내 몸을 묶어갈 망 정 내 마음은 못 묶어 갑니다"라고 했다고 한다.

경찰에 연행된 어윤희의 죄명은 개성의 만세시위를 주동했다는 것이었 다.

어윤희는 서울로 압송되어 경성지방법원 검사국에 끌려가 취조를 받 았다. 배후를 추궁했으나 입을 열지 않자 간수에게 어윤희의 몸을 발가 벗기라고 지시했다. 수치심을 일으켜 배후를 불게 하려 했던 것이다. 그

●어윤희가 투옥됐던 당시의 감방
이 서대문형무소역사관에 재현돼
있다.

러자 어윤희의 더 큰 목소리가 터져 나왔다.

"내 몸에 누가 손을 대느냐. 발가벗은 내 몸뚱이 보기가 소원이거든
내 손으로 직접 옷을 벗겠다."

바로 옷을 훌훌 벗어 던진 어윤희는 다시 소리쳤다.

"자, 실컷 보시오, 당신 어머니도 나 같을 게고, 당신 부인도 나 같을
게요."

어윤희의 뜻밖의 강한 행동에 놀란 검사가 오히려 당황하여 "어서 옷
을 입혀 데리고 나가라"고 했다고 한다. 몸은 작았지만 그 누구보다 담
대하고 기개가 있었던 어윤희였다.

경성지방법원은 이런 어윤희에게 징역 1년 6개월을 선고했다. 독립선
언서에 서명한 민족대표들의 평균 형량과 같은 중징계였다. 서울 서대문
형무소 8호 감방에 수감되었다.

그녀는 이 감방에서 나라와 민족을 위해 독립투쟁을 하는 독립운동가

들을 위해 수시로 금식하며 기도했다. 같은 감방에는 천안 아우내장터 만세시위의 주역인 16세 유관순도 함께 있었다.

어윤희는 자신보다 체격도 좋고 식사량도 많은 유관순을 위해 금식 기도를 핑계로 곧잘 배식을 양보했다. 배식이라고 해봐야 조와 콩이 90% 섞인 주먹밥에 무짠지와 물이 전부였다.

서대문형무소에서 유관순 등을 돌보다

● 어윤희 선생의 서대문형 무소 수감사진.

당시 39세의 어윤희는 감방의 어린 여성들을 돌보며 전도와 기도에 힘썼다. 특히 3·1만세운동 이듬해인 1920년 3월 1일을 기해 서대문형 무소 안에서도 여성들이 전개한 1주년 기념 만세운동도 펼쳤다. 그 일로 인해 투옥자들은 더 심한 고문을 받아야 했다.

당시 세브란스병원에 있던 의료선교사 스코필드가 서대문형무소를 자주 방문해 감옥에서의 실상을 듣고 미국과 세계에 알렸다. 어윤희에게서 교회 여성들이 겪은 옥중 고난과 저항 소식을 듣고 큰 감명을 받은 스코필드 선교사는 어윤희와 '의남매'를 맺기도 했다.

만기 출옥한 어윤희는 개성북부교회 전도부인으로 다시 파송받아 전도활동을 본격적으로 시작했다. 그리고 독립운동도 계속 도왔다. 남감리회 여선교회 전국연합회 부회장도 맡아 봉사했다.

1927년 남감리회 여선교회는 일본에 선교사를 파송하기로 결의하고 그 적임자로 어윤희를 선택했다. 그러나 조선총독부가 어윤희를 불온사상가로 낙인찍어 감시 중이었기 때문에 선교사 파송은 결국 이루어지지 못했다.

1938년, 어윤희가 양자로 삼았던 봉성환이 만주에서 독립운동을 하다 전사하자 어윤희는 혈혈단신이 되었다. 당시 58세였던 어윤희는 남은 인생을 고아들과 살기로 결심했다.

그래서 1945년, 개성 유지인 한철호와 오기환의 도움을 받아 개성지역에 유린보육원(有隣保育院)이라는 고아원을 세우고 버려진 아이들을 돌보기 시작했다.

마침내 해방은 되었지만 5년 후 6·25전쟁이 터졌다. 부산으로 피난했다가 서울로 올라온 어윤희는 이번에는 미국 감리교회 여선교부의 지원을 받아 서울 마포구 서강에 다시 유린보육원을 설립, 전쟁고아들을 모아 믿음으로 양육하기 시작했다.

개성에 이어 서울서 시작한 유린보육원

어윤희는 보육원 근처 서강감리교회에 출석하며 1952년, 장로로 피택 되었다. 당시 교회터만 있었고 변변한 건물이 없던 서강교회는 미군이 쓰던 천막을 얻어다 예배처소로 사용하고 있었다. 그런데 여름 태풍에 천막이 찢어져 그나마 예배도 못 드릴 지경이 되자 그녀는 보육원을 주일예배 처소로 내놓고 성도들에게 매주일 식사도 대접했다.

이렇게 고아들과 여생을 보내던 어윤희 선생은 1961년 11월 18일, 보육원 아이들이 지켜보는 가운데 지상에서의 삶을 마감했다. 유언에 따라 장롱을 열어 본 보육원 직원들은 깜짝 놀랐다.

흰 주머니에 교회헌금으로 2만환, 검정 주머니에는 자신의 장례비 명목으로 4만환이 들어있었다. 장례비가 부족할 경우 팔아 쓰라며 금반지 세 개도 넣어놓았다.

뿐만 아니라 직접 만든 수의와 색신발, 관 덮을 보 위에 두를 흰 무궁화 견본까지 들어 있었다. 시체는 화장하고 가루는 한강에 띄워 달라는 유언장과 함께 이 때 쓰라며 배 삯도 미리 준비해 두었다.

서강감리교회는 1962년 3월, 교회의 건축과 부흥, 그리고 신앙에 귀감이 된 어윤희 장로를 기리며 그 기념비를 교회 내에 세웠다.

그녀는 1953년, 플로렌스나이팅게일 기장을 받은 것을 시작으로 1959년, 인권옹호 공로표창을 받았고, 1995년에는 대한민국 정부로부터 건국훈장 애족장을 추서받았다.

3일 만에 남편이 죽고, 아버지도 죽어 천하에 의지할 사람 하나 없었고 아무런 희망도 없었던 어윤희 선생. 그녀는 자신의 삶을 비관하지 않았다. '운명'을 탓하지 않았다.

기독교신앙과 십자가의 자기희생정신으로 무장하고 일생동안 나라와 민족을 위해 자신의 역할에 충실했던 어윤희 선생이었다. 그녀야말로 진정한 애국자의 본보기요, 숨은 지도자였다. 또 여성 전도와 계몽에 앞장선 민족의 선각자였다. 행동하고 실천하는 리더였다.

이런 어윤희 장로의 올곧은 신앙과 그 신앙에서 나온 희생정신이 오늘날까지 우리에게 큰 감동을 주고 있다. 시인 이윤옥 씨는 어윤희 선생의 삶을 한 편의 시로 남겨 놓았다.

서간도에 들꽃 피다

– 이윤옥

가녀린 여자에게 수갑을 채우지 마라

수갑 들고 군화발로 잡으러 온 순사
호통치며 물리친 여장부

동학군 앞장선 남편
신혼 3일 만에 왜놈 칼에 전사한 뒤
나선 독립투사 길

저 앙큼한 년
저년을 발가벗겨라
협박 공갈하는 순사 놈 앞에 서서
스스로 홀라당 옷을 벗은 그 용기

이화학당 어린 유관순 함께 잡혀
먹던 밥 덜어주며 삼월 하늘 우러러 보살핀 마음

만세운동으로
군자금 모집으로
애국계몽운동으로
헐벗은 고아의 어머니로 살아낸
꺼지지 않는 불꽃

여든 해 삶 마치고 돌아가던 날
내리던 희고 고운 눈 순결하여라.

한글점자를 최초로 창안한
'맹인들의 세종대왕'

인간이 갖는 신체의 장애 중에서 가장 불편한 부분을 꼽으라면 눈이 아닐까 싶다. 삼라만상을 볼 수 없고 자유롭게 이동하기도 힘들기 때문이다. 그런데 이 시각장애인들을 위해 일제 강점기 시대임에도 한글 점자(點字)를 창안한 교육자가 있었다. 뜨거운 신앙심과 사명감으로 '훈맹정음'을 만든 송암(松巖) 박두성(朴斗星, 1888~1963) 선생이다.

보통학교 교사에서 맹학교 교사로

박두성 선생은 구한말인 고종 25년, 경기도 강화군 교동면 상용리 516번지에서 박기만 씨의 6남 3녀 중 맏아들로 출생했다.

출생지 교동도는 강화도에서도 뱃길로 12km나 떨어진 외진 곳이었

389

●시각장애인의 세종대왕
 박두성 선생

지만 일찍 기독교가 전래돼 1899년에 이미 교동교회가 세워져 있었다. 부친 박기만은 복음땅을 받아들여 교동교회를 건축할 때 성도인 자신의 땅을 교회부지로 드렸을 정도로 신앙이 뜨거웠다. 따라서 아들 박두성도 자연스레 신앙을 갖게 되었다.

박두성은 어려서는 서당에서 한학(漢學)을 공부했고, 8세에 무관 출신 성제(誠齊) 이동휘(李東輝)가 강화도에 세운 보창학교에 입학해 4년간 보통학교의 신학문을 수학했다. 이동휘 선생은 독립운동가이기도 했는데 박두성에게 "암자의 소나무처럼 절개를 굽히지 말라"는 뜻의 송암(松岩)이란 호를 지어주기도 했다.

이동휘의 주선으로 들어간 한성사범학교(현 경기고등학교)를 졸업했고 어의동(於義洞)보통학교 교사로 있다가 1913년 제생원 맹아부(濟生院盲啞部: 국립 서울맹학교 전신) 교사로 취임하게 된다. 박두성은 서울로 유학 와서부터는 정동제일교회에 열심히 출석하며 신앙을 키웠다.

박두성이 제생원 교사가 된 것은 조선총독부에서 인내와 인간애가 요구되는 맹아교육에 헌신할 교사를 물색했다고 한다. 기독교 신자로서 교원자격을 갖춘 사람을 구하던 중 어의동보통학교 교사 박두성을 적격자로 판단했다고 한다.

이렇게 박두성이 1913년 1월 6일자로 제생원 맹아부 근무 발령을 받음으로써 그는 맹교육에 첫발을 내딛게 되었다. 사실 교육 중에서도 가장 어려운 이 특수아 지도에 "과연 나 자신이 적격자인가"하고 의구심을 품기도 했다고 한다.

●제생원 맹아부 수업 장면. 송암은 이곳에서 평생을 바친 맹아교육을 시작했다(왼쪽)/
박두성이 부인 김경례 권사가 읽어주는 말씀을 제판기로 점역하는 모습(오른쪽)

서울 종로구 신교동 인왕산 동쪽자락에 위치한 제생원 맹아부는 원래 조선 태조 6년(1397년) 조준의 건의에 따라 설치된 관청이었다. 의료·의약, 특히 향약의 수납·보급과 의학교육 및 편찬사업 담당기관이었다. 그런데 1910년 한일합병 이후 총독부에 의해 구휼기관으로 변경됐다.

깊은 애정과 사랑으로 학생들을 지도

제생원은 시각장애인, 청각장애인을 위한 맹아부, 고아를 위한 양육부, 정신병 환자를 위한 의료부로 세분되어 있었다. 그 후 1945년 해방과 더불어 국립맹아학교로 발전하였고, 1959년에는 농아학교를 분리 설립 후 국립 서울맹학교로 되어 오늘에 이른다.

맹아부 교사가 된 박두성은 시각장애인으로 학교에 나오는 학생들을 바라보며 이들을 향한 깊은 애정으로 맹인교육에 전념하기 시작했다. 후일 그는 "나는 두 눈이 멀쩡한데도 이렇게 살기가 어려운데 앞이 안 보이는 이 아이들은 어찌할꼬 하는 생각에 교육에 더 열중하게 되었다."고 당시 심경을 밝힌 바 있다.

1919년 3.1운동이 일어난 후 학교에서는 조선어 과목을 없애려 했다. 그 때 박두성 선생은 학교측에 이를 강하게 반대했다.

"앞 못보는 맹인에게 모국어를 안 가르치면 이중의 불구가 되어 생활이 더 힘들어집니다. 눈 밝은 사람은 자기만 노력하면 얼마든지 읽고 쓸 수 있지만 실명한 이들에게 조선말까지 빼앗는다면 눈 먼데다 벙어리까지 되라는 말입니까."

당시 일반 학교에서는 조선어 교육이 모두 폐지 되었지만 제생원만 허락이 된 것은 박두성 선생의 이런 노력이 있었던 것이다. 이 뿐만이 아니었다. 막상 학생들을 막상 가르치다보니 일어 점자로만 교육을 해야하는 것에 불만을 가지게 되었다. 그래서 본인이 직접 1920년부터 한글 점자 연구에 착수했다.

이렇게 작업에 매진하다 1923년 1월, 비밀리에 조선어점자연구위원회를 조직해 7년간의 연구를 거듭했다. 그리고 드디어 1926년에 이른바 '훈맹정음(訓盲正音)'이라 불리는 한글 점자를 완성하게 된다. 오랜 노력과 정성의 결실이었다.

훈맹정음을 만들고 성경을 점역하다

훈맹정음은 '맹인을 가르치는 바른 소리'란 뜻이며 창안 후 박두성 선생은 제생원 학생들 외에도 전국 시각장애인들에게 취지문을 발송해 이를 활용할 것을 권했다. 이 훈맹정음 창안으로 인해 박두성 선생이 시각장애인들로부터 '제2의 세종대왕'이란 별명을 듣게 되었다. 또 같은 해 그는 정창규의 집에 육화사(六花社)라는 간판을 내걸고 점자연구와 점자통신도 시작했다.

박두성 선생은 당시 일제의 검인정교과서 탄압에도 불구하고 이 한글점자로 조선어독본(朝鮮語讀本)을 점자로 출판했으며 이에 따라 맹인들에게도 민족의식이 더욱 고취되었다.

1935년 5월, 부면협의원(府面協議員) 선거에서는 처음으로 한글점자투표가 가능하게 되어 맹인들도 사회참여의 길을 열어주었다.

이어 박두성 선생은 맹인들에게도 성경을 읽혀야 한다고 판단, 1931년부터 성경의 점자원판(點字原板) 제작에 착수했다. 그리고 한 권 한 권 점역을 해 10년 만인 1941년에 점자로 된 신약성서(新約聖書) 전 권을 완성했다. 맹인들도 성경을 점자로 읽을 수 있게 된 것이다.

맹인들에게 성경을 읽을 수 있게 한 것이 박두성 선생에겐 큰 기쁨이었다. 이 사역은 복음을 전하려는 사명감의 발로이기도 했다.

사실 이 성경 점자번역작업은 쉽지 않았다. 바늘이 달린 기계에다 아연판을 끼워 요철 점자원판을 만든 후 다시 두 겹으로 된 아연판 사이에 두꺼운 종이를 넣고 고무롤러를 통과시켜 오돌도롤한 점이 생기게 하는 고된 작업이었다. 따라서 점자 부피는 어마어마하게 컸다.

더구나 성경번역이라 일경의 감시를 피해야 해 삼복더위에도 문을 잠그고 작업을 해야 했다.

●박두성이 출석한 인천 강화군 교동도 교동교회 상용리 옛예배당

그런데 이렇게 정성껏 제작한 신약 점자 아연판이 1950년 6.25 전쟁으로 소실되고 말았다고 한다. 그래서 1957년 미국성서공회의 도움을 받아 재제작에 착수, 구약까지 더 추가해 '성경전서'의 점역(點譯)이 완성될 수 있었다.

맹인교육 점자책과 자료 76종을 제작해

제생원을 정년퇴직한 박두성 선생은 1936년, 인천 영화학교 교장으로 취임했다가 1939년에 임기를 마쳤다. 1945년 광복 후 제헌국회에서는 그가 창안한 한글점자투표를 승인해 시각장애인도 투표에 참여하게 되었다.

박두성 선생은 감리교 신자로서 역사가 오래된 서울 정동교회와 또 인천 내리교회에 교적(敎籍)을 두고 신앙생활을 했으며 수시로 맹인들을 전도했다. 그가 맹인교육을 하며 마련한 맹인용 점자 교육자료와 성경자료는 무려 76종이나 된다.

재정의 곤란을 겪고 사재를 털어 가면서까지 만든 점자 서적은 3.1운동사, 국사, 순애보, 사랑, 금삼의 피, 임꺽정, 천기대요, 천자문, 명심보감, 위인전, 백범일지, 이솝우화, 속담집, 홍경래전, 여명,침구요혈, 성경 등등이다.

그의 맹인사랑과 전도 열정은 뜨거웠다. 시각장애를 신앙의 힘으로 이겨내 영적 눈을 뜨길 간절히 소원했던 박두성 선생이었다. 그는 제자들에게 늘 눈은 안보이지만 마음은 명랑한 마음으로 즐겁게 살 것을 권면하며 용기를 북돋았다.

"너희들이 비록 눈은 어두우나 마음까지 우울해서는 안된다. 몸은 비록 모자라도 명랑한 마음을 갖기 위해서는 배워야 한다. 안 배우면 마음조차 암흑이 되니 배워야 한다. 너희는 눈을 못보니 약기(略記)라도 해야 살 수 있다. 그러니 주판쯤은 놓을 수 있어야 내 주머니 것이라도 간직하고 살지."

이렇게 당시 장애인교육에 무관심했던 일제강점기의 어려운 상황에서 사회적으로 소외된 맹인들을 위해 교육과 전도에 전념했으며 한글 점자를 창안해 특수교육의 획기적인 발전을 이룩하는 등 일평생을 장애인교육에 이바지했다.

그의 시각장애인 교육관은 애맹정신의 실천과 끊임없는 권학정신, 생활자립을 위한 교육강화, 잠재능력 개발이었다. 이를 위해 평생을 자신의 몸과 마음을 바쳤다.

한글점자 창안과 점자서적 보급을 통해 우리나라 시각장애인계의 문맹퇴치에 기여한 그의 신념은 시각장애교육이 단지 장애인 교육이나 자선사업이 되어서는 안 되며, 직업교육과 더불어 시각장애인계를 이끌어 갈 지도자 양성과 민족정신을 싹 틔우는 것이었다.

조선총독부도 감동한 조선어 교육 제언

일제 치하에서 일본은 조선어 말살정책으로 모든 학교의 조선어 교육이 폐지했는데 제생원에서는 우리말과 글의 공교육이 계속되도록 허락했다. 그 이유는 박두성 선생이 다음과 같은 애절한 진정글을 조선총독부에 보냈던 것이다.

"실명이라는 1차적인 신체적 장애에 시각장애인이 마음대로 읽고 쓸 조선어(한글) 점자가 없으면 시각장애인의 심안을 밝히지 못하며 이로 인해 제2차, 3차로 장애가 중복·심화되어 정서불안, 열등감, 비사회적 행동의 부차적 장애를 가져오게 되므로 점차 이질적인 방향으로 고착화되기 쉽습니다. 이러한 장애를 예방하거나 완화시킬 수 있는 방법은 오직 시각장애인에게 문자를 주어 그들의 정서를 순화시키는 길밖에는 없습니다."

당시 구전식 교육과 점복업(占卜業)을 주로 하는 시각장애인의 생활기반에 박두성 선생이 점목한 한글점자의 창안과 보급은 우리나라 시각장애교육을 급진적으로 발전시켜 오늘의 현대적 모습으로 완성된 것이라고 해도 과언이 아니었다.

'한국맹인사업협회'라는 단체를 조직해 맹인선교에도 헌신했던 그는 부인 김경내 여사와의 사이에 3남 2녀를 두었다. 말년에 지병으로 시달리다 1963년 8월 25일, 75세를 일기로 하나님의 부르심을 받았다.

박두성 선생은 오랜 기간 맹인교육을 하며 국가와 사회단체에서 그 공로를 인정받아 많은 감사와 표창을 받았다. 1928년 12월 1일에 경성부 교육회의 표창을 시작해 1934년 7월 29일에 일본맹인교육회 표창을 받았다. 소천 1년 전인 1962년 8월 15일, 대한민국정부 문화포장을 받았으며 1992년에는 은관문화훈장을 받았다.

2002년 4월, 문화관광부는 그를 '이달의 문화인물'로 선정하는 등 기념행사와 강연회를 열기도 했다. 아울러 박두성 선생이 한글점자를 반포한 1926년 11월 4일을 기념해 매년 11월 4일을 '점자의 날'로 지정해 지켜오고 있다.

박두성 선생이 맹인들을 위해 헌신하며 교육했던 서울맹아학교(현 서울맹학교) 교정에는 '박두성 한글점자 찬양 기념비'가 세워져 있다. 또

1999년 인천시시각장애인연합회는 시각장애인복지관 내에 '송암선생 기념관'과 '송암점자도서관'을 설립해 그의 업적을 기리고 있다.

박두성 선생의 헌신적인 가르침과 노력을 통해 오늘날까지 수많은 시각장애인 지도자가 배출됐다. 교육계, 종교계, 의약계, 예술계에 박사들이 나오고 수많은 인재들이 우리 사회의 곳곳에서 정상인 못지 않게 활동하고 있다.

박두성 선생은 "맹인들의 세종대왕"이라는 칭호를 받기에 손색이 없는, 존경받아야 할 인물이자 하나님의 사랑과 긍휼을 삶 속에서 실천한 분이었다.

아들 죽인 원수를 용서한
'사랑의 원자탄'

　　1977년 강대진 감독이 만든 영화 '사랑의 원자탄'은 6.25 한국전쟁시 순교한 손양원(孫良源, 1902~1950) 목사의 일대기를 다룬 작품이다. 당시가 45년 전이고 기독교 영화였음에도 개봉 영화관에서 상영돼 수많은 관객들이 감동받고 객석은 눈물바다가 되었다.

　　전남 여수 애양원이란 나병환자촌을 무대로 펼쳐지는 이 영화에서 주인공 손양원 목사는 자신의 아들을 죽인 이들을 양자로 삼는 초월적 사랑을 실천한다. 손양원 목사의 삶에 대해 안용준 작가는 '사랑의 원자탄'으로 비유했고, 신학자 박형룡은 '성자'라는 표현을 써도 무방하다고까지 말한 바 있다.

호주 선교사에게 세례를 받다.

장로교 목사인 손양원은 자기의 두 아들을 죽인 원수를 용서했을 뿐만 아니라 양자로 삼기까지 했다. 원수 사랑을 실천한 인물로 한국사회는 물론 이 사실을 아는 해외에까지 큰 감동을 주고 있다.

그는 능력과 실력을 겸비한 목회자로서 도회지의 대형교회 목사로 사역할 수 있었으나, 안락하고 편안한 삶과 목회를 거부하고 대신 전라남도 여수의 나환자들을 위한 목회자로 순교하기까지 사역했다. 그에게는 가족 중심주의를 뛰어넘는 숭고한 인간애가 있었고, 예수 그리스도의 사랑을 삶에서 실천하고자 했다.

손양원은 1902년 6월 3일 경남 함안군 칠원면 구성리 685번지에서 아버지 손종일의 장남으로 출생했다. 1909년부터 부모를 따라 교회에 출석하기 시작했다.

1919년 10월 3일에 호주 출신 선교사 맥클레이에게 세례를 받았다. 손양원은 먼나라 한국에 와서 자신의 삶을 던져 선교하는 맥클레이 선교사의 삶에 크게 감동을 받았다.

손양원에게 세례를 준 맥클레이 선교사는 1910년, 영국 에딘버러에서 열린 선교대회에 참가했다 그곳에서 "땅끝까지 복음을 전하라"는 소명을 받았다. 호주로 돌아가 빅토리아 장로교단에서 목사 안수를 받고

●손양원 목사(왼쪽 두번째)와 김구 선생

한국 선교사로 임명, 파송되었다.

한국으로 와서 한국말과 한국문화를 빠르게 받아 들였던 맥클레이 선교사에게 그의 한국어 선생은 '은혜의 사람'이라는 뜻의 맹호은(孟皓恩)이라는 한국 이름을 지어주었다. 이 맥클레이 선교사는 30여년의 한국 사역 기간 동안 누구보다 열정적으로 활동했다.

고향의 서당에서 한학을 배운 손양원은 칠원보통공립학교를 졸업하고 서울 중동중학교에 입학했으나 아버지가 만세운동에 가담한 일로 체포되자 학업을 중단하고 고향으로 돌아와 마산 강신학교에 편입했다.

1921년에는 일본 도쿄 스가모중학교 야간부에서 수학하고 귀국했다. 이듬해인 21세에 부모의 권유로 정양순과 결혼하고, 그해 다시 한번 일본에 가 7개월간 체류한 후 돌아온다.

이 때 손양원은 일본의 성결교 인물이자 도쿄 이다바시성결교회 목사인 나카다 주지의 영향을 받고 또 일본의 무교회 신앙도 접하게 된다. 귀국한 손양원은 진주 경남성경학원에서 수학하고 목회자로의 삶을 본격적으로 펼치기 시작했다.

매켄지 선교사의 나환자 사역에 감동받아

손양원은 부산 감만동의 상애교회에서 일하면서 경남 동부지역의 순회전도자로 활동했다. 이 기간 손양원은 호주 출신의 매켄지(Mackenzie)선교사와 접촉하게 되는데 그의 헌신적인 나환자 사역에도 큰 감동을 받게 된다.

매켄지 선교사는 '한국 나환자들의 친구'로 불릴 정도로 한국의 나환자들의 치료와 재활에 희생적으로 헌신하고 도왔던 인물이었다. 손양원

●애양원교회 당회원들과 함께한 손양원 목사(앞줄 가운데).

은 "외국에서 온 선교사도 내 나라 나환자를 저렇게 잘 돌보는데 내 민족의 나환자들을 내가 더 잘 돌보아야 한다는 확신을 갖게 되었다."고 후일 술회했다.

1935년 4월에는 목사가 되기 위해 평양신학교에 입학하여 3년간 수학하고 1938년 3월 졸업했다. 이후 부산지방 순회전도사로 김해, 양산, 함안 등지에서 활동했다.

손양원 목사의 삶은 3가지 측면에서 정리할 수 있다. 먼저 1940년 이전에 나환자들과 함께한 그의 목회적 삶과 신사참배 반대와 투옥으로 고생한 1940년부터 1945년까지의 삶, 그리고 해방 이후 1950년까지 두 아들의 죽음과 사랑의 실천, 순교로 나뉘어진다.

일본 유학 기간 목격했던 나카다 주지의 나환자들을 위한 전도, 그리고 부산 감만리 나병원 교회에서 매켄지 선교사의 헌신적인 활동을 보면서 손양원 자신도 나환자들을 위한 목회자로 살기로 다짐했다.

1939년 7월 15일, 전남 여수 율촌면 신풍리 231번지에 위치한 애양원의 목사로 부임했다. 애양원은 원래 미국 남장로교 선교부가 1909년 광주 양림에서 시작한 나환자 보호 및 치료기관이었다.

그러나 지역민들의 거센 반발 때문에 1925년, 여수의 한적한 섬인 신풍으로 옮겨갔고, 1936년, 애양원으로 개칭된 것이다. 이곳에서 손양원은 세상에서 버림받고 소외된 1000여 명의 환자들을 돌보며 영혼의 목자로 헌신했다.

신사참배 거부로 옥고 치러

손양원 목사가 남긴 "애양원을 사랑하게 하옵소서"라는 글을 보면 나환자들에 대한 사랑과 연민의 마음을 읽을 수 있는데, 이 글은 이렇게 끝맺고 있다.

"오 주여, 나의 남은 생이 몇 해일는지는 알 수 없으나 이 몸과 맘 주께 맡긴 그대로 이 애양원을 위하여 충심으로 사랑케 하여 주시옵소서."

한국교회에 대한 일제의 박해는 다양했으나 가장 대표적인 경우가 신사참배 강요였다. 1930년대 일본의 군국주의가 득세하면서 전시체제로 돌입했고, 소위 국민정신 총동원의 일환으로 1935년부터 신사참배가 강요되기 시작했다.

손양원 목사는 이를 기독교 신앙의 자유를 훼손하는 부당한 요구로 보아 분명하게 반대의 뜻을 밝혔다. 당연히 손 목사는 이 일로 1940년 9월 25일 애양원교회에서 체포돼 여수경찰서에 구금되었다.

이후에는 광주형무소를 거쳐 청주보호교도소에 무려 5년간 수감되어 있던 중 8.15 해방과 함께 8월 17일, 석방되었다. 그의 죄명은 얼토당토 않은 '치안유지법 위반'이었다. 그의 신사참배 거부는 신앙적 결단에 의한 것이었지만 결과적으로는 반일 민족운동이었다.

석방되어 애양원교회 목회자로 돌아왔지만 당시 해방정국은 정치적으로나 사회적으로 매우 혼란스러웠다.

1948년 10월 19일에 발발한 여순사건은 손양원 가족에게도 지울 수 없는 큰 상처를 남겼다. 비록 반란은 일주일 만에 진압되었으나 많은 양민이 희생되었던 것이다.

이 때 좌익 세력은 기독교는 친미적(親美的)이라 하여 기독학생들에게 폭력을 가했는데, 이 와중에 손양원의 두 아들 동인(東仁)과 동신(東信)은 좌익학생들에게 끌려가 살해되고 만 것이다.

두 아들 죽인 범인을 양자로 삼아

●손양원목사 장례후 가족 사진 뒤가 안재선이며 아내와 세 딸

두 아들의 죽음 소식을 접한 손양원은 심히 비통한 가운데 크게 상심하였으나 기도하는 중에 하나님의 사랑을 실천하기로 다짐하게 된다. 두 아들을 죽인 범인(안재선)을 양자로 삼기로 결심한 것이다. 도저히 범인(凡人)으론 할 수 없는 아가페 사랑을 실천한 것이다.

손양원은 순천 승주교회 나덕환 목사를 통해 아들 죽인 범인이 잡혀있는 교도소에 가서 먼저 구명활동을 펼치도록 했다.

손양원 목사는 10월 27일, 열린 두 아들의 장례식에서 답사를 하면서 오히려 9가지 감사를 이야기 했는데 이것은 유명한 일화로 남아 수많은 사람들에게 큰 감동을 주고 있다. 그 9가지 감사를 소개한다.

"1. 나같은 죄인의 혈통에서 순교의 자식들을 나오게 하였으니 하나님께 감사합니다.

2. 허다한 많은 성도들 중에 어찌 이런 보배들을 주께서 하필 내게 주셨는지 그 점 또한 주께 감사합니다.

3. 3남 3녀 중에서 가장 아름다운 두 아들 장자와 차자를 바치게 된 나의 축복을 하나님께 감사합니다.

4. 한 아들의 순교도 귀하다 하거늘 하물며 두 아들의 순교이리요. 하나님, 감사합니다.

5. 예수 믿다가 누워 죽는 것도 큰 복이라 하거늘 하물며 전도하다 순교 당함이리요. 하나님 감사합니다.

6. 미국 유학 가려고 준비하던 내 아들, 미국보다 더 좋은 천국 갔으니 내 마음 안심되어 하나님께 감사합니다.

7. 나의 사랑하는 두 아들을 총살한 원수를 회개시켜 내 아들로 삼고자 하는 사랑의 마음을 주신 하나님께 감사합니다.

8. 내 두 아들의 순교로 말미암아 무수한 천국의 아들들이 생길 것이 믿어지니 우리 아버지 하나님께 감사합니다.

9. 이 같은 역경 중에서 이상 여덟 가지 진리와 하나님의 사랑을 찾는 기쁜 마음, 여유 있는 믿음 주신 우리 주 예수 그리스도께 감사합니다."

손양원은 구명운동을 통해 안재선을 석방시켰고, 그를 양자로 삼아 입적까지 했다. 두 아들을 살해한 자를 용서하고 양자로 삼은 일은 진정한 용서와 사랑과 화해를 보여주는 사건이었다.

이런 결단을 할 수 있었던 것은 손양원 목사가 일상의 삶 속에서 그리스도적 사랑을 실천하려는 확고한 의지가 있었기 때문이었다.

손양원 목사에게 6·25전쟁은 한번 더 비극을 안겨주었다. 안타깝게도 그의 나그네적 삶을 순교로 마감하게 했기 때문이다. 전쟁이 발발하자 주위에서 손 목사에게 피난을 권했지만 그는 단호하게 거절했다.

교회도 지켜야 하지만 병들어 행동이 자유롭지 못한 나환자들을 두고 혼자 피할 수 없다는 것이 이유였다. 목자는 양을 떠나서는 안된다고 했다.

그럼에도 동료 목사를 비롯한 여러 사람들로부터 피하라는 충고를 받았으나 "세상에 피난처가 어디 있는가! 피난처는 오직 주님 품 뿐"이라며 거절했다고 한다.

손 목사는 "나마저 도망가면 누가 나환자들의 벗이 되겠느냐"고 반문하고 피하지 않았는데, 전쟁이 발발한지 한 달 후인 7월 27일, 여수가 북한군의 수중에 넘어가고 말았다.

끝까지 나환자들과 함께 지내던 그는 공산당원에게 끌려갔고, 1950년 9월 28일 밤 순천으로 옮겨가던 중 과수원에서 총살 당했다. 이로써 손양원 목사는 48년의 짧은 삶을 마감하고 순교자가 되었다.

손양원 목사가 순교한지 보름이 지난 10월 13일, 고려고등성경학교 장인 오정덕 목사의 집례와 고려신학교 교장 박윤선 목사의 설교로 그의 장례식이 엄숙하게 치러졌다.

손양원 목사는 1995년, 독립유공자로 선정되어 건국훈장 애족장이 추서되었다. 1950년 10월 29일, 서울 남대문교회에서 그를 추모하는 예배가 개최되었을 때 설교자였던 박형룡 목사는 "그는 위대한 경건인이요, 전도자요, 신앙의 용사요, 나환자의 친구요, 원수를 사랑한 자요, 성자"라고 했다.

손양원 목사는 진정한 사랑과 화해와 용서를 가르친 한국교회의 지도자요, 애국자요, 순교자였다. 사랑의 원자탄이었다.

한 손에는 성경,
한 손에는 삽을 든 개척자

1980년대와 1990년대 한창 한국경제가 활성화되면서 기업들이 신입
사원들을 뽑고 사원교육을 시킬 때 가장 많이 위탁교육을 시키는 곳이
있었다. 바로 가나안농군학교였다.

이 가나안농군학교는 일가(一家) 김용기(金容基, 1909~1988) 장로
가 봉안 지역 이상촌 운동을 시작으로, 오늘까지 국민이 나아갈 방향
을 제시해 온, 단기교육 과정으로 그 역사가 깊다.

'근로, 봉사, 희생'의 학교 이념은 새마을 운동의 '자조, 근면, 협동' 정
신에 영향을 주었다. 성인을 위한 교육의 선구자 역할을 해온 이 학교
는 인성교육과 생활훈련장으로 국내 뿐 아니라 그동안 해외 15곳에 설
립되었다. 또 가나안 세계지도자교육원에서는 연세대, 코이카(KOICA)

●김용기

와 협력해 세계 각국의 지도자 교육을 진행하고 있다.

복민주의(福民主義) 기독교정신으로 불리며 농촌운동과 국민 정신개혁 운동에 획기적인 전환점을 마련한 김용기 장로의 삶은 진정한 개척자 정신과 기독교 신앙이 어떤 것인가를 우리에게 행동과 열매로 보여주고 있다.

질병을 고침받고 온 가족이 예수 믿어

김용기는 1909년 9월 5일, 경기도 양주군 와부면 능내리 봉안마을에서 아버지 김춘교와 어머니 김공윤 사이의 다섯 형제 중 넷째로 태어났다.

그가 3살 때 심하게 아파 죽게 되었을 때 부모가 교회에 나감으로 그의 질병이 나아 온 가족이 예수를 믿게 되었다고 한다. 1919년, 그가 10살 되던 해에 3·1운동이 일어났다.

조선 땅, 방방곡곡에서 전개된 만세운동은 양주 땅에서도 일어났고 봉안마을과 주변 사람들이 합세해 300~400명이 대한독립만세를 부르며 행진했다. 당시 이 만세운동을 주도한 이가 김용기의 부친이었다.

부친은 원래 안동 김씨 세도 가문이었지만 예수를 믿고, 나라와 민족을 위해 늘 기도했다. 양반이지만 농사를 직접 짓는, 깨어 있는 지식인이었다.

김용기는 1922년, 13살 때 서당에서 한학을 마치고 양주에 있는 미션스쿨인 광동학교에 입학했다. 광동학교는 여운형이 세운 학교였다. 여운형은 예수를 영접한 후 집안의 모든 노비들을 해방시켰으며, 사당과 신주를 폐하고, 광동학교를 세워 청년들에게 신문물과 기독교 사상으로 민족교육을 하고자 했다.

마니산을 찾아가 40일 기도

김용기는 관동학교 교육을 통해 애국심이 자랐고 무엇을 하고 사는 것이 가장 의미있는 삶이 될 것인가를 늘 생각하며 성장했다.

학교에 다니던 17세의 나이에 영웅심이 발동, 부모님이 잠든 사이에 편지를 써 놓고 강화도 마니산으로 가서 40일을 기도하고 집에 돌아온 적도 있었다. 밤낮으로 기도하며 성경을 읽고 하나님을 알고자 부단히 몸부림쳤던 시기였다.

1년 후에 광동학교를 졸업하고 자신을 평생 도와 내조할 김봉희와 결혼했다. 그리고 보통학교만 나온 아내를 서울로 유학 보내 경성성경학교에서 공부하고 돌아오도록 주선했다.

김용기의 도전은 마니산 기도로 끝나지 않았다. 더 큰 야망을 품고, 아버지 돈을 몰래 들고 중국으로 갔다. 영국 등 외국과 교류가 많은 천진에서 신문물을 구경하고, 신의주를 거쳐 평양에 와서 이곳 저곳을 돌아 다니다가 몸이 아파 거지꼴이 되어 집으로 돌아온 적도 있었다.

●1966년 막사이사이상 수상식에서의 김용기 장로.

집 떠나 방랑한 지 3년이 지나 돌아올 정도로 이렇게 젊은 시절의 김용기는 자신이 하고자 하면 누구도 못 말리는 성격이었다.

김용기는 하나님께 민족을 위하여 무슨 일을 해야 할지 늘 기도하며 답을 구했고, 부모님께는 최선을 다해 효도했다. 그리고 창세기 2장의 에덴동산을 생각하고 이상촌(理想村) 마을을 구상, 실천에 옮겼다.

우선 10가정을 중심으로 울타리를 허물고 이상촌 마을을 일구려면 최소 2만 3,000평의 땅을 개간해야 한다는 계산이 나왔다. 당장 필요한 비용으로 돈 5,000원(현 2억 5000만원 정도)이 필요했다.

김용기는 200원을 빌려 중앙선 철로 공사판 앞에서 이발소와 잡화점을 해 제법 큰 돈을 벌었으나, 그 돈을 금광에 투자했다가 사기로 날려버렸다.

그는 에덴동산을 투기로 하려고 했던 것을 회개하고 이상촌은 돈으로 하는 것이 아니라 사람이 성실하게 일하여 피와 땀을 흘려서 만들어 나가야 함을 깨달았다.

고향 봉안에 이상촌 건설 착수

이번에는 400원(현 2000만원)을 빌려 마을 너머 산을 구입했다. 산 3000평을 평당 3전씩 90원에 산 것이다. 그 산을 아내와 개간하여 3년이 지난 후 1,200원에 팔게 되었다. 다시 좋은 땅이 나와 드디어 1936년부터 봉안 이상촌 설립에 착수했다.

마을 앞의 산야 4,100평을 사서 개간을 시작하고, 이상촌을 세울 생각으로 뜻을 같이하는 사람들을 불러 모았다. 형제들이 참여했고, 비방하던 사람들이 이제는 그를 칭찬했다. 만주나 서울에서 오겠다는 사람들도 많았다.

그는 목표금액을 다 모으지 못했지만 대신 동지들을 확보해 그가 계획했던 이상촌 개척 사업을 계획대로 진행시켜 나갔다. 부락민들에게 사치생활을 금지시키고, 집과 마을 주변을 위생적으로 청결하게 관리하도록 했다.

산양과 같은 동물을 기르게 하고 과일 등을 재배하면서 부수입을 올리게 했다, 고구마도 많이 심도록 했다. 그리고 계속 연구를 거듭한 끝에 1년 동안 고구마가 썩지 않게 저장되는 기술을 고안했다.

이 보관법은 당시 대단히 획기적인 기술이었다. 그가 농사나 다른 작물보다 고구마 생산에 주력한 이유는 당시 일본인들이 우리 농민들이 애써 지은 쌀은 빼앗아 갔는데 고구마는 뺏지 않았기 때문이다.

따라서 김용기 장로가 리더인 봉안 이상촌은 이웃의 주변 마을보다 훨씬 잘 살았다. 자녀를 서울의 중학교에 진학시킬 만큼 부유한 집이 늘어났다. 모두 초가집 대신 기와를 올리고 1년에 두 번씩 의사 진료를 받도록 해 기생충 환자가 없어졌고 마을 전체를 위생적으로 관리했다.

또 봉안 이상촌에서는 독립운동을 한 사람들을 몰래 숨겨주기도 했다.

가나안농군학교로 복민주의 기독교 교육

이렇게 김용기 장로가 개간한 이상촌이 봉안 이상촌을 필두로 고양군의 구기리 복음농도원, 용인 에덴향, 경기도 광주의 가나안 농장, 강원도 신림의 가나안농군학교 등으로 점점 범위를 확장하고 건립해 나가게 되었다.

이렇게 가는 곳마다 성공을 거두자 그를 비웃던 사람들도 이제 황무지를 개간하는 방법과 더 잘 사는 길을 알려 달라고 찾아왔고, 그렇게 시작된 것이 가나안농군학교였다.

●1970년 봉안교회. 오른쪽 두번째가 김용기 장로

가나안은 성경에 나오는 지명이다. 젖과 꿀이 흐르는 땅, 약속의 땅, 복의 상징이다. 그가 본격적으로 전개하려는 목표였기 때문에 성경 속에 약속한 복이 가나안 농장을 통해 민족 위에 실현되리라는 믿음으로 이 이름을 지었다.

가나안농군학교는 복민주의 기독교 정신을 가지고 가난을 몰아내는 지도자 양성을 하고 사회적으로 다양한 계층의 사람들도 와서 개척정신(근로, 봉사, 희생) 교육을 받고 갔다.

그렇게 시작한 김용기 장로의 가나안농군학교가 무려 70만 명의 수료생을 배출했다. 5·16 직후인 1962년 2월 9일, 박정희 전 대통령이 국가재건최고회의 의장시절 방문하고 돌아가기도 했다. 이 때 박정희 의장이 김용기 장로에게 "무엇을 도와 드리면 좋겠느냐"고 묻자 "안 도와 주는 것이 도와 주는 것"이라고 말한 일화는 유명하다.

이처럼 가나안농군학교는 근현대사의 민족계몽운동과 새마을운동이 시작되는 촉진제 역할을 했으며, 국가 경제 발전에 큰 동력이 되었다. 이 교육은 많은 사람들을 변화시켰는데 50명의 문제아 군인들이 교육 후 돌아가 각 부대를 다니며 교육시키는 강사로 변화되고, 깡패 천 명을 길러냈다는 사람은 회개하고 목사가 되어 복음을 전하는 사람이 되었다. 노름꾼, 술꾼이 변화되어 그 부인들이 너무나 고마워 이곳에 인사차 들리기도 했다.

김용기 장로는 27살에 장로 장립을 받았다. 기독교 신앙관이 확실했기에 동방요배, 일본 군인을 위한 묵념을 하지 않아 양주경찰서에 끌려가 참혹하게 고문을 당하기도 했다. 이 때 오직 믿음과 오기로 견디고 이겨냈다. 그의 장남 김종일이 창씨개명을 거부함으로 학교에서 퇴학을 당하기도 했다.

김용기 장로는 또 '농민동맹'을 만들어 공출 반대, 징병징용 불응 등의 독립운동을 벌이기도 했으며, 철저한 믿음으로 평생 어디를 가든 주일예배와 하나님 주신 계명을 지키고자 노력했다.

국민이 가난에서 벗어나는 것이 목표

김용기 장로는 기독교 정신에 토대를 두어, "일하기 싫으면 먹지도 말라"는 구호와 "한 손에는 성경, 한 손에는 삽을 든 개척자", "조국이여 안심하라"는 글귀를 구국기도실 입구에 써 붙이고 기도했다. 그의 호는 온 국민이 한 가정이라는 뜻의 일가(一家)라고 지었다.

김용기 장로는 최빈국 중의 하나였던 우리나라를 가난에서 벗어나게 하는 게 제일 목표였다. 이를 실현하기 위해 개척적이고 진취적인 인재를 농군학교를 통해 길러내 민족을 세우고자 했던 것이다. 독실한 크리스천인 그의 사상은 하나님 나라 건설이었고 그 실현을 고향 봉안촌에서 시작했다고 보면 된다.

김용기 장로는 우리가 구약의 이스라엘 민족처럼 종살이를 하는 것과 같다고 보았다. 복음을 받아들이고 구세주 예수를 기다리면서 믿음 생활에 힘쓰면 젖과 꿀이 흐르는 가나안에 이를 수 있다고 생각했던 것이다. 일제강점기 '봉안 이상촌' 건설은 이러한 믿음으로 시작됐다고 볼 수 있다.

김용기 장로는 아시아의 노벨상으로 불리는 막사이사이 사회공익상을 비롯 많은 상을 수상했다. 나라와 민족을 위해 수고하고 애썼던 그는 1988년 8월 1일, 79세를 일기로 소천해 영원한 본향 천국 가나안땅으로 들어갔다.

　김용기 장로 자녀들은 지금도 아버지의 뜻을 이어받아 한국과 동남아시아, 중국, 팔레스타인 등에서 '가나안 정신'을 나누며 아시아의 발전을 위해 일하고 있다. 김용기 장로는 대한민국 최초로 '농민장'으로 장례가 행해졌고, 정부에서 국민훈장 무궁화장을 추서했다.

하나님이 보우하사 우리나라 만세

저는 애국가 가사 중 '하나님이 보우하사 우리나라 만세'의 부분을 참으로 좋아하고 부를 때마다 감격합니다. 하나님께서 보호하시는 개인과 나라와 민족은 어떤 상황에서도 망하지 않기 때문입니다.

우리나라가 개화기 선교사의 도움을 받아 기나긴 어둠에서 깨어났듯이 복음은 대한민국의 역사를 바꾸었다고 감히 말할 수 있습니다.

복음이 대한민국을 살렸기에 이번 책의 이름을 '복음의 빛, 한국을 살리다'로 정했던 것입니다. 직전에 나온 책 '여명의 빛, 조선을 깨우다'란 제목과 연속성도 가지지만 우리의 근대 역사를 되짚어 보면 '복음'이 한국을 살린 것이 맞기 때문입니다.

그런데 사실 우리의 근대 역사를 기록하고 연구하는 역사가들은 이 선교사나 초기 기독교인들의 헌신과 노력을 간과하고 오히려 축소하는 경향이 짙었습니다.

역사는 왜곡되고 진실이 거짓으로 둔갑을 하기도 하지만 언젠가는 그것이 밝혀집니다. 흙으로 잠시 덮어 둔 보물은 비가 오면 흙이 씻겨져 그 모습이 드러나게 되어 있습니다.

오늘의 번영되고 발전된 한국은 그냥 되어진 것이 아닙니다. 목숨을 걸고 한국에 복음을 싣고 건너온 선교사들이 전해준 '복음'이 수많은 '그리스도의 제자'를 길러냈고 이들의 간절한 기도와 헌신이 오늘의 한국과 한국교회를 만든 견인차입니다.

저는 이 책에 수록된 근대 기독교인 47인의 삶의 자료를 보고 또 엮어가는 내내 큰 감동을 느끼고 감사하며 또 놀라움을 금치 못했습니다. 이 분들의 깊은 신앙과 애국심, 동족을 향한 사랑과 헌신이 한결 같았기 때문입니다. 가슴이 뭉클해지고 눈물도 훔쳐야 했습니다.

이번 책에 소개된 인물 중 거의가 일제에 항거하고 독립운동을 하느라 오랜 기간 수감생활을 했고 옥고에 시달려 병을 얻었고 단명한 분들이 많았습니다. 그럼에도 이들은 언제나 조국의 독립을 염원하며 하나님께 기도했고 신앙의 절개를 지키며 자신의 길을 꿋꿋하게 걸어간 선각자들이었습니다. 이들이 오늘의 한국을 지켜내고 발전시킨 분들이었습니다.

성경을 읽으면 곳곳에 등장하는 믿음의 인물들은 한결같이 애국자입니다. 에스더는 자기 나라가 풍전등화와 같이 멸망 직전에 있을 때 "죽으면 죽으리라"는 결단을 가지고 기도한 결과 나라와 백성을 구원했습니다.

여호사밧 시대에 모압과 암몬이 연합하여 이스라엘을 공격해 왔을 때 여호사밧은 온 백성과 함께 성전에 올라가 금식하며 "오직 주만 바라

보나이다"라고 기도하니 하나님이 응답하셔서 적군을 진멸하게 하셨습니다.

우리나라도 6.25를 비롯 여러 차례의 큰 위기가 있었지만 이렇게 잘 사는 나라가 된 것은 부지런하고 열심히 일하는 국민성도 있지만 하나님께서 우리의 기도를 들으시고 복 주셨기 때문이라고 저는 믿습니다.

우리나라가 부강한 나라, 모든 분야에서 두각을 나타내는 민족이 된 것은 전적으로 하나님의 은혜입니다. 마치 '나의 나 된 것이 하나님의 은혜'(고전 15:10)라고 고백한 말씀과 같이 우리나라가 세계적으로 위대한 대한민국이 된 것도 전적인 하나님의 은총입니다.

그러므로 저는 이 땅의 모든 기독교인은 늘 나라를 위해 기도해야 한다고 생각합니다. 나라가 어려울 때 더 힘을 모으고 기도해야 합니다.

이번 책도 전편처럼 인물중심의 스토리텔링 방식으로 엮어졌습니다. 한 인물이 어떤 삶을 살았는지 일대기 형식으로 정리되었기에 독자들은 좀 더 쉽고 흥미를 가지며 읽을 수 있을 것이라고 여겨집니다.

책 내용 역시 기존에 발간된 저서와 많은 인물자료들을 근거로 집필되었습니다. 특히 한국장로교총연합회가 종교개혁 500주년을 기념해 발간한 '대한민국을 빛낸 기독교 120인'(쿰란출판사)가 큰 도움이 되었으며 인터넷의 인물 자료도 유용하게 활용되었습니다. 자료를 모아 엮은 내용이기에 편저라고 기술을 한 것입니다.

대한민국은 5000년 역사를 가진 단일 민족입니다. 이 장고한 역사 가운데 기독교가 들어온 것은 불과 140여년에 불과합니다. 그런데 1919년 3.1운동을 주동한 33인 가운데 16명이 기독교인이었고 1945년 해방후 군정청 행정고문 11명 중 6명이, 각 부처 한국인 국장 13명 중 7명이 기독교인이었습니다. 또 초기 제헌국회의원 26%가 기독교인이었습니다. 이 때는 인구대비 기독교인이 0.5%에 불과한 시절이었습니다. 따라서 이 통계는 당시 기독교가 대한민국 건국과 발전에 얼마나 기여한 종교이었는가를 확실하게 보여주고 있습니다.

이 책에서 소개한 47인 외에도 무수히 많은 초기 기독교인들이 다양한 분야에서 헌신하고 기도하며 국가와 교회 성장의 원동력이 되어 왔습니다. 그 분들을 추가로 또 찾아 책으로 엮을 기회가 있을지 모르겠지만 저는 이 책의 편저자로서 꼭 하고 싶은 말이 있습니다.

그것은 "오늘의 우리를 있게 한 믿음의 선배, 나라를 위해 피흘린 애국자들을 결코 잊지 말아야 하며 더 나아가 그분들의 신앙유산을 계승해야 한다"는 것입니다.

저는 이런 맥락에서 제가 이사장으로 있는 유나이티드문화재단이 주축이 되어 경기도 광주 히스토리캠퍼스에 기독교역사박물관과 성경박물관을 건립해 한국의 근대 기독교 역사를 소개하고 알리는데 나름대로 앞장서고 있습니다.

그래서 이곳이 크리스천은 물론 비신앙인이라도 한국 근대화와 발전에 선교사와 기독교인들이 어떤 역할과 사명을 다했는지 알려주는 공간이 되도록 계속 노력할 것입니다.

우리 모두는 하나님의 피조물입니다. 나를 이 땅에 보내신 하나님께서 내게 어떤 사명을 주셨는지 그 사명을 잘 알고 기꺼이 감당하며 하나님을 기쁘시게 해 드리는 삶이 크리스천으로는 가장 성공한 삶이 아닐까 생각해 봅니다. 끝까지 책을 읽어주신 분들과 이 책이 나오도록 역사해 주신 하나님께 감사를 올려 드립니다.

상상바이오(주) │ **One-Stop Total Communication**
출판·광고·인쇄·디자인·기획·마케팅

상상나무와 함께 지식을 창출하고 미래를 바꾸어
나가길 원하는 분들의 참신한 원고를 기다립니다.
한 권의 책으로 탄생할 수 있는 기획과 원고가 있
으신 분들은 연락처와 함께 이메일로 보내주세요.

이메일 : ssyc973@daum.net